누구나 쉽게 따라 하는
대바늘 손뜨개

Lady Boutique Series No. 4733
SHIN + BOBARI AMI NO KIHON
Copyright©2018 by BOUTIQUE-SHA, INC.
All rights reserved.
First published in Japan in 2018 by BOUTIQUE-SHA, INC., Tokyo
Korean translation rights arranged with BOUTIQUE-SHA, INC,
through Shinwon Agency Co., Seoul

이 책의 한국어판 저작권은 신원 에이전시를 통해 저작권자와 독점 계약을 맺은 (주)시공사에 있습니다.
저작권법에 의해 한국 내에서 보호를 받는 저작물이므로 무단전재와 무단복제를 금합니다.

누구나 쉽게 따라 하는
대바늘 손뜨개

부티크사 지음 | 방현희 옮김

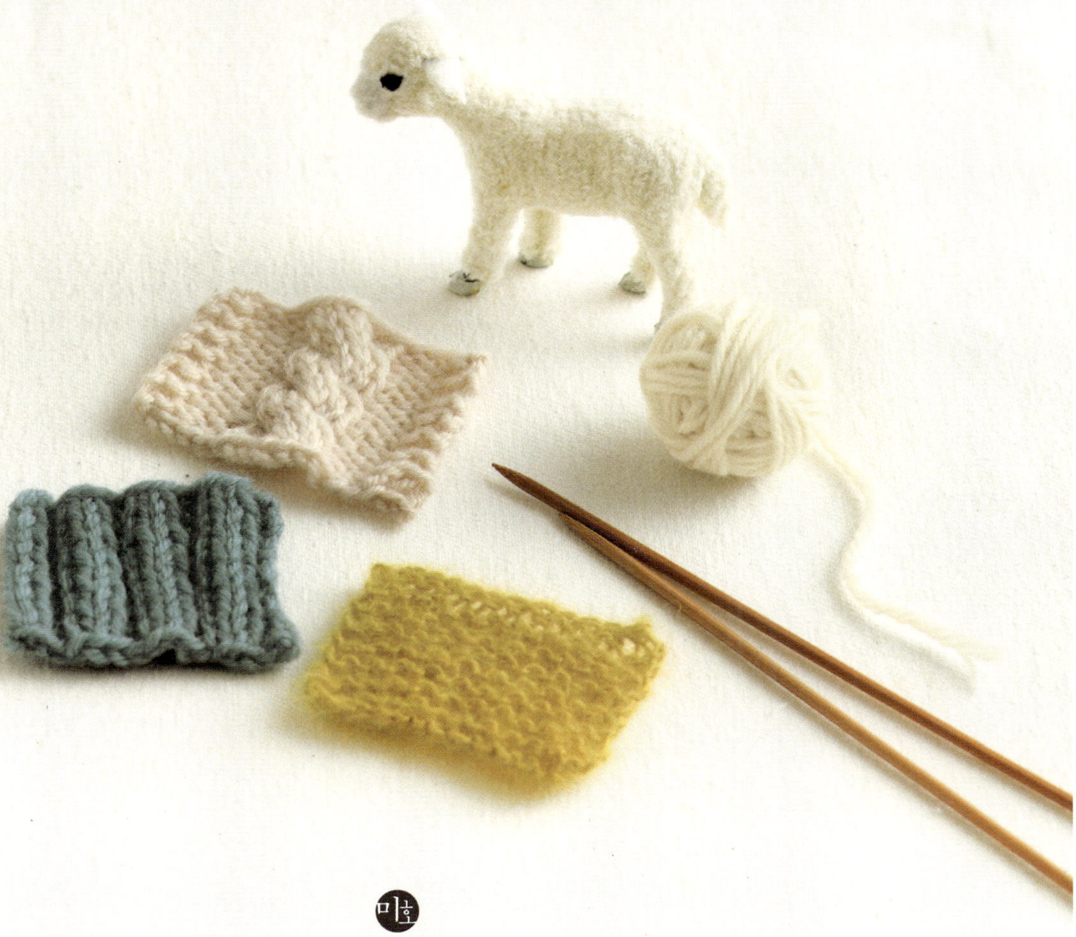

CONTENTS

PART 1 준비하기 9

대바늘과 도구 10
대바늘의 종류 10
대바늘의 굵기 10
편리한 도구 11

실에 관해서 12
실타래의 종류 12
라벨 보는 법 12
실의 굵기 13
실의 형태 13
실 끝 빼내는 법 14

PART 2 알아두어야 할 것들 15

뜨개바탕에 관해서 16
각 부분의 명칭 16
1코·1단이란 16

게이지에 관해서 17
게이지 측정 방법 17

왕복뜨기와 원형뜨기 18
왕복뜨기 18
원형뜨기 19

주로 사용하는 뜨개바탕 20
메리야스뜨기 20
안메리야스뜨기 20
가터뜨기 20
1코 고무뜨기 21
2코 고무뜨기 21
멍석뜨기 21

제도와 뜨개 도안 22
제도 보는 법(옷일 때) 22
뜨개 도안 보는 법(옷일 때) 23
제도 보는 법(소품일 때) 24
뜨개 도안 보는 법(소품일 때) 24

PART 3 뜨기 25

실 거는 법과 바늘 잡는 법 26

시작코 27
일반적인 시작코 27
풀어내는 시작코 29
뜨개바탕 실로 뜨는 사슬뜨기 시작코 31
시작코를 원형으로 만드는 방법 32
1코 고무뜨기 시작코 34
2코 고무뜨기 시작코 42

코 줄이기 48
1코 줄이기
끝 코에서 줄이기 48
1코 안쪽에서 줄이기 50
분산하여 코 줄이기 52
2코 이상 줄이기
덮어씌워 코막기로 코 줄이기 53
V네크라인 중심에서 코 줄이기 55

코 늘리기 58
1코 늘리기
1단 아래 코를 끌어올려 코 늘리기 58
돌려뜨기로 코 늘리기 60
걸기코와 돌려뜨기로 코 늘리기 62
분산하여 코 늘리기 64
2코 이상 늘리기
감아코로 코 늘리기 65

되돌아뜨기 66
남겨 되돌아뜨기 66
늘려 되돌아뜨기 70

실 색 바꾸는 방법 72
줄무늬 색 바꾸는 방법
배색 부분마다 실을 자르는 방법 72
실을 휘감는 방법 72
실을 걸치는 방법(2단마다 실 색 바꾸기) 73
배색무늬뜨기 색 바꾸는 방법
뜨개바탕 안쪽에 실을 걸치는 방법 74
뜨개바탕 안쪽에 실을 걸치지 않는 방법 76
카우친뜨기 방법 78

코 줍는 방법 80
일반적인 시작코에서 코줍기 80
덮어씌워 코막음한 코에서 코줍기 80
뜨개바탕의 옆면(단)에서 코줍기 81
사선에서 코줍기 82
곡선에서 코줍기 83
장갑 엄지손가락 코줍기 84

실 바꾸는 방법·잇는 방법 85
단의 가장자리에서 실 바꾸는 방법 85
단의 중간에서 실 바꾸는 방법 85
접친 매듭으로 실 잇는 방법 85

뜨개코 고치는 방법 86
잘못 떴을 때(겉뜨기일 때) 86
코를 빠뜨렸을 때 86

PART 4 마무리 87

코막기 88
- 덮어씌워 코막기 88
- 1코 고무뜨기 막기 90
- 2코 고무뜨기 막기 92
- 조여 막기 94

잇기 96
- 덮어씌워 잇기 96
- 빼뜨기 잇기 98
- 메리야스 잇기(쉼코와 쉼코를 이을 때) 99
- 메리야스 잇기(일반적인 시작코와 이을 때) 100
- 메리야스 잇기(덮어씌워 코막음한 코와 이을 때) 100
- 안메리야스 잇기 101
- 가터 잇기 101
- 코와 단 잇기(쉼코와 이을 때) 102
- 코와 단 잇기(일반적인 시작코와 이을 때) 103
- 코와 단 잇기(덮어씌워 코막음한 코와 이을 때) 103

꿰매기 104
- 떠서 꿰매기(메리야스뜨기일 때) 104
- 떠서 꿰매기(안메리야스뜨기일 때) 105
- 떠서 꿰매기(가터뜨기일 때) 105

단춧구멍과 단추 다는 방법 106
- 단춧구멍 106
- 단추 다는 방법 107

실 정리 108
- 뜨개바탕 끝에 있는 실 끝 108
- 뜨개바탕 중간에 있는 실 끝 108

다림질하여 마무리하기 109

그 밖의 기법 110
- 메리야스 자수 110
- 프린지 다는 방법 112
- 방울 만드는 방법 113
- 태슬 만드는 방법 114

PART 5 · 작품 만들기 115

가터뜨기 넥 워머 — 116

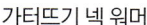
멍석뜨기 레그 워머 — 117

페어 아일 무늬 핸드 워머 — 118

나뭇잎 무늬 스톨 — 119

고무뜨기 모자 — 120

아란 무늬 목도리 — 121

꽈배기 무늬 조끼 — 122

건지 무늬 조끼 — 123

북유럽풍 배색무늬 파우치 — 124

PART 6　뜨개 기호　137

기호	설명
I	겉뜨기 138
—	안뜨기 138
왼코 겹쳐 2코 모아뜨기(왼코 겹치기)	139
왼코 겹쳐 2코 모아 안뜨기	139
오른코 겹쳐 2코 모아뜨기(오른코 겹치기)	140
오른코 겹쳐 2코 모아 안뜨기	140
왼코 겹쳐 3코 모아뜨기(왼코 중심 3코 모아뜨기)	141
왼코 겹쳐 3코 모아 안뜨기	141
오른코 겹쳐 3코 모아뜨기(오른코 중심 3코 모아뜨기)	142
오른코 겹쳐 3코 모아 안뜨기	142
중심 3코 모아뜨기	143
중심 3코 모아 안뜨기	143
왼코 늘려뜨기	144
왼코 늘려 안뜨기	144
오른코 늘려뜨기	145
오른코 늘려 안뜨기	145
돌려뜨기(꼬아뜨기)	146
돌려 안뜨기	146
돌려뜨기로 코 늘리기	147
돌려 안뜨기로 코 늘리기	147
걸기코(바늘비우기)	148
3코 만들기	148
감아코	149
오른코 교차뜨기	150
왼코 교차뜨기	150
오른코 위 2코 교차뜨기	151
왼코 위 2코 교차뜨기	151
왼코에 꿴 교차뜨기(오른코 속 교차뜨기)	152
오른코에 꿴 교차뜨기(왼코 속 교차뜨기)	152
왼코에 꿴 매듭뜨기(3코일 때)	153
오른코에 꿴 매듭뜨기(3코일 때)	153
끌어올려뜨기	154
끌어올려뜨기 안뜨기	155
걸러뜨기	156
걸쳐뜨기	156
드라이브뜨기(3회 감기)	157
4단 끌어올려 3코 구슬뜨기 (4단 끌어올려 중심 3코 모아뜨기)	157
5코 5단 구슬뜨기	158

PART 1
준비하기

먼저 대바늘 손뜨개를 시작하기 위해 필요한 도구와 실을 준비합니다.
PART1에서는 대바늘의 종류와 그 밖의 도구,
실의 소재와 종류, 사용 방법 등을 소개합니다.

대바늘과 도구

대바늘 손뜨개를 시작할 때 필요한 뜨개바늘과 갖춰두면 편리한 도구를 소개합니다.
각각의 용도를 알아보고 필요한 도구를 준비하세요.

대바늘의 종류

뜨고자 하는 작품의 크기나 형태에 따라 사용하는 대바늘의 종류가 다릅니다. 또한 대바늘의 길이나 줄바늘의 줄 길이에는 다양한 종류가 있으므로 뜨개바탕의 너비와 콧수에 맞춰 알맞은 바늘을 선택하세요.

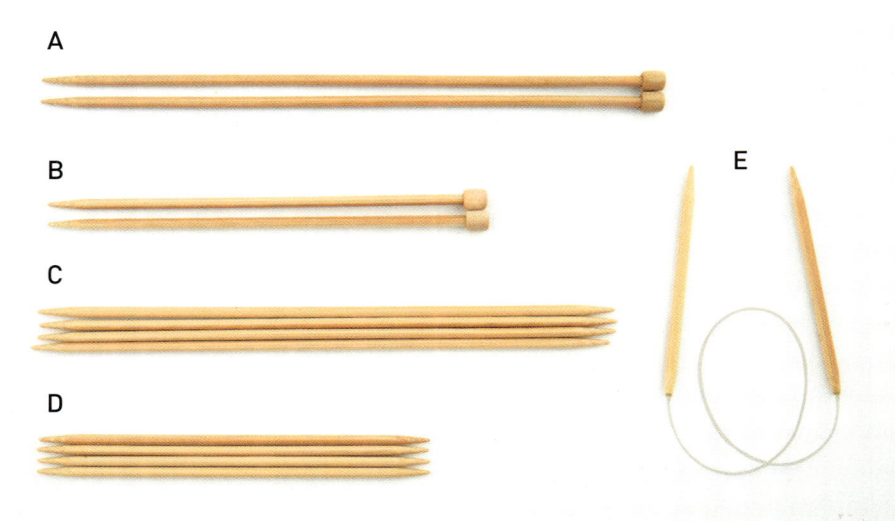

A. B. 한쪽 막힘 대바늘 2개 세트
바늘의 한쪽 끝이 막혀 있어서 뜨는 도중에 코가 빠지지 않는다. 왕복뜨기를 할 때 주로 사용한다.

C. D. 대바늘 4개 세트
바늘의 양쪽 끝이 뾰족해서 어느 쪽으로든 뜰 수 있다. 원형뜨기를 할 때 주로 사용한다. ※ 작은 것을 뜰 때 편리한 대바늘 5개 세트도 있다.

E. 줄바늘
2개의 짧은 바늘이 나일론 줄로 연결되어 있는 원형뜨기용 바늘.

대바늘의 굵기

대바늘의 굵기는 0호~15호, 7mm~25mm까지 있으며, 호수의 숫자가 커질수록 굵어집니다. 실의 굵기나 모양에 맞춰 알맞은 굵기의 바늘을 선택하세요. **대바늘 호수는 일본과 한국이 차이가 있으니 아래의 표를 참고해주세요.**

한국과 일본 대바늘 호수 비교

한국	일본	한국	일본
2.0mm	0호(2.1mm)	4.5mm	8호(4.5mm)
2.5mm	1호(2.4mm)	5.0mm	10호(5.1mm)
2.5mm	2호(2.7mm)	5.5mm	11호(5.4mm)
3.0mm	3호(3.0mm)	6.0mm	13호(6.0mm)
3.0mm	4호(3.3mm)	6.0mm	15호(6.6mm)
3.5mm	5호(3.6mm)	7.0mm	7.0mm
3.5mm	6호(3.9mm)	8.0mm	8.0mm
4.0mm	7호(4.2mm)	10.0mm	10.0mm

편리한 도구

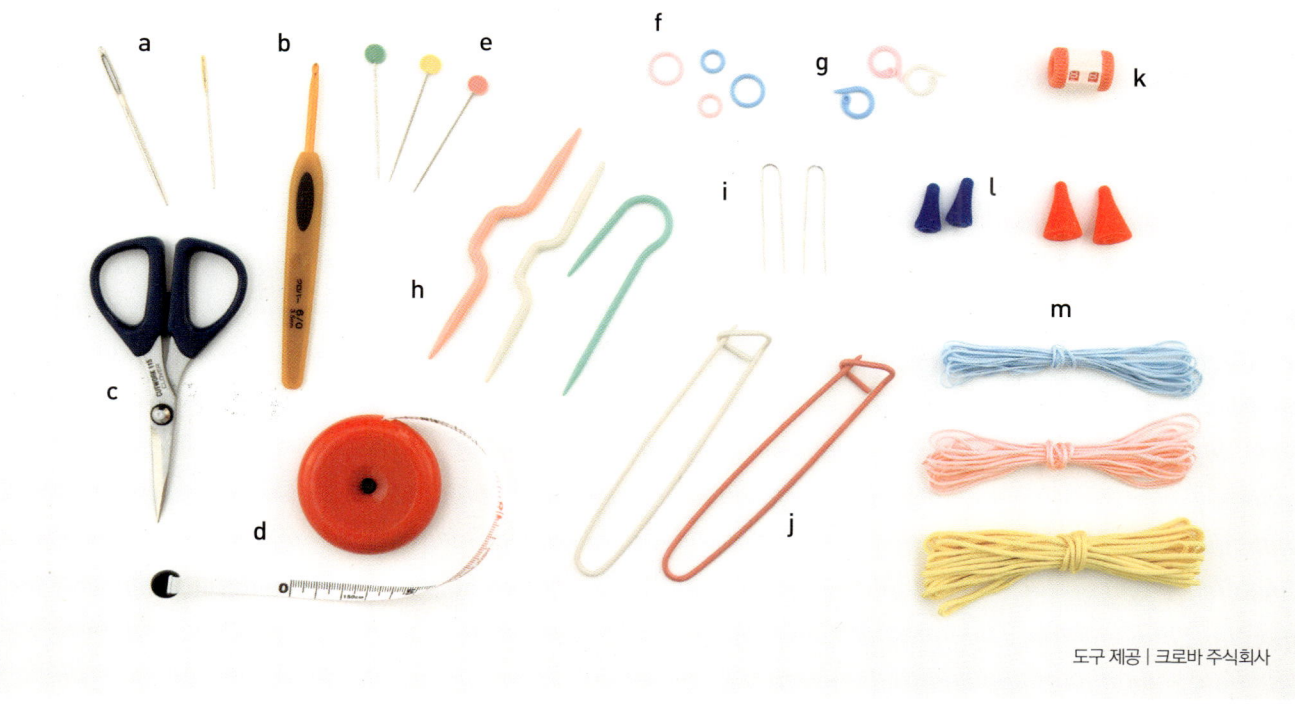

도구 제공 | 크로바 주식회사

a. 돗바늘
털실용 바늘로 바늘 끝이 둥글고 바늘귀가 크다. 뜨개바탕을 잇거나 꿰맬 때, 실 끝을 정리할 때 등에 사용한다.

b. 코바늘
바늘 끝이 갈고리 모양으로 구부러진 바늘. 시작코를 뜰 때, 뜨개바탕을 잇거나 꿰맬 때, 프린지(장식 술)를 달 때 등에 사용한다.

c. 가위
뜨개실을 자를 때 사용한다.

d. 줄자
뜨개바탕의 치수나 게이지를 잴 때 사용한다.

e. 손뜨개용 시침핀
길고 바늘 끝이 둥근 손뜨개 전용 시침핀. 뜨개바탕과 뜨개바탕을 이을 때 등에 사용한다.

f. 콧수 표시 링
무늬를 넣는 위치나 원형뜨기를 할 때 단의 첫 코를 알아보기 위해 대바늘에 끼워 사용한다.

g. 단수 표시 링
뜨개코에 걸어서 단수를 표시할 때 사용한다.

h. 꽈배기바늘
무늬뜨기에서 코를 교차하여 뜰 때 사용한다. U자형도 있다.

i. 다림질용 핀
뜨개바탕을 다림판에 고정할 때 사용한다. 바늘의 윗부분이 구부러져 있어서 다림질에 방해되지 않는다.

j. 안전핀(풀림막음핀)
다 뜬 코를 그대로 쉬어둘 때 대바늘에서 코를 옮겨두는 용도로 사용한다.

k. 콧수·단수 카운터
콧수와 단수를 기록하면서 뜰 때 사용한다. 대바늘에 끼워놓고 사용할 수 있다.

l. 바늘 마개
뜨는 도중에 잠시 뜨개질을 멈출 때 뜨개코가 빠지지 않도록 대바늘 끝에 끼워서 사용한다.

m. 시작코용 실
풀어내는 시작코를 만들 때 사용하는 별도의 실. 잘 엉키지 않는 소재이므로 코를 줍거나 코를 풀 때 수월하다.

실에 관해서

손뜨개에 사용하는 실에는 다양한 소재와 형태, 굵기가 있습니다.
같은 작품이라도 사용하는 실에 따라 전혀 다른 분위기로 완성됩니다.

실타래의 종류

실은 여러 가지 모양으로 감아 판매합니다.
대표적인 실타래의 모양을 소개합니다.

A. 볼 모양
가장 일반적인 모양. 실타래의 안쪽에서 실 끝을 빼내 사용한다.

B. 도넛 모양
부드러운 실은 도넛 모양으로 감겨 있는 경우가 많다. 라벨을 벗겨낸 뒤 사용한다.

라벨 보는 법

실에 붙어 있는 라벨에는 실의 다양한 정보가 적혀 있습니다. 라벨 보는 법을 알아두어 실을 고를 때 참고하세요.
라벨을 보관해두면 실을 재구입할 때 도움이 됩니다.

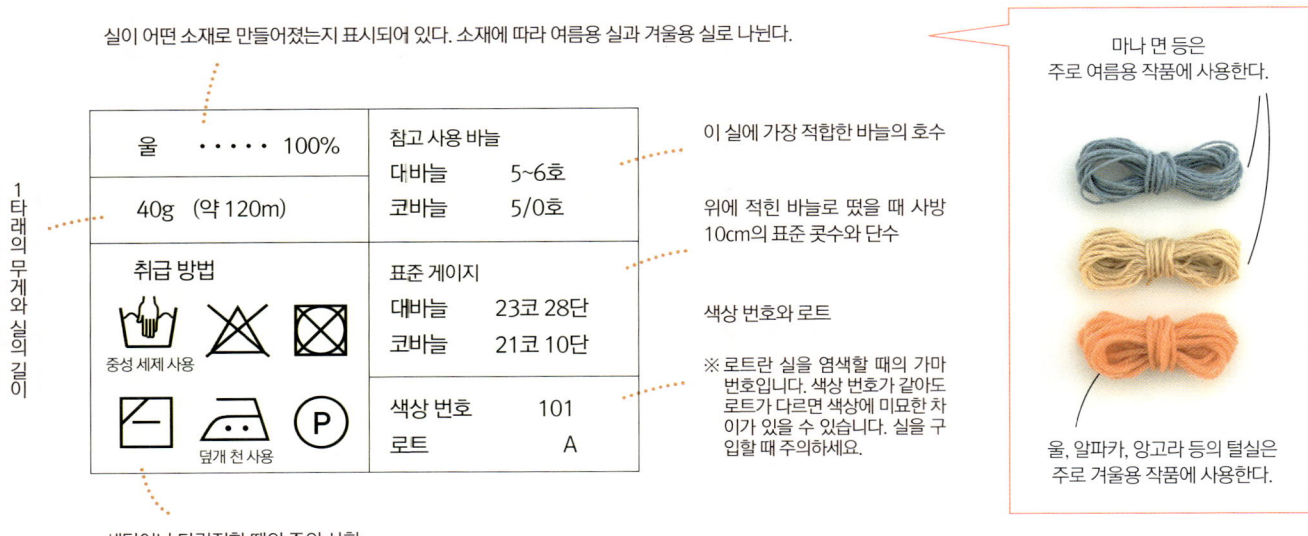

실이 어떤 소재로 만들어졌는지 표시되어 있다. 소재에 따라 여름용 실과 겨울용 실로 나뉜다.

1 타래의 무게와 실의 길이

이 실에 가장 적합한 바늘의 호수

위에 적힌 바늘로 떴을 때 사방 10cm의 표준 콧수와 단수

색상 번호와 로트

※ 로트란 실을 염색할 때의 가마 번호입니다. 색상 번호가 같아도 로트가 다르면 색상에 미묘한 차이가 있을 수 있습니다. 실을 구입할 때 주의하세요.

세탁이나 다림질 때의 주의 사항

마나 면 등은 주로 여름용 작품에 사용한다.

울, 알파카, 앙고라 등의 털실은 주로 겨울용 작품에 사용한다.

중성 세제 사용			뉘어서 그늘에서 건조	덮개 천 사용	
물 온도 40℃ 이하로 손세탁 가능(중성 세제를 사용한다)	염소계, 산소계 표백제로 표백할 수 없음	기계 건조 할 수 없음		원단 위에 천을 덮고 150℃ 이하로 다림질(덮개 천을 사용한다)	퍼클로로에틸렌 또는 석유계 용제를 사용한 드라이클리닝 가능

실의 굵기

실이 가늘수록 올이 촘촘하고 뜨개바탕이 얇아지며, 굵을수록 올이 성글고 뜨개바탕이 두꺼워집니다.

※ 여기에서 소개하는 것은 대략적인 실의 굵기이며, 실제로 이와 같은 표기로 판매하는 실은 많지 않습니다.
　또한 제조 회사에 따라 실의 굵기가 미묘하게 다를 수도 있습니다. 실을 선택할 때는 실에 붙어 있는 라벨에 표기된 적합한 바늘 굵기를 참고하세요.

중세사 (2~4호 바늘)

합태사 (4~5호 바늘)

병태사 (5~8호 바늘)

극태사 (9~15호 바늘)

초극태사 (15호 바늘~점보 바늘)

※ 사진은 실물 두께와 비슷합니다.

실의 형태

손뜨개에 사용하는 실은 꼬임 방식과 소재가 다양하며, 실의 형태의 따라서도 뜨개바탕의 질감이 달라집니다.

스트레이트 얀
꼬임과 굵기가 일정하기 때문에 뜨개코가 고르고 가지런하다. 굵기와 색상이 다양해서 작은 무늬뜨기나 배색무늬뜨기 등에도 적합하다.

모헤어
털 길이가 길어서 폭신한 뜨개바탕이 된다.

슬러브 얀
실의 굵기가 부분적으로 다르다. 뜨개코의 크기가 일정하지 않기 때문에 변화가 있는 뜨개바탕이 된다.

루프 얀
실 표면에 불규칙한 고리를 만든 실로, 뜨개코가 눈에 띄지 않아서 천 같은 뜨개바탕이 된다.

퍼 얀
털 길이가 길어서 모피 같은 뜨개바탕이 된다.

실 끝 빼내는 법

뜨기 시작할 때 실타래의 바깥쪽부터 사용하면 실을 당길 때마다 타래가 회전하여 뜨는 데 방해가 되기 때문에 안쪽에서 실 끝을 빼내 사용하는 것이 일반적입니다.

볼 모양 실타래일 때

01 실타래 안으로 손가락을 넣는다.

02 실타래 안에 있는 실 끝을 잡아 빼낸다. 실 끝을 찾지 못할 경우는 사진처럼 실 뭉치를 빼낸다.

03 빼낸 실 뭉치 속에서 실 끝을 찾아 뜨기 시작한다.

도넛 모양 실타래일 때

01 먼저 라벨을 떼어낸다.

02 실타래 안에 손가락을 넣는다.

03 실 끝을 잡아 빼낸다.

PART 2
알아두어야 할 것들

뜨개질을 시작하기 전에 알아두어야 할 것들을 정리했습니다.
손뜨개 책에서 주로 사용하는 용어나 제도, 뜨개 도안 보는 법 등을 알기 쉽게 설명합니다.
실제로 뜨개질을 시작하기 전에 반드시 읽어두도록 하세요.

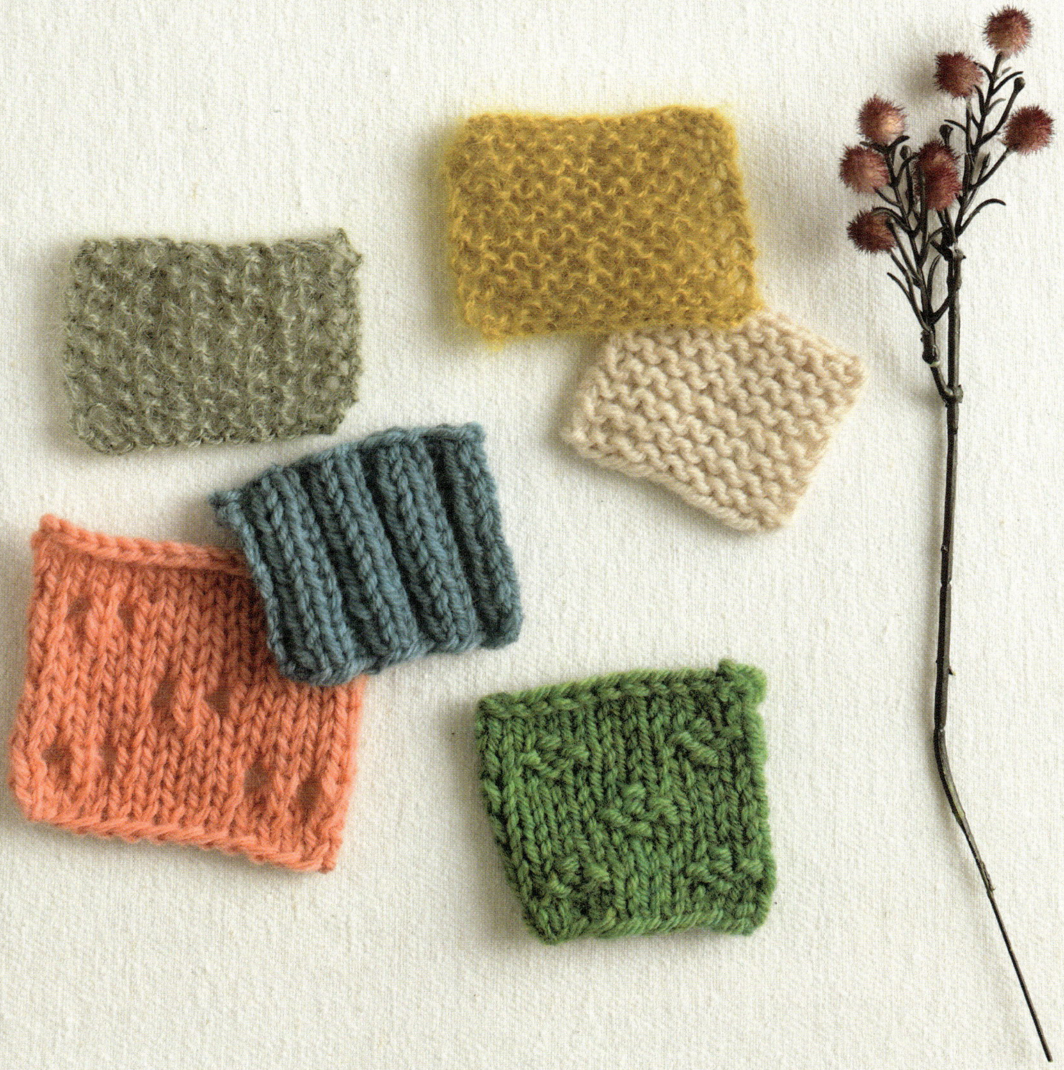

뜨개바탕에 관해서

기본적인 뜨개바탕을 이용하여 각 부분의 명칭과 뜨개코에 관해 자세히 소개합니다.

각 부분의 명칭

니들 루프 (needle loop)
대바늘에 걸려 있던 고리

코

싱커 루프 (sinker loop)
니들 루프를 연결하듯이 아래쪽으로 걸쳐져 있는 고리

코막음
다 뜬 코를 바늘에서 빼내 마무리한 부분(사진은 덮어씌워 코막기). 작품에 따라 여러 가지 코막음 방법이 있다(86~93쪽 참조).

뜨개바탕
여러 개의 뜨개코가 모여서 면을 이룬 상태를 말한다.

시작코
뜨기 시작할 때 코를 만든 부분(사진은 일반적인 시작코). 작품에 따라 여러 가지 방법으로 시작코를 만들 수 있다(25~45쪽 참조).

1코·1단이란

콧수와 단수를 정확히 세기 위해 1코·1단의 모양을 알아두도록 하세요.

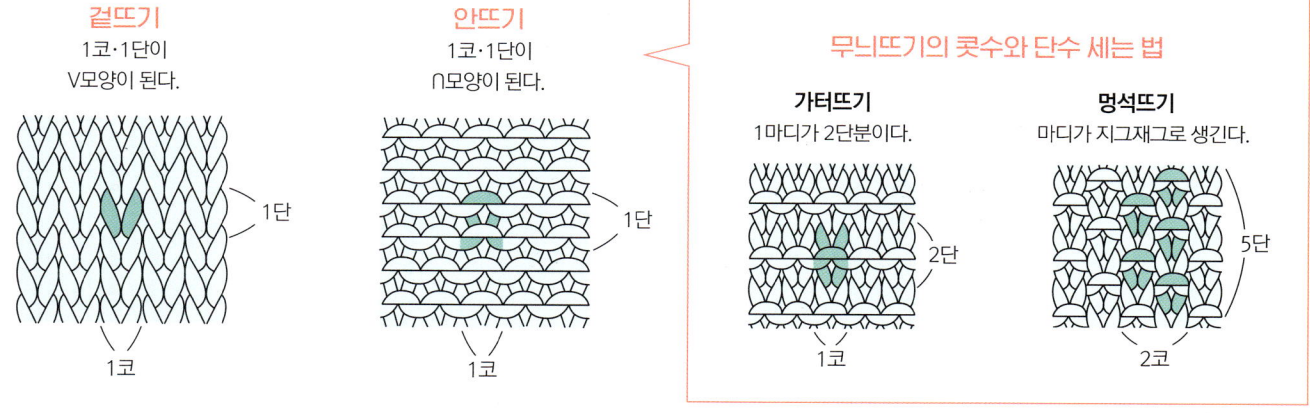

겉뜨기
1코·1단이 V모양이 된다.

안뜨기
1코·1단이 ∩모양이 된다.

무늬뜨기의 콧수와 단수 세는 법

가터뜨기
1마디가 2단분이다.

멍석뜨기
마디가 지그재그로 생긴다.

게이지에서 콧수와 단수 산출하는 방법

치수에 해당하는 콧수와 단수는 게이지를 측정해 놓으면 간단한 계산 방법으로 산출할 수 있습니다.

예 사방 10cm의 게이지가 **15코 20단**인 경우 **사방 25cm**의 콧수와 단수를 계산해봅시다.

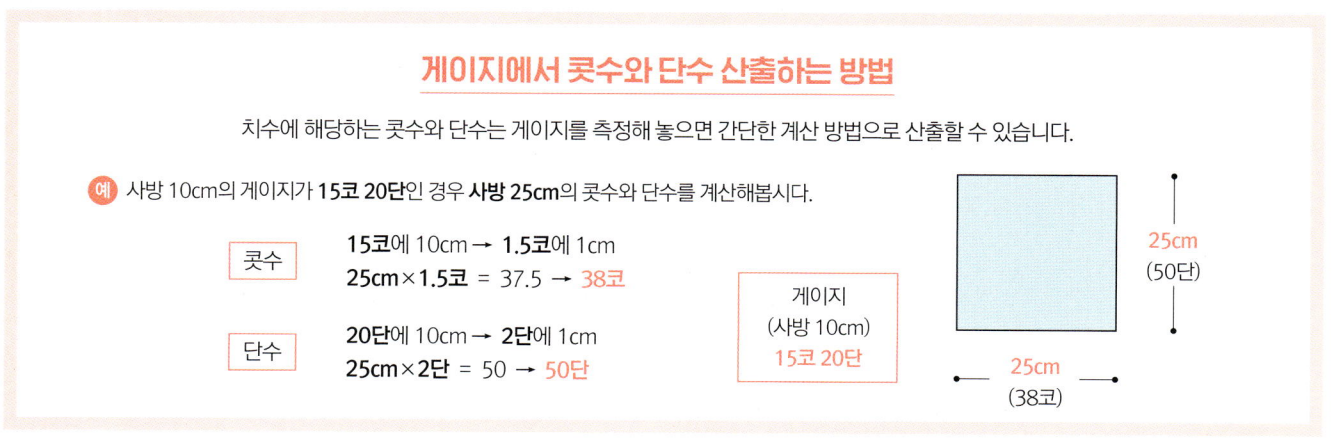

콧수
15코에 10cm → 1.5코에 1cm
25cm × 1.5코 = 37.5 → 38코

단수
20단에 10cm → 2단에 1cm
25cm × 2단 = 50 → 50단

게이지 (사방 10cm)
15코 20단

25cm (50단)
25cm (38코)

게이지에 관해서

게이지란 뜨개바탕의 밀도로, 사방 10cm 안에 들어가는 콧수와 단수를 말합니다.
게이지는 뜨는 사람에 따라서 달라지기 때문에 똑같은 실과 바늘을 사용해도 완성물의 크기가 달라질 수 있습니다.
지정된 치수대로 뜨고 싶을 때는 반드시 시험 삼아 떠보고,
게이지를 측정하여 바늘의 굵기를 조절해서 게이지를 맞추도록 하세요.

게이지 측정 방법

POINT
뜨개바탕의 가장자리와 가까운 부분은 코의 크기가 고르지 않으므로 조금 넉넉하게(사방 15~20cm) 뜹니다. 뜨개바탕은 옆으로 길게 뜨면 옆으로 늘어나고, 세로로 길게 뜨면 세로로 늘어나는 성질이 있습니다. 게이지를 잴 때는 되도록 정사각형으로 떠야 합니다.

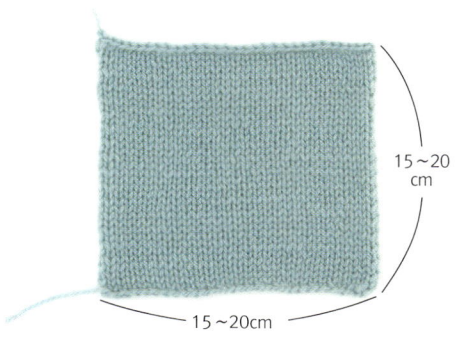

01 뜰 작품과 같은 뜨개 기법으로 사방 15~20cm의 뜨개바탕을 시험 삼아 뜬 후 다리미로 스팀을 쏘여준다.

콧수   단수

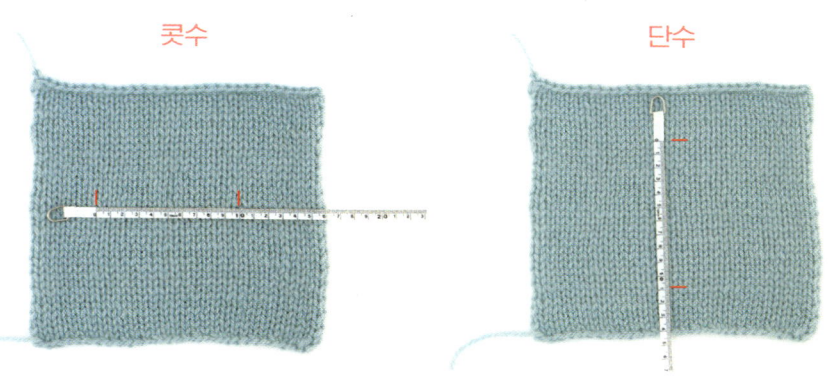

POINT
다리미로 스팀을 쏘여 코를 정돈하고, 뜨개바탕의 코가 가지런한 가운데 부분을 측정하는데, 꼼꼼히 재보면 게이지가 일정하지 않습니다. 반드시 2~3군데를 측정하여 평균값을 내도록 하세요.

02 평평한 곳에 뜨개바탕을 놓고, 중앙의 사방 10cm 안에 들어가는 콧수와 단수를 센다.

지정된 게이지와 맞지 않을 때

바늘의 호수를 바꿔 가능한 지정된 게이지에 맞추도록 합니다.

지정된 호수의 바늘로 뜬다.

6호 바늘 → 게이지가 **느슨할 경우** (지정된 게이지보다 콧수와 단수가 적다) → **4~5호 바늘** → 1~2호 **가는 바늘**로 다시 뜬다.

→ 게이지가 **촘촘할 경우** (지정된 게이지보다 콧수와 단수가 많다) → **7~8호 바늘** → 1~2호 **굵은 바늘**로 다시 뜬다.

※ 초보자는 게이지를 맞춰놓고 떠도 계속해서 일정하게 뜨기 어려우므로 수시로 게이지를 측정해가며 뜨는 것이 좋습니다.

※ 게이지는 처음 몇 단만으로는 정확히 산출하기가 어렵습니다. 뜨개바탕의 특성상 2~3단 뜬 시점에서는 옆으로 늘어나 있는 상태이므로 반드시 15cm 이상 뜬 다음 측정하도록 하세요.

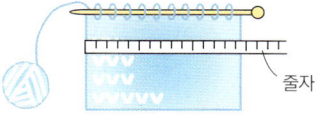
줄자

왕복뜨기와 원형뜨기

뜨개바탕의 겉쪽과 안쪽을 1단씩 번갈아 보면서 평면으로 뜨는 것을 '왕복뜨기',
뜨개바탕의 한쪽 면만 보면서 원형으로 뜨는 것을 '원형뜨기'라고 합니다.

왕복뜨기

대바늘 2개를 사용하여 뜬다

1단씩 뜰 때마다 뜨개바탕을 뒤집어서 겉쪽과 안쪽을 번갈아 보면서 뜹니다. 뜨개 도안에서 뜨는 방향을 나타내는 화살표가 단마다 반대 방향을 가리킵니다. 겉쪽을 보면서 뜨는 단에서는 도안의 기호대로 뜨고, 안쪽을 보면서 뜨는 단에서는 기호와 반대 기법으로 뜹니다.

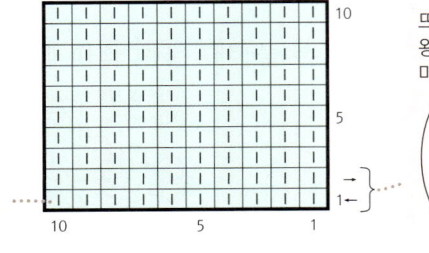

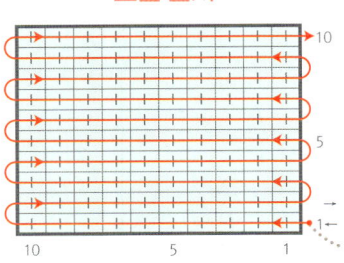

> 뜨개 도안에는 모두 | (겉뜨기) 기호로 되어 있으나, 짝수 단은 안쪽을 보며 뜨는 단이므로 기호와 반대인 - (안뜨기)로 뜹니다.

겉뜨기와 안뜨기

겉뜨기로 뜬 코를 안쪽에서 보면 안뜨기가 나타납니다. 안뜨기로 뜬 코를 안쪽에서 보면 겉뜨기가 나타납니다.

겉뜨기   안뜨기

원형뜨기

대바늘 4개(또는 대바늘 5개)를 사용하여 뜬다

뜨개 도안에서 뜨는 방향을 나타내는 화살표가 단마다 같은 방향을 가리킵니다. 계속해서 한쪽 면만 보며 뜨기 때문에 도안의 기호를 반대로 해석할 필요가 없습니다. 또한 옆선을 잇지 않아도 되므로 작품이 매끄럽습니다.

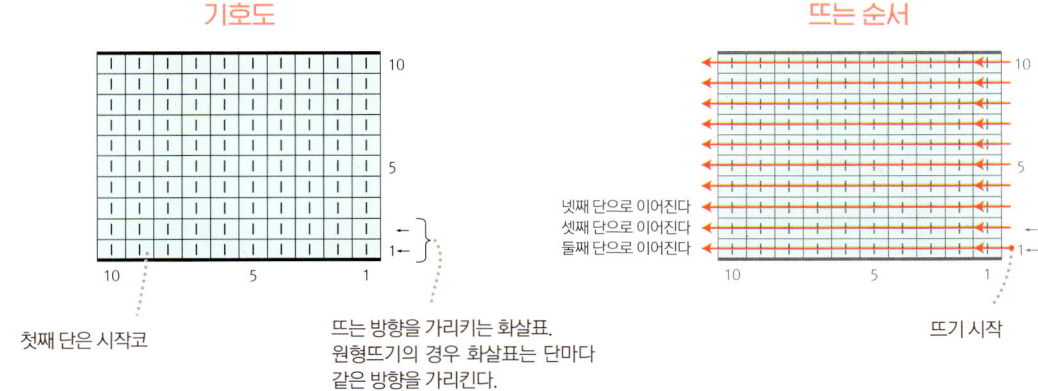

기호도 / 뜨는 순서

첫째 단은 시작코

뜨는 방향을 가리키는 화살표. 원형뜨기의 경우 화살표는 단마다 같은 방향을 가리킨다.

뜨기 시작

줄바늘을 사용하여 뜨기

대바늘 4개(또는 대바늘 5개)를 사용하지 않고, 줄바늘을 사용하여 뜨는 방법도 있습니다. 줄바늘은 길이에 따라 종류가 나뉘어 있으므로 작품의 크기에 맞춰 적당한 바늘을 선택해야 합니다. 작품의 완성 크기보다 길이가 조금 짧은 바늘을 사용하면 뜨기도 편하고 완성도도 높아집니다.

주로 사용하는 뜨개바탕

대바늘 손뜨개의 기본인 겉뜨기와 안뜨기로 뜨는 뜨개바탕을 소개합니다.
겉뜨기와 안뜨기의 조합을 바꾸기만 해도 전혀 다른 무늬를 만들 수 있습니다.

메리야스뜨기

기호도 실제 뜨는 법

대바늘 손뜨개의 가장 기본이 되는 뜨개바탕으로, 겉쪽에서 보면 겉뜨기만 나타납니다.
왕복뜨기로 뜰 때는 겉뜨기와 안뜨기를 1단씩 반복하여 뜹니다. 원형뜨기로 뜰 때는 겉뜨기만 반복합니다.
뜨개바탕의 옆선은 안쪽으로 말리고, 위아래 단은 겉쪽으로 말리는 성질이 있습니다.

안메리야스뜨기

기호도 실제 뜨는 법

메리야스뜨기를 안쪽에서 본 뜨개바탕으로, 모두 안뜨기만 나타납니다.
왕복뜨기로 뜰 때는 메리야스뜨기와 마찬가지로 안뜨기와 겉뜨기를 1단씩 반복하여 뜹니다.
원형뜨기로 뜰 때는 안뜨기만 반복합니다.

가터뜨기

기호도 실제 뜨는 법

겉쪽에서 보면 겉뜨기와 안뜨기가 1단씩 번갈아가며 반복되는 뜨개바탕입니다.
왕복뜨기로 뜰 때는 단이 바뀌어도 겉뜨기만 뜨면 됩니다. 앞뒤 구분이 없으며, 뜨개바탕이 말리지 않고 평평합니다.
메리야스뜨기에 비해 세로로 수축하고 가로로 늘어나는 성질이 있습니다.

> **POINT**
> 왕복뜨기인 경우, 뜨개바탕의 안쪽을 보며 뜨는 단에서는 뜨개 도안의 기호와 반대 기법으로 떠야 합니다.

1코 고무뜨기

기호도　　　실제 뜨는 법

겉뜨기와 안뜨기를 가로 방향으로 1코씩 번갈아가며 반복하여 뜨는 뜨개바탕입니다.
가로 방향으로 신축성이 있습니다.

2코 고무뜨기

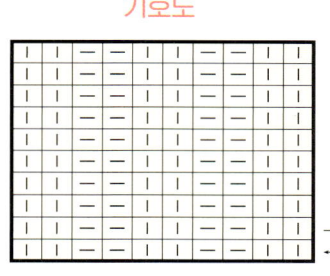

기호도　　　실제 뜨는 법

겉뜨기와 안뜨기를 가로 방향으로 2코씩 번갈아가며 반복하여 뜨는 뜨개바탕입니다.
가로 방향으로 신축성이 있습니다.

멍석뜨기

기호도　　　실제 뜨는 법

지정된 콧수와 단수마다 겉뜨기와 안뜨기를 번갈아가며 반복하여 뜨는 울퉁불퉁한 뜨개바탕입니다.
사진의 뜨개바탕은 1코·1단마다 겉뜨기와 안뜨기를 번갈아가며 뜬 모습입니다.
앞뒤의 구분이 없으며, 뜨개바탕이 말리지 않고 평평합니다.

제도와 뜨개 도안

뜨개 작품의 도안은 '제도'와 '뜨개 도안', 2종류의 그림으로 표시합니다.
제도는 치수와 그에 해당하는 콧수와 단수 등을 숫자로 표시한 그림입니다.
뜨개 도안은 1코 1단이 1칸에 해당하는 모눈으로 되어 있는 그림으로, 실제로 뜨개질하는 방법을 기호로 표시한 그림입니다.

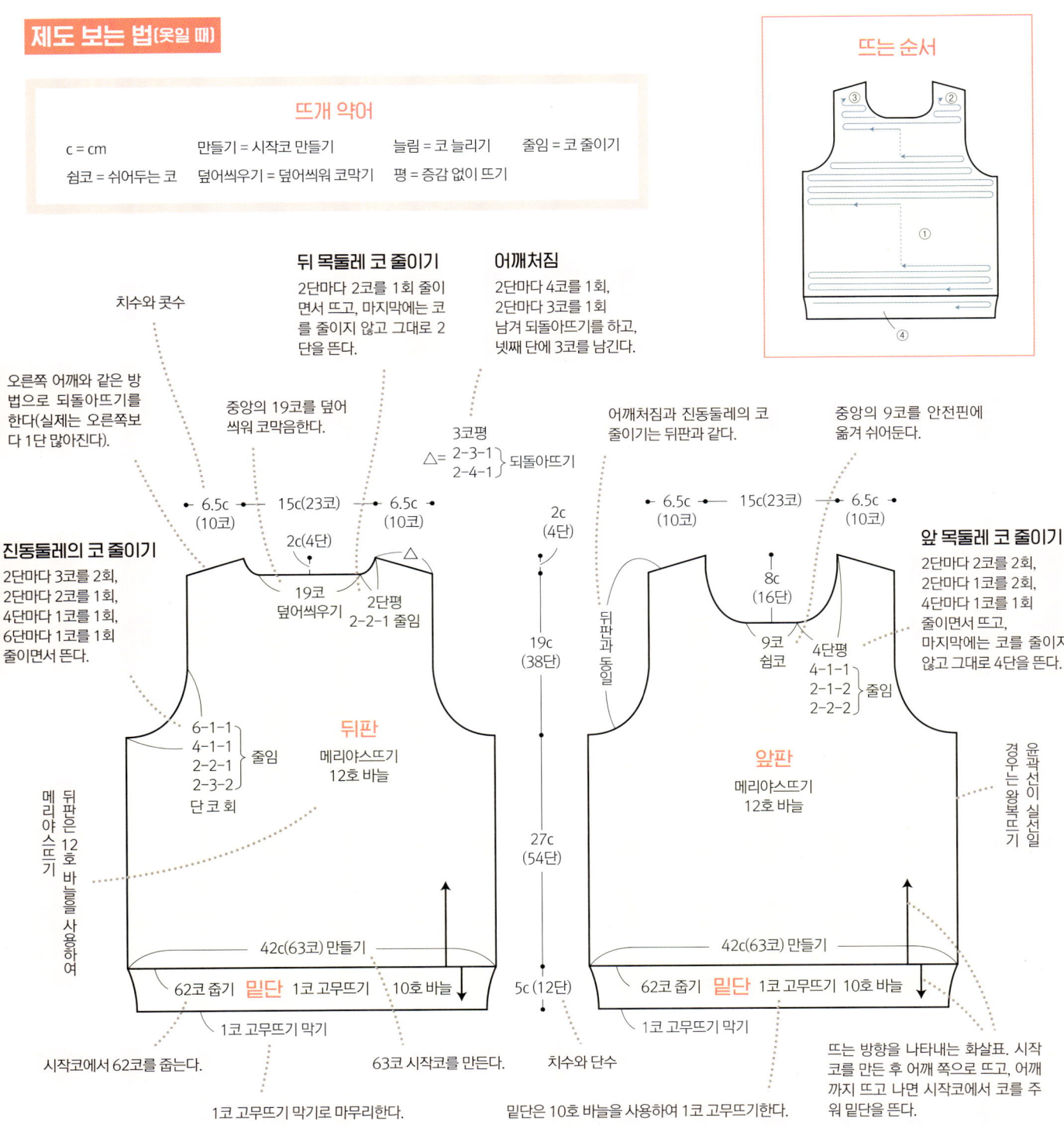

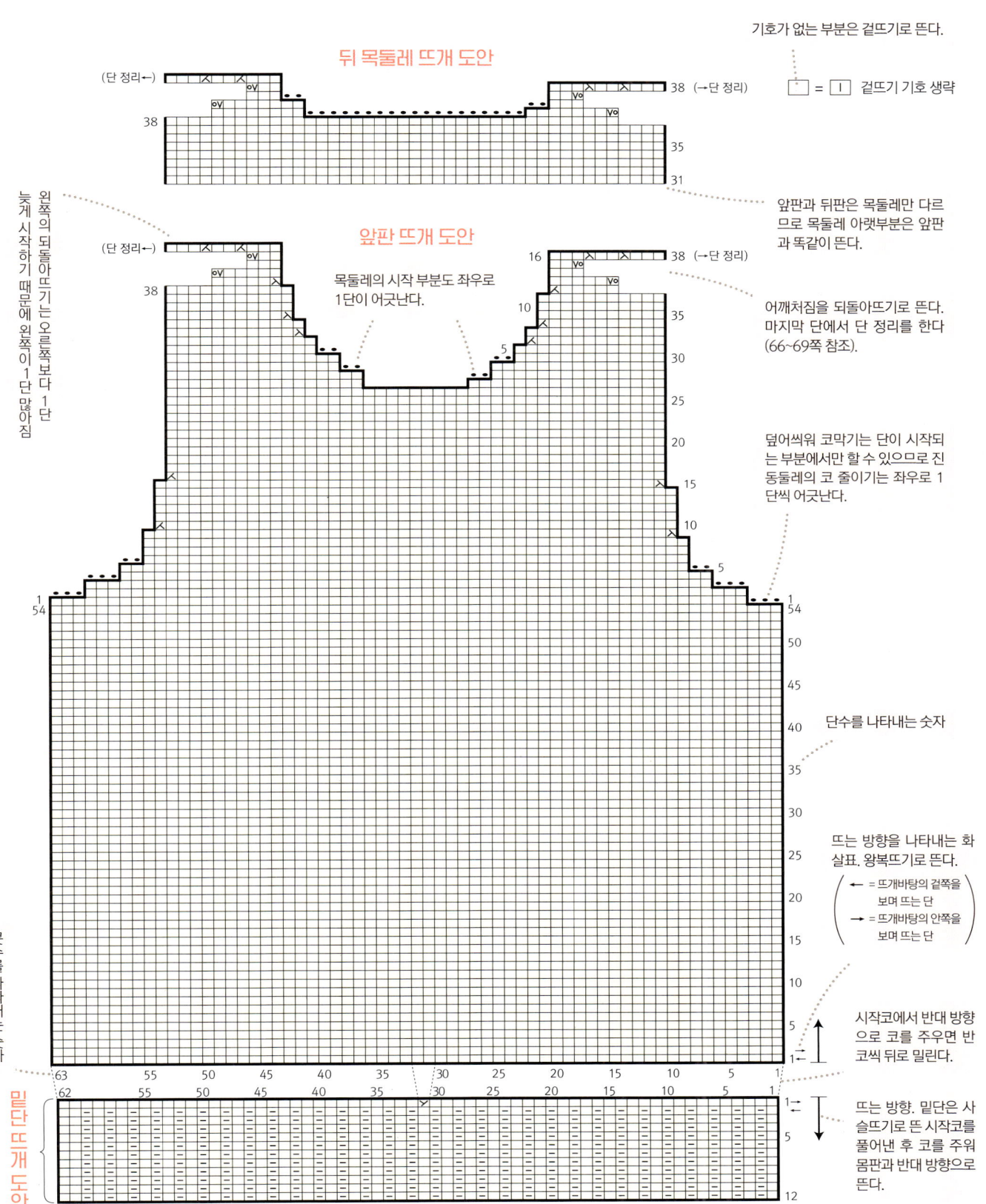

제도 보는 법(소품일 때)

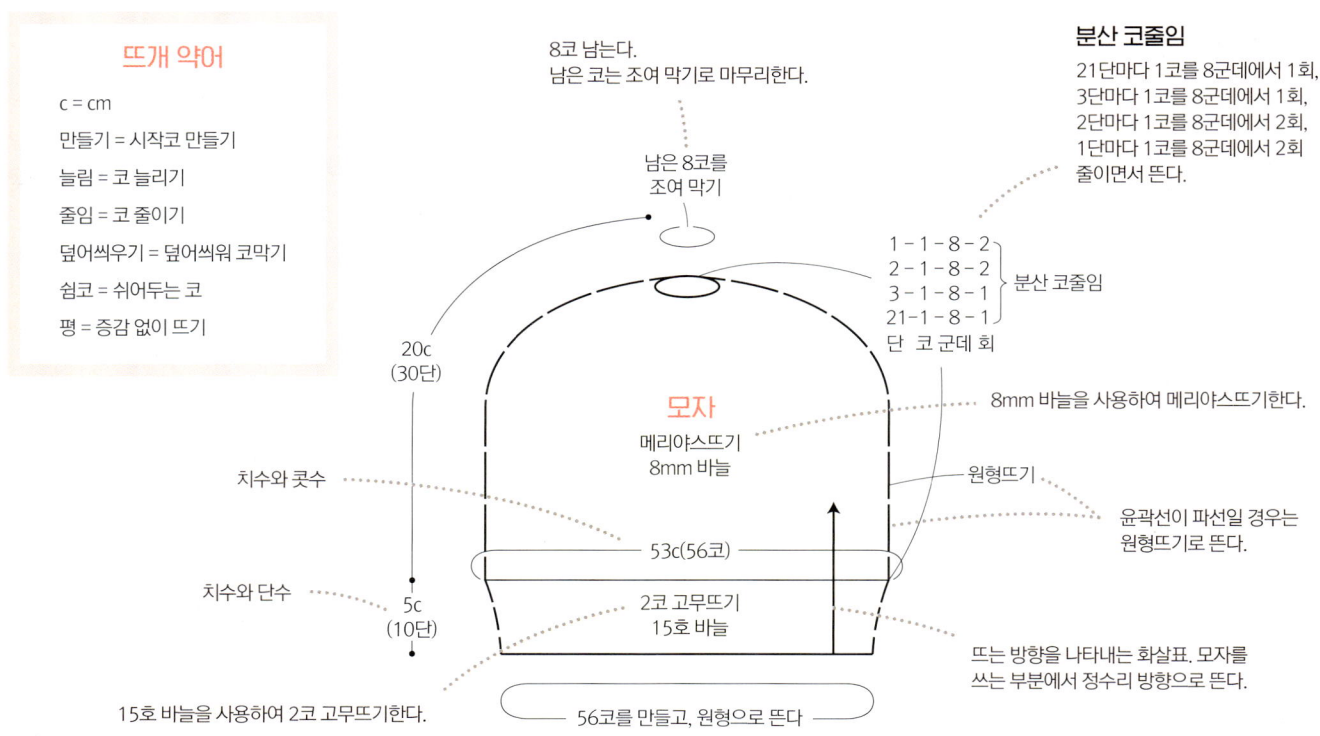

뜨개 도안 보는 법(소품일 때)

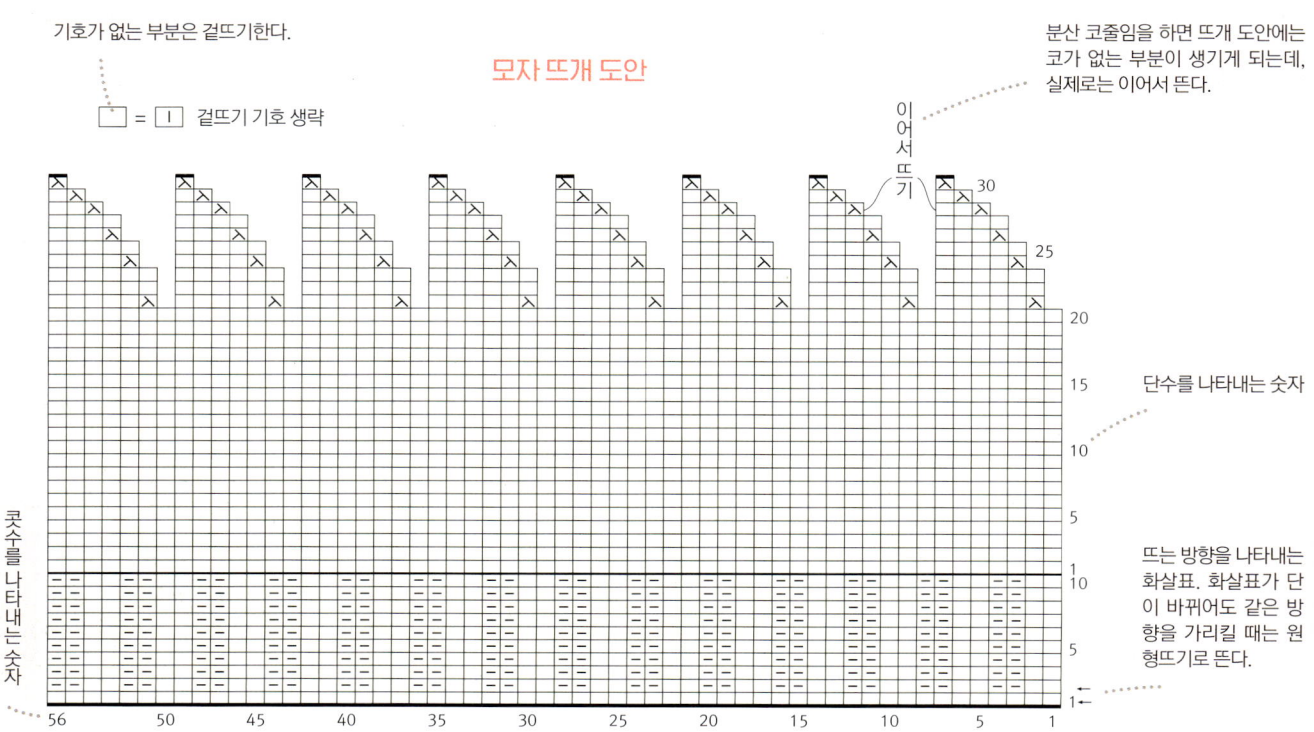

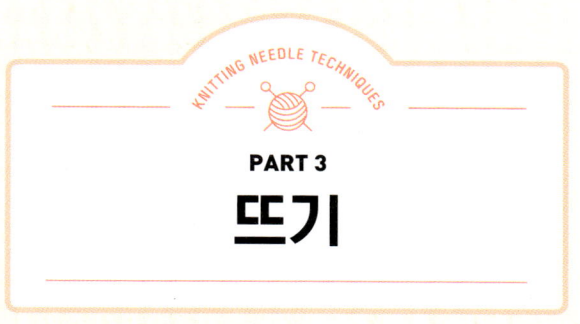

PART 3
뜨기

준비가 끝났으면 이제 대바늘 손뜨개를 시작해볼까요!
바늘과 실 잡는 방법, 시작코 만드는 방법, 코 줄이는 방법, 코 늘리는 방법 등
실제로 작품을 뜰 때 필요한 기법을 소개합니다.

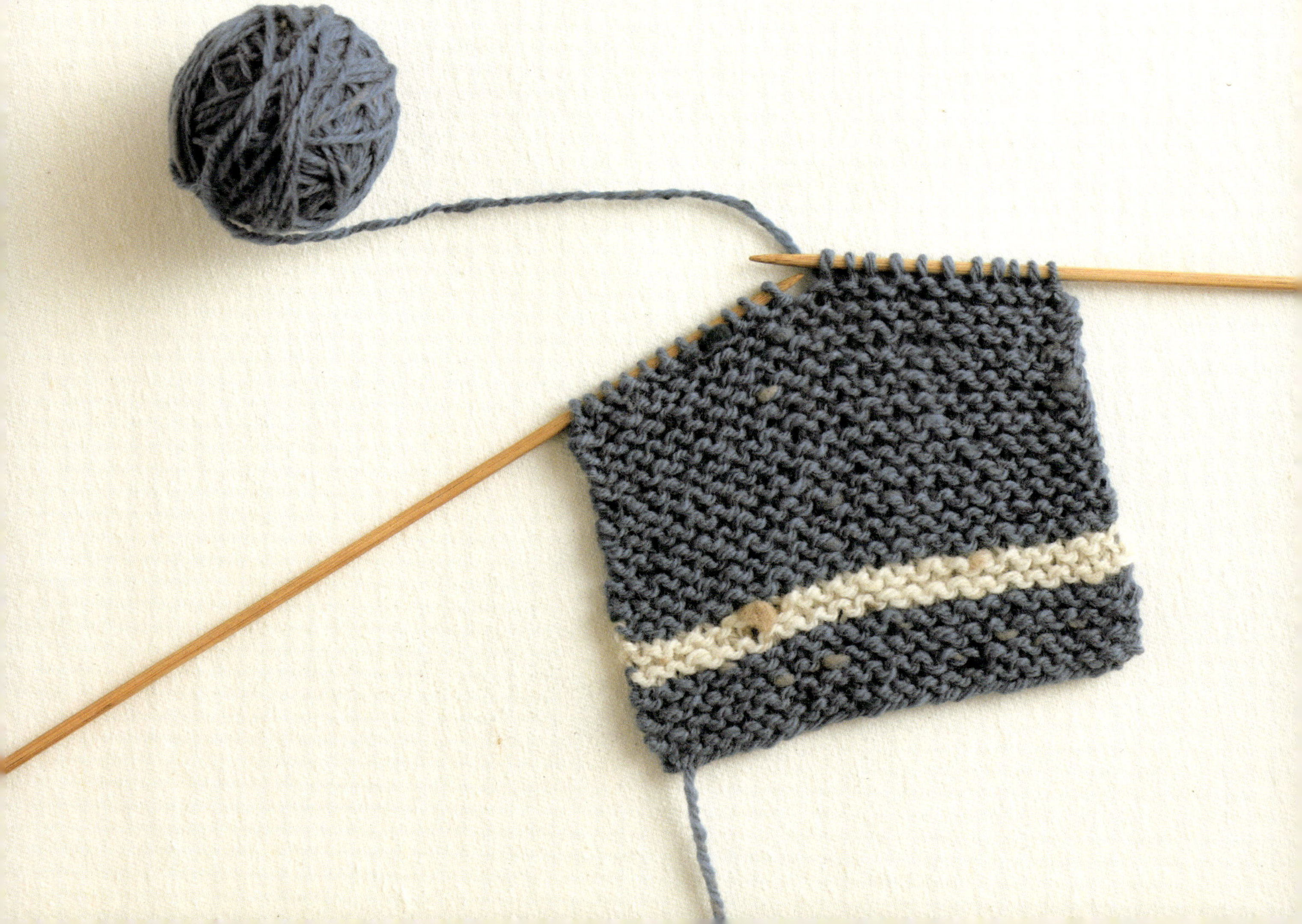

실 거는 법과 바늘 잡는 법

시작코를 만들고 나서 뜨개코를 뜰 때 실과 바늘 잡는 방법입니다.
대바늘 손뜨개에는 프랑스식과 미국식이 있으며, 이 책에서는 프랑스식 뜨개질법을 소개합니다.

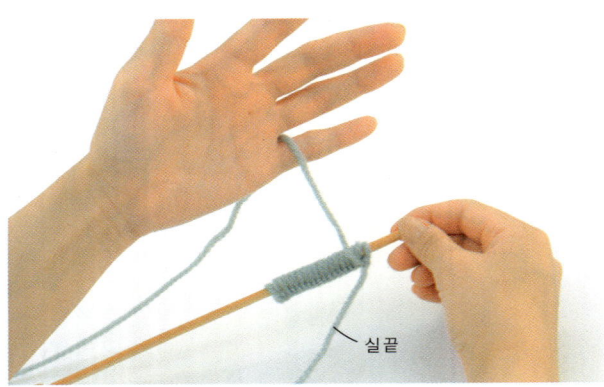

01 코가 걸린 대바늘의 끝이 오른쪽을 향하도록 두고, 왼손의 새끼손가락과 약지 사이에 실을 끼운다.

실끝

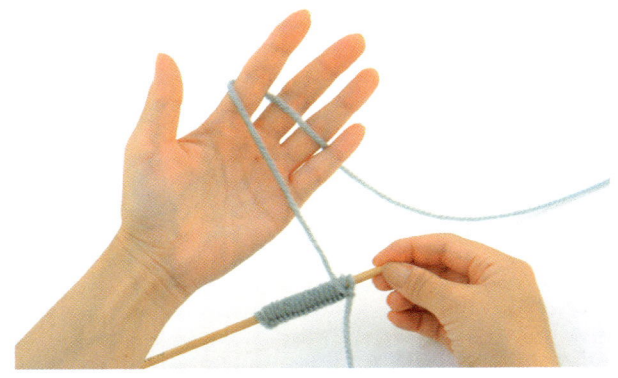

02 실이 약지와 중지의 안쪽을 지나도록 하여 검지에 건다.

03 왼손의 검지를 세운 상태에서 나머지 손가락으로 바늘을 잡는다. 오른손으로 다른 바늘을 잡고 이 바늘로 뜨기 시작한다.

04 왼손에 건 뜨개실이 부드럽게 움직이도록 당기는 힘을 조절해가며 뜬다.

미국식이란…

실을 오른손 검지에 걸고 뜨는 방법입니다. 오른쪽 바늘에서 손을 떼고 오른손을 움직여서 바늘에 실을 걸기 때문에 프랑식보다 조금 더 시간이 걸리고 코가 빡빡해지는 경향이 있지만, 코의 크기가 일정하기 때문에 비교적 뜨개바탕을 고르게 뜰 수 있습니다.

시작코

뜨기 시작할 때 뜨개바탕의 기초가 되는 맨 아랫줄의 고리를 대바늘에 만드는 것을 '코를 잡는다'고 합니다.
또한 이 과정에서 대바늘에 걸린 고리를 '시작코'라고 합니다. 시작코에는 신축성이 있는 것, 신축성이 없는 것,
나중에 풀어내는 것 등 뜨개바탕이나 뜨개질법에 따른 다양한 방법이 있습니다.

일반적인 시작코

대바늘 손뜨개에서 시작코를 만들 때 가장 기본적인 방법입니다.
신축성이 적당히 있으며 메리야스뜨기, 가터뜨기, 고무뜨기 등 다양한 뜨개바탕에 사용합니다.

01 실타래의 안쪽에서 실 끝을 빼낸다.

02 실 끝에서 뜨개바탕 너비의 3.5~4배 정도 되는 부분에서 한 번 꼬아 고리를 만들고, 화살표처럼 고리 안으로 실을 끌어낸다.

03 실을 끌어낸 모습. 화살표 방향으로 실 끝을 잡아당겨 조인다.

04 실 끝을 잡아당겨 조인 모습. 대바늘 2개를 나란히 고리 안으로 넣는다.

05 첫째 코를 완성한 모습.

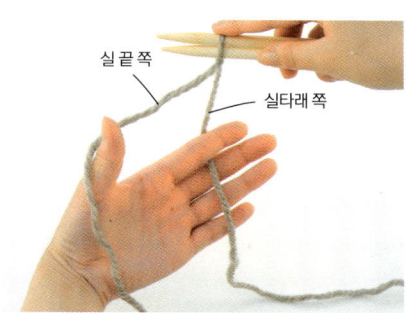

06 오른손으로 바늘을 잡고 실타래 쪽의 실을 왼손의 검지에, 실 끝 쪽의 실을 엄지에 건다.

07 나머지 손가락으로 실 2가닥을 움켜쥔다. 오른손 검지로 첫째 코를 눌러 잡는다.

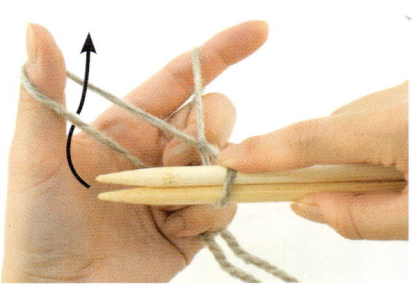

08 화살표처럼 엄지에 걸려 있는 실을 바늘로 들어올린다.

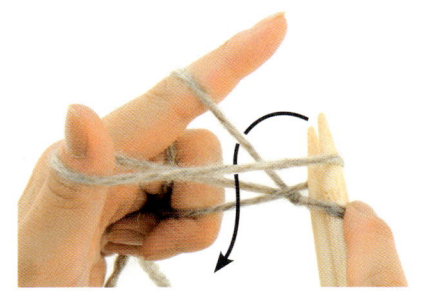

09 화살표처럼 검지에 걸려 있는 실을 바늘에 걸어 엄지에 걸려 있는 실 사이로 끌어낸다.

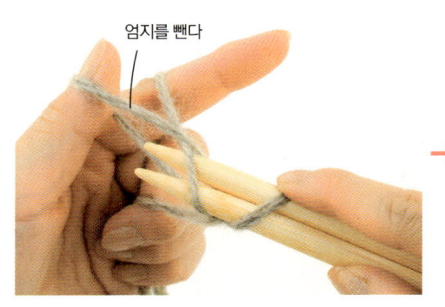

10 실을 끌어낸 모습. 엄지를 뺀다.

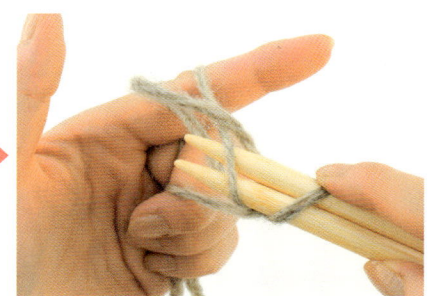

11 다시 한 번 실 끝 쪽의 실을 엄지에 걸고, 엄지로 잡아당겨 조인다. 둘째 코를 완성한 모습.

12 8~11을 반복하여 필요한 콧수만큼 만든다.

13 17코 만든 모습.

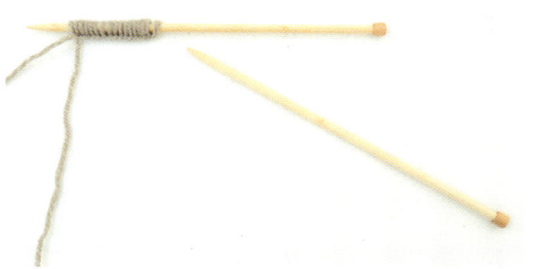

14 필요한 콧수만큼 만든 후 바늘 1개를 빼낸다. 일반적인 시작코가 완성되었다. 이 시작코를 첫째 단으로 센다.

풀어내는 시작코

별도의 실로 느슨하게 뜬 사슬뜨기의 뒷산에서 대바늘로 끌어낸 뜨개실의 고리가 시작코가 됩니다.
별도의 실로 뜨는 사슬뜨기는 뜨개바탕을 다 뜬 후에 풀어낸 다음 코마무리를 하거나 코를 주워 반대 방향으로 뜰 때 적합합니다.

01 코바늘을 사용하여 사슬뜨기를 필요한 콧수보다 5코 정도 더 뜬다.

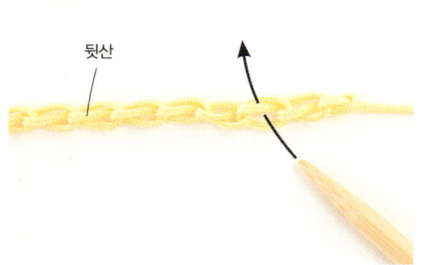

02 사슬뜨기의 뒷산에 화살표처럼 대바늘을 넣는다.

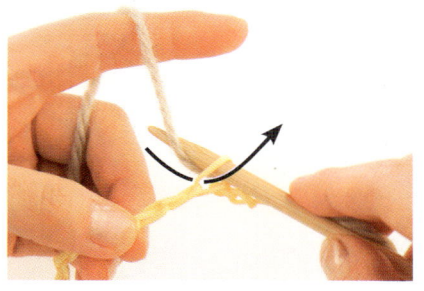

03 뒷산에 넣은 대바늘에 실을 걸어 끌어낸다.

04 실을 끌어내어 1코 완성한 모습.

05 필요한 콧수만큼 코를 주워 풀어내는 시작코를 완성한 모습. 대바늘에 걸려 있는 코를 첫째 단으로 센다.

사슬뜨기 시작코

01 코바늘을 실의 뒤쪽에 대고, 화살표처럼 바늘을 돌려 고리를 만든다.

02 고리의 아래쪽을 왼손으로 잡고, 화살표처럼 바늘을 움직여서 실을 건다.

03 바늘에 건 실을 끌어낸다.

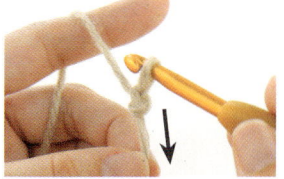

04 실 끝 쪽을 잡아당겨 처음에 만든 고리를 조인다.

05 바늘에 실을 걸어 끌어낸다.

06 첫째 코를 뜬 모습. 계속해서 5를 반복한다.

07 사슬뜨기를 5코 뜬 모습.
※ 바늘에 걸려 있는 고리는 1코로 세지 않는다.

별도 사슬을 풀어 코 줍는 방법

별도의 실로 뜬 사슬뜨기를 풀어내면서 대바늘에 코를 옮깁니다.

01 별도의 실로 뜬 사슬뜨기 마지막 코의 실을 당겨 풀어준다.

02 사슬뜨기를 풀어 화살표처럼 뜨개코에 대바늘을 넣는다.

03 다음 뜨개코에 대바늘을 넣고 사슬뜨기를 1코 풀어준다.

04 같은 방법으로 코를 주우며 별도 사슬을 마지막까지 풀어내면 사진처럼 가장자리의 실에 별도의 실이 걸려 있다.

05 이 실을 한 번 꼬아서 화살표처럼 바늘을 넣어 마지막 코를 줍는다.

06 코를 모두 주운 모습.

뜨개바탕 실로 뜨는 사슬뜨기 시작코

뜨개바탕 실로 뜬 사슬뜨기의 뒷산에 이어서 대바늘로 실을 끌어냅니다.
사슬뜨기는 풀어내지 않고 그대로 뜨개바탕의 끝부분이 됩니다.

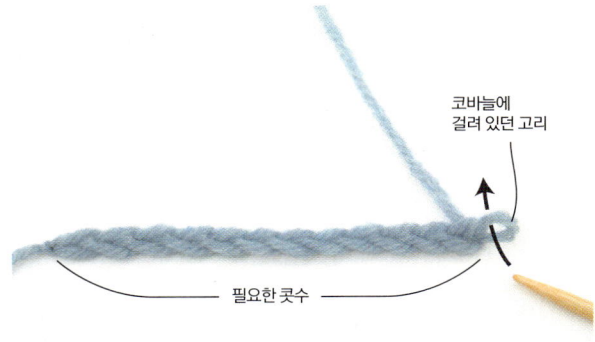

01 코바늘을 사용하여 뜨개바탕 실로 필요한 콧수만큼 사슬뜨기를 뜨고, 코바늘에 걸려 있던 고리를 대바늘로 옮긴다.

02 대바늘로 옮긴 고리가 첫째 코가 된다. 사슬을 1코 건너뛰어 둘째 코의 뒷산에 대바늘을 넣어 실을 건다.

03 화살표처럼 실을 끌어낸다.

04 둘째 코를 주운 모습. 다음 코의 뒷산에 화살표처럼 대바늘을 넣고 실을 걸어 끌어낸다.

05 4를 반복하여 여섯째 코까지 주운 모습. 같은 방법으로 끝까지 코를 줍는다. 이 단을 첫째 단으로 센다.

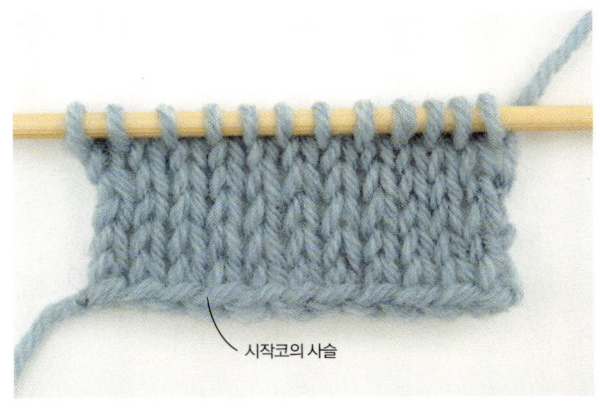

06 여섯째 단까지 뜬 모습. 시작코의 사슬이 뜨개바탕의 아래쪽 끝에 나란히 보인다.

시작코를 원형으로 만드는 방법

원형뜨기로 뜰 때 사용하는 방법입니다.
일반적인 시작코로 뜰 때를 예로 들어 설명하며,
풀어내는 시작코로 뜰 때도 원형으로 만듭니다.

○ 대바늘 4개로 뜰 때

01 대바늘 4개 중에서 2개를 사용하여 일반적인 시작코로 필요한 콧수만큼 만든다(27쪽 참조).

02 대바늘 1개를 뺀다.

03 시작코를 3개의 바늘에 균등하게 나눈다.

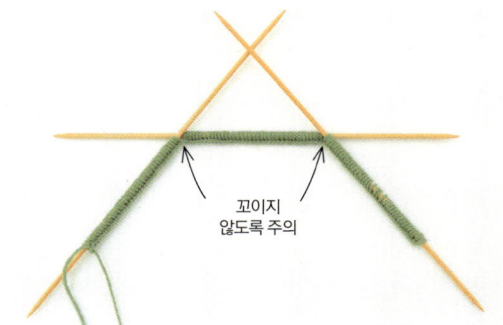

꼬이지 않도록 주의

> 대바늘 5개를 사용할 경우는 같은 방법으로 4개의 바늘에 나눕니다.

04 3개의 바늘에 나눈 모습. 이 시작코를 첫째 단으로 센다.

05 바늘 3개를 사진과 같이 잡는다.

06 손을 뒤집어 실 끝을 오른쪽으로 놓는다.

07 코가 빠지지 않도록 주의하며 좌우의 바늘을 뒤쪽으로 밀어준다. 코를 바늘 끝으로 모으면 다음 단을 뜨기 수월하다.

08 이어서 둘째 단부터 원형으로 뜬다. 시작코가 바늘과 바늘 사이에서 꼬이지 않도록 주의하며 왼손으로 코가 걸려 있는 바늘을 잡고, 오른손으로 넷째 바늘을 잡는다.

09 첫째 단(시작코)의 마지막 코와 사이가 되도록 벌어지지 않도록 실을 살짝 잡아당기며 둘째 단의 첫째 코를 뜬다.

10 첫째 코를 뜬 모습.

11 첫째 코가 느슨해지지 않도록 주의하며 둘째 코를 뜨고, 나머지 코도 뜨개 도안대로 뜬다.

12 바늘이 바뀌는 부분에서는 코가 느슨해지지 않도록 주의하며 뜬다.

13 둘째 단을 뜬 모습.

> **POINT**
>
> 바늘이 바뀌는 부분에서는 코가 느슨해지기 쉬우므로 왼손에 걸친 뜨개실을 살짝 잡아당겨 느슨해지지 않도록 주의하며 뜹니다.
>
>  바늘과 바늘 사이가 느슨해지지 않고 고르게 뜬 예
>
>  바늘과 바늘 사이가 느슨해진 안 좋은 예 — 느슨하다

○ 줄바늘로 뜰 때

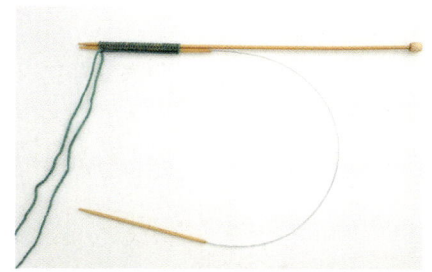

01 줄바늘에 같은 호수의 대바늘 1개를 덧대어 일반적인 시작코를 만든다(27쪽 참조).

02 필요한 콧수만큼 만들고, 덧댄 바늘을 뺀다. 일반적인 시작코를 완성한 모습. 이 시작코를 첫째 단으로 센다.

03 줄바늘의 양쪽 끝을 잡고 둘째 단을 뜬다. 시작하는 부분의 코가 느슨해지지 않도록 주의한다.

04 셋째 단부터는 둥글게 돌아가며 나선형으로 떠 나간다.

05 단이 시작되는 부분에 콧수 표시 링을 바늘에 걸어두면 시작코를 알기 쉽다. 단의 첫 코를 뜨기 전에 콧수 표시 링을 오른쪽 바늘로 옮긴 후에 뜬다. — 콧수 표시 링

1코 고무뜨기 시작코

신축성이 있으며, 1코 고무뜨기의 가장자리가 깔끔하게 마무리되는 시작코입니다.
별도의 실로 사슬뜨기를 뜨고, 사슬뜨기의 뒷산을 주워 뜹니다. 별도의 실은 나중에 풀어냅니다.

○ 오른쪽 끝이 겉뜨기 2코, 왼쪽 끝이 겉뜨기 1코일 때

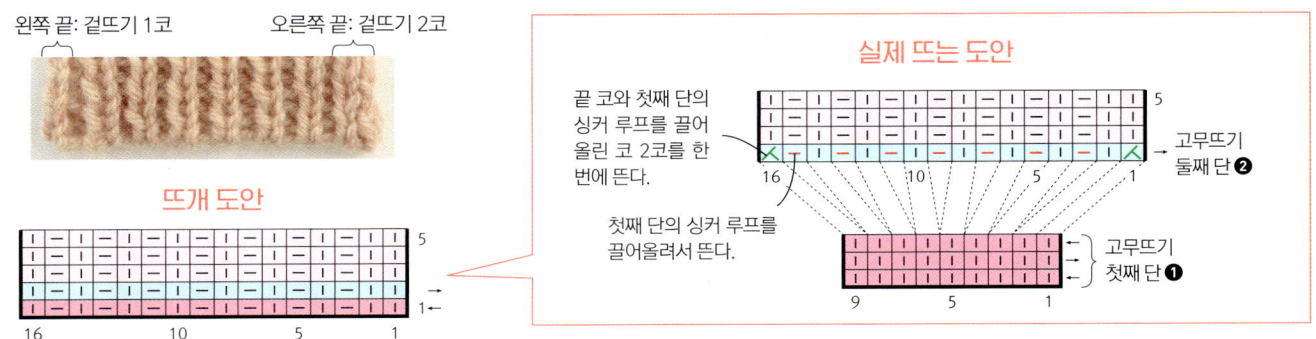

❶ 고무뜨기 첫째 단

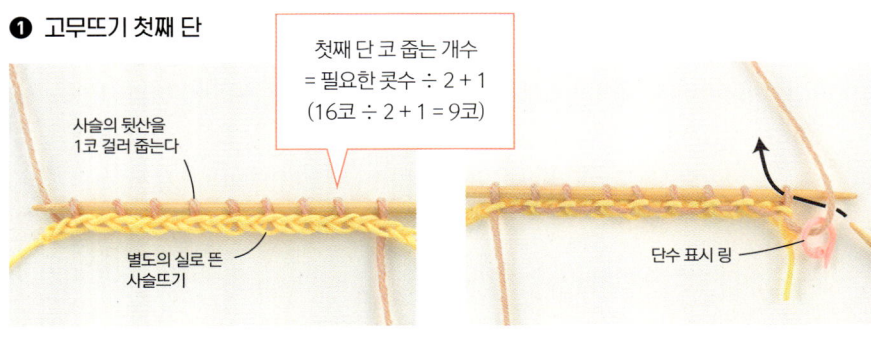

첫째 단 코 줍는 개수
= 필요한 콧수 ÷ 2 + 1
(16코 ÷ 2 + 1 = 9코)

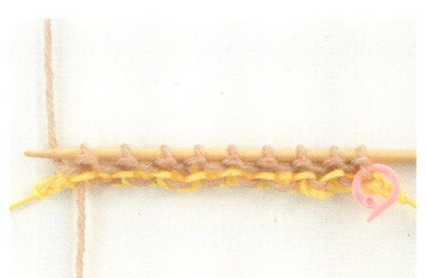

01 별도의 실로 사슬뜨기를 느슨하게 필요한 콧수보다 5코 정도 더 뜨고, 뜨개바탕 실로 사슬뜨기의 뒷산에서 1코 걸러 코를 줍는다(29쪽 참조).

02 뜨개바탕을 안쪽으로 뒤집어 뜨개실에 단수 표시 링을 끼운다. 이어서 안뜨기로 1단을 뜬다.

03 안뜨기로 1단 뜬 모습.

❷ 고무뜨기 둘째 단

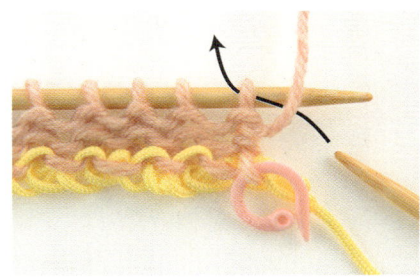
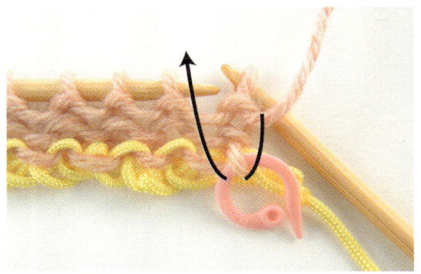

04 뜨개바탕을 겉쪽으로 뒤집어 겉뜨기로 1단을 뜬다. 메리야스뜨기로 3단 뜬 모습. 이 3단이 고무뜨기의 첫째 단이 된다.

01 안쪽으로 뒤집는다. 오른쪽 바늘을 화살표처럼 첫째 코에 넣은 다음, 뜨지 않고 그대로 오른쪽 바늘로 옮긴다.

02 코를 옮긴 모습. 이어서 단수 표시 링이 걸려 있는 부분에 오른쪽 바늘을 넣어 그대로 끌어올린다.

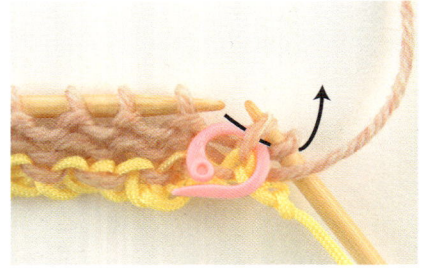
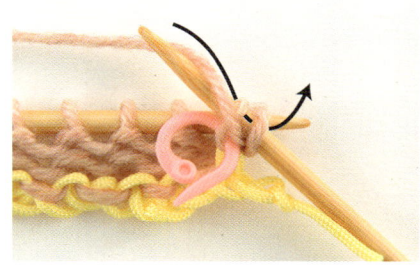

03 오른쪽 바늘에 걸려 있는 2코에 왼쪽 바늘을 화살표처럼 넣는다.

04 오른쪽 바늘에 실을 걸어 2코를 한 번에 안뜨기한다.

05 2코를 한 번에 안뜨기한 모습.

06 첫째 단의 싱커 루프(맨 아래에 옆으로 걸쳐진 실. 16쪽 참조)를 오른쪽 바늘로 아래쪽에서 끌어올린다.

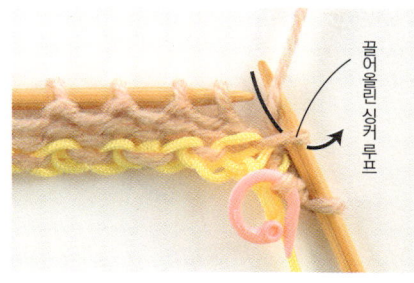

07 끌어올린 싱커 루프를 겉뜨기한다.
※ 그대로 뜨기 어려우면 끌어올린 싱커 루프를 왼쪽 바늘로 옮긴 후에 뜬다.

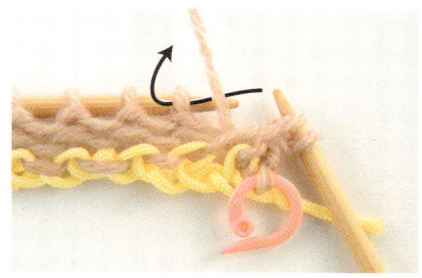

08 겉뜨기한 모습. 다음은 왼쪽 바늘에 걸려 있는 코를 안뜨기한다.

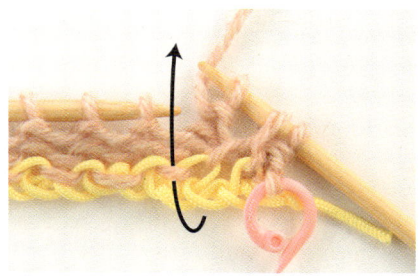

09 다음 싱커 루프를 끌어올려 겉뜨기한다.

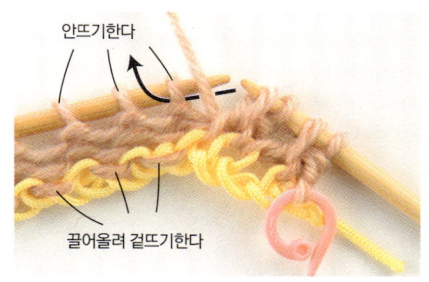

10 8, 9를 반복하여 왼쪽 바늘에 걸려 있는 코는 안뜨기, 첫째 단의 싱커 루프는 끌어올려서 겉뜨기로 번갈아가며 뜬다.

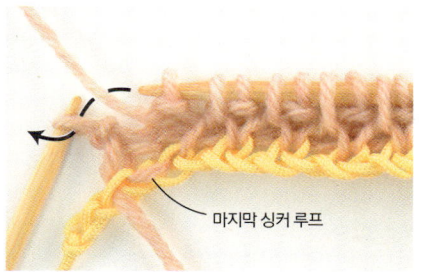

11 마지막 싱커 루프를 뜨기 전에 왼쪽 바늘에 걸려 있는 마지막 코를 뜨지 않고 그대로 오른쪽 바늘로 옮긴다.

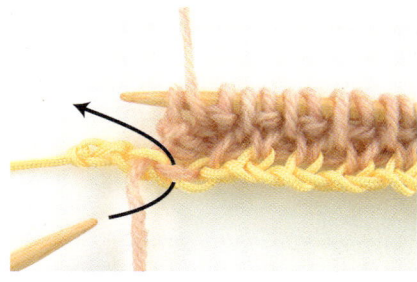

12 왼쪽 바늘로 마지막 싱커 루프를 끌어올린다.

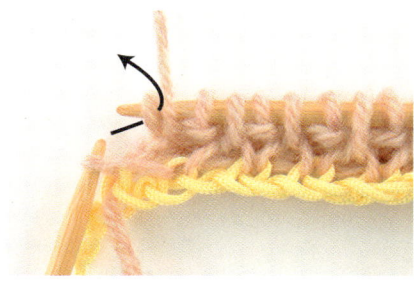

13 11에서 오른쪽 바늘로 옮긴 마지막 코를 왼쪽 바늘로 다시 옮긴다.

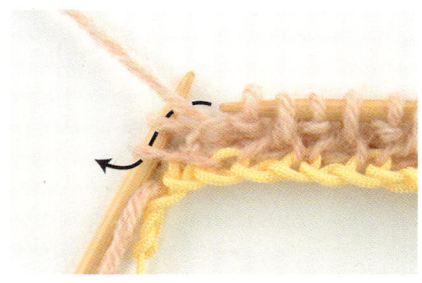

14 화살표처럼 바늘을 넣어 왼쪽 바늘의 2코를 한 번에 안뜨기한다.

15 1코 고무뜨기 시작코를 완성한 모습. 둘째 단까지 뜬 상태가 된다.

16 뜨개바탕을 겉쪽으로 뒤집는다. 셋째 단부터는 뜨개 도안대로 1코 고무뜨기한다.

17 그대로 지정된 단수까지 뜬다. 5단 정도 뜬 후 별도 사슬을 풀어내고, 단수 표시 링을 뺀다.
※ 사슬을 풀어내도 고무뜨기의 뜨개바탕은 풀어지지 않는다.

○ 오른쪽 끝이 겉뜨기 1코, 왼쪽 끝이 겉뜨기 2코일 때

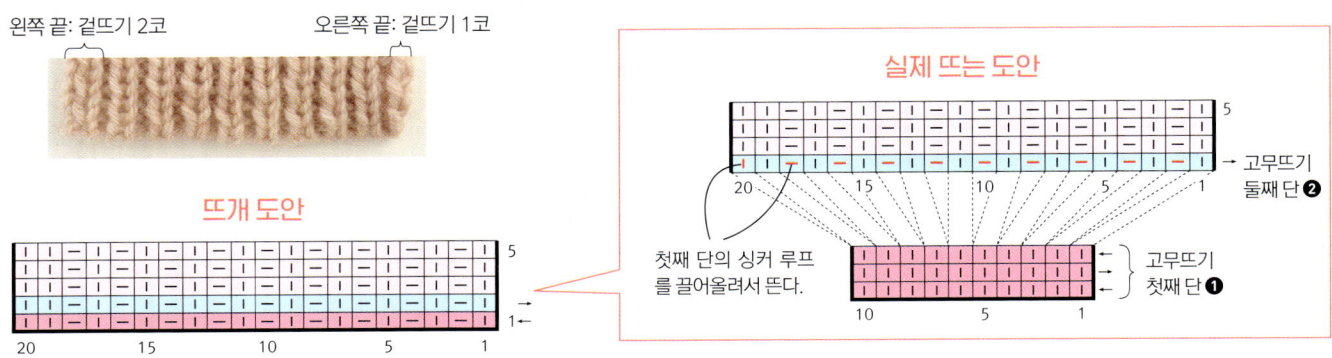

❶ 고무뜨기 첫째 단

첫째 단 코 줍는 개수
= 필요한 콧수 ÷ 2
(20코 ÷ 2 = 10코)

01 별도의 실로 사슬뜨기를 느슨하게 필요한 콧수보다 5코 정도 더 뜨고, 뜨개바탕 실로 사슬뜨기의 뒷산에서 1코 걸러 코를 줍는다(29쪽 참조).

02 뜨개바탕을 안쪽으로 뒤집어 뜨개실에 단수 표시 링을 끼운다. 이어서 안뜨기로 1단을 뜬다.

03 안뜨기로 1단 뜬 모습.

❷ 고무뜨기 둘째 단

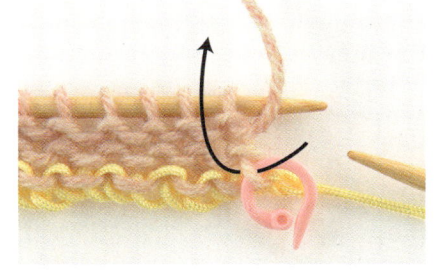

04 뜨개바탕을 겉쪽으로 뒤집어 겉뜨기로 1단을 뜬다. 메리야스뜨기로 3단 뜬 모습. 이 3단이 고무뜨기의 첫째 단이 된다.

01 안쪽으로 뒤집는다. 오른쪽 바늘을 화살표처럼 단수 표시 링이 걸려 있는 부분에 넣어 끌어올린다.

02 끌어올린 코를 왼쪽 바늘로 옮기고 안뜨기한다.

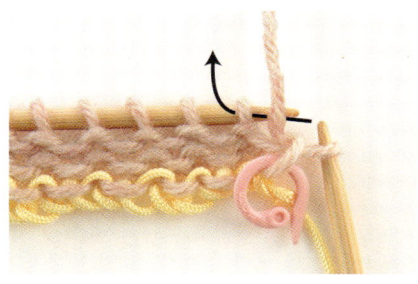

03 안뜨기한 모습. 이어서 왼쪽 바늘에 걸려 있는 코를 안뜨기한다.

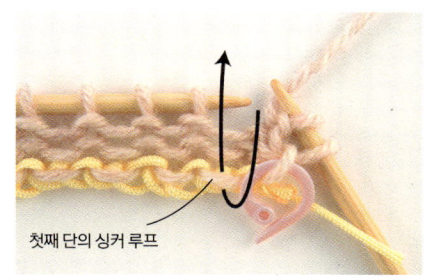

04 오른쪽 바늘로 첫째 단의 싱커 루프(맨 아래에 옆으로 걸쳐진 실. 16쪽 참조)를 끌어올린다.

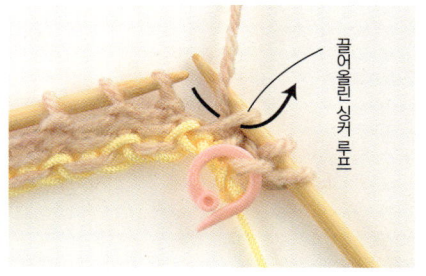

05 끌어올린 싱커 루프를 겉뜨기한다.
※ 그대로 뜨기 어려우면 끌어올린 싱커 루프를 왼쪽 바늘로 옮긴 후에 뜬다.

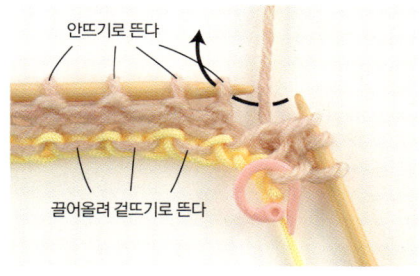

06 3~5를 반복하여 왼쪽 바늘에 걸려 있는 코는 안뜨기, 첫째 단의 싱커 루프는 끌어올려서 겉뜨기로 번갈아가며 뜬다.

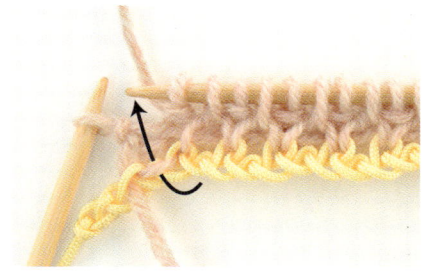

07 마지막 싱커 루프도 같은 방법으로 끌어올려 겉뜨기한다.

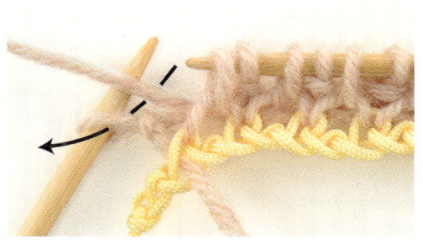

08 왼쪽 바늘에 걸려 있는 마지막 코도 같은 방법으로 안뜨기한다.

09 1코 고무뜨기 시작코를 완성한 모습. 둘째 단까지 뜬 상태가 된다.

10 뜨개바탕을 겉쪽으로 뒤집는다. 셋째 단부터는 뜨개 도안대로 1코 고무뜨기한다.

11 그대로 지정된 단수까지 뜬다. 5단 정도 뜬 후 별도 사슬을 풀어내고, 단수 표시 링을 뺀다.
※ 사슬을 풀어내도 고무뜨기의 뜨개바탕은 풀어지지 않는다.

○ 양 끝 모두 겉뜨기 1코일 때

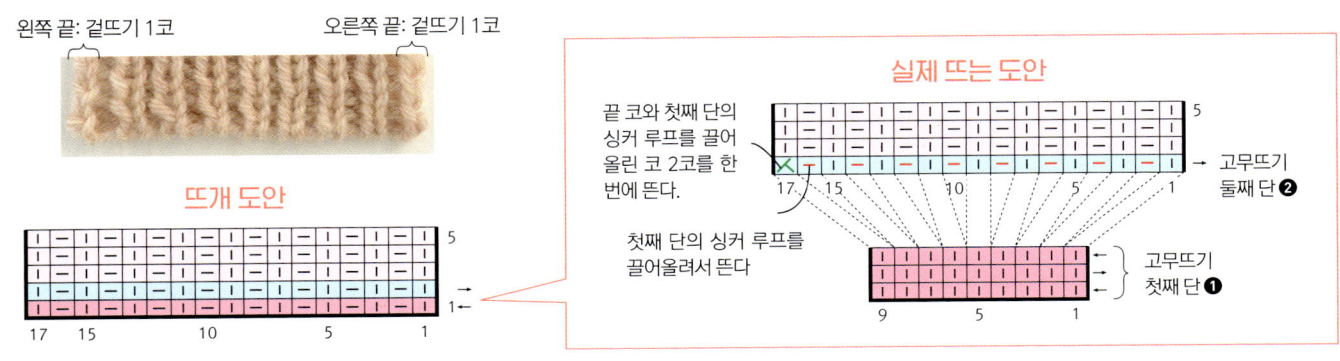

❶ 고무뜨기 첫째 단

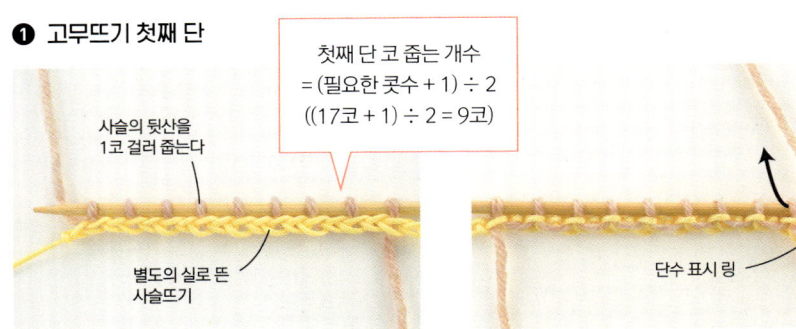

첫째 단 코 줍는 개수
= (필요한 콧수 + 1) ÷ 2
((17코 + 1) ÷ 2 = 9코)

01 별도의 실로 사슬뜨기를 느슨하게 필요한 콧수보다 5코 정도 더 뜨고, 뜨개바탕 실로 사슬뜨기의 뒷산에서 1코 걸러 코를 줍는다(29쪽 참조).

02 뜨개바탕을 안쪽으로 뒤집어 뜨개실에 단수 표시 링을 끼운다. 이어서 안뜨기로 1단을 뜬다.

03 안뜨기로 1단 뜬 모습.

❷ 고무뜨기 둘째 단

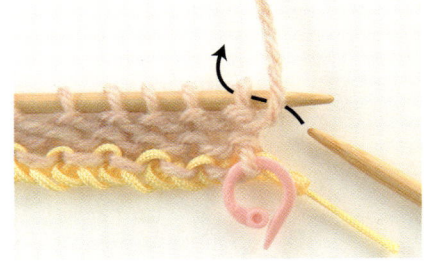
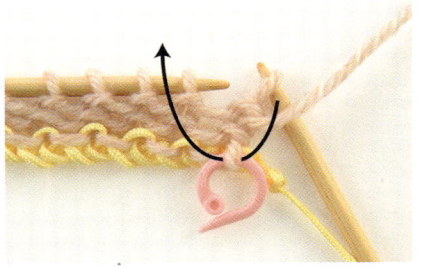

04 뜨개바탕을 겉쪽으로 뒤집어 겉뜨기로 1단을 뜬다. 메리야스뜨기로 3단 뜬 모습. 이 3단이 고무뜨기의 첫째 단이 된다.

01 안쪽으로 뒤집는다. 오른쪽 바늘을 화살표처럼 첫째 코에 넣은 다음 뜨지 않고 그대로 오른쪽 바늘로 옮긴다.

02 코를 옮긴 모습. 이어서 단수 표시 링이 걸려 있는 부분에 오른쪽 바늘을 넣어 그대로 끌어올린다.

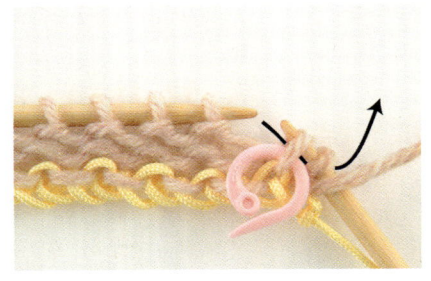
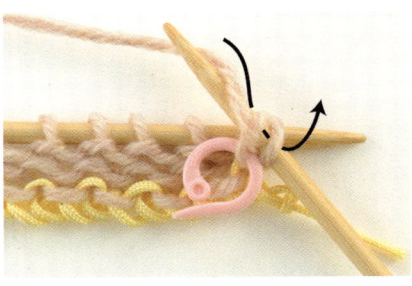
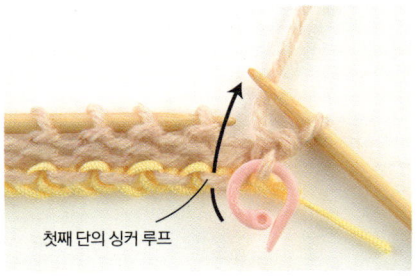

03 오른쪽 바늘에 걸려 있는 2코에 왼쪽 바늘을 화살표처럼 넣는다.

04 오른쪽 바늘에 실을 걸어 2코를 한 번에 안뜨기한다.

05 2코를 한 번에 안뜨기한 모습. 이어서 첫째 단의 싱커 루프(맨 아래에 옆으로 걸쳐진 실. 16쪽 참조)를 오른쪽 바늘로 아래쪽에서 끌어올린다.

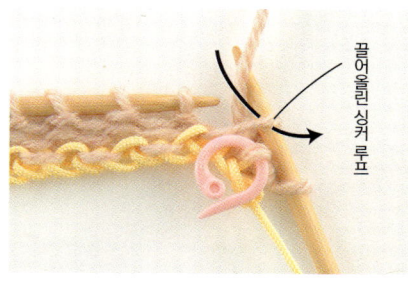

06 끌어올린 싱커 루프를 겉뜨기한다.
※ 그대로 뜨기 어려우면 끌어올린 싱커 루프를 왼쪽 바늘로 옮긴 후에 뜬다.

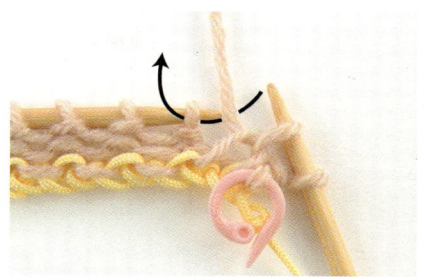

07 겉뜨기한 모습. 다음은 왼쪽 바늘에 걸려 있는 코를 안뜨기한다.

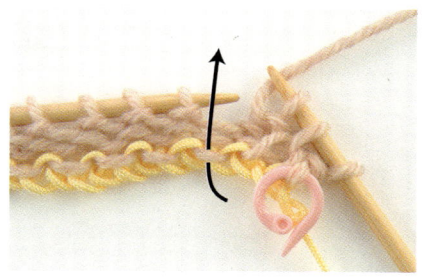

08 다음은 첫째 단의 싱커 루프를 끌어올려 겉뜨기한다.

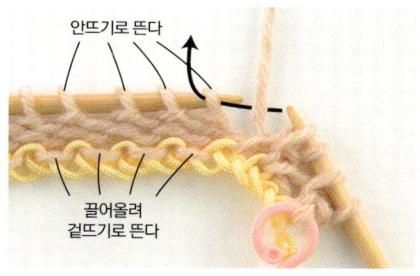

09 7~8을 반복하여 왼쪽 바늘에 걸려 있는 코는 안뜨기, 첫째 단의 싱커 루프는 끌어올려서 겉뜨기로 번갈아가며 뜬다.

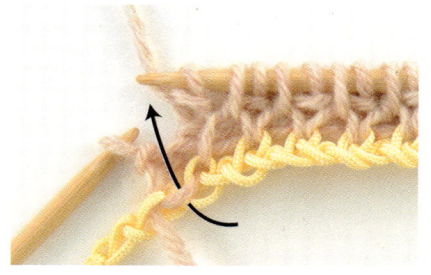

10 마지막 싱커 루프도 8과 같은 방법으로 끌어올려 겉뜨기한다.

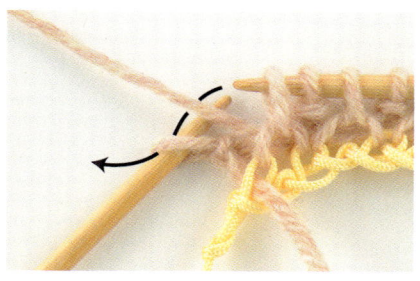

11 왼쪽 바늘에 걸려 있는 마지막 코도 7과 같은 방법으로 안뜨기한다.

12 1코 고무뜨기 시작코를 완성한 모습. 둘째 단까지 뜬 상태가 된다.

13 뜨개바탕을 겉쪽으로 뒤집는다. 셋째 단부터는 뜨개 도안대로 1코 고무뜨기한다.

14 그대로 지정된 단수까지 뜬다. 5단 정도 뜬 후 별도 사슬을 풀어내고, 단수 표시 링을 뺀다.
※ 사슬을 풀어내도 고무뜨기의 뜨개바탕은 풀어지지 않는다.

○ 양 끝 모두 겉뜨기 2코일 때

왼쪽 끝: 겉뜨기 2코   오른쪽 끝: 겉뜨기 2코

뜨개 도안

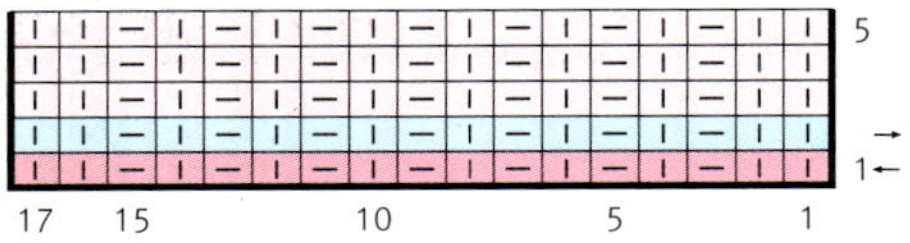

실제 뜨는 도안

끝 코와 첫째 단의 싱커 루프를 끌어올린 코 2코를 한 번에 뜬다.

고무뜨기 둘째 단 ❷

첫째 단의 싱커 루프를 끌어올려서 뜬다.

고무뜨기 첫째 단 ❶

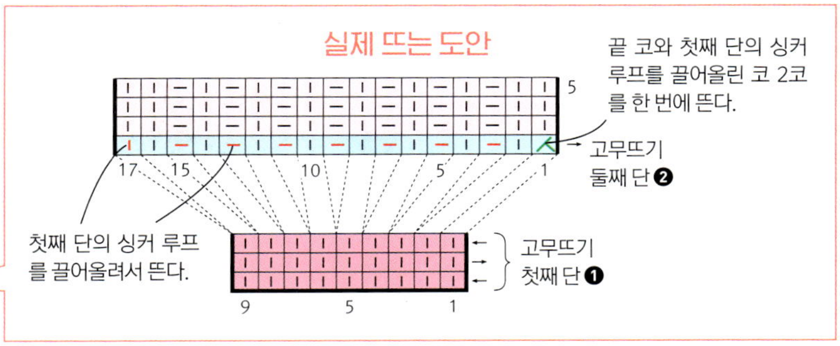

❶ 고무뜨기 첫째 단

첫째 단 코 줍는 개수
= (필요한 콧수 + 1) ÷ 2
((17코+1) ÷ 2 = 9코)

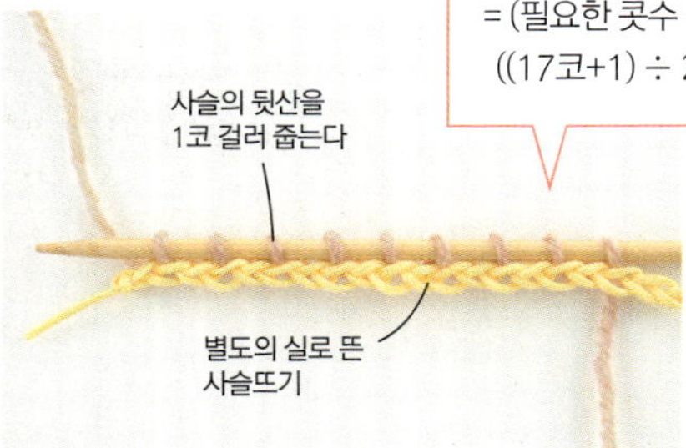

사슬의 뒷산을 1코 걸러 줍는다

별도의 실로 뜬 사슬뜨기

01 별도의 실로 사슬뜨기를 느슨하게 필요한 콧수보다 5코 정도 더 뜨고, 뜨개바탕 실로 사슬뜨기의 뒷산에서 1코 걸러 코를 줍는다(29쪽 참조).

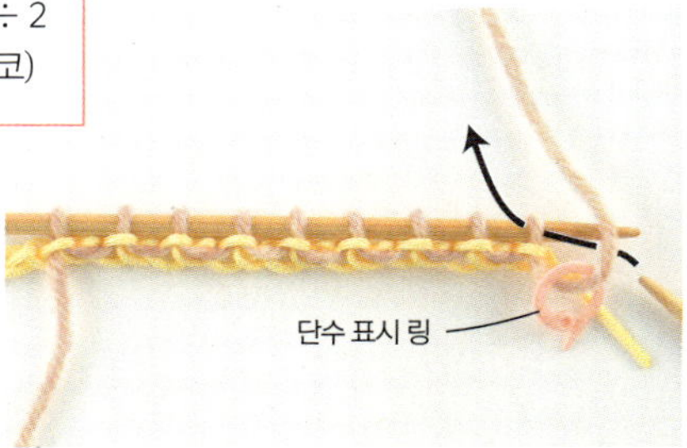

단수 표시 링

02 뜨개바탕을 안쪽으로 뒤집어 뜨개실에 단수 표시 링을 끼운다. 이어서 안뜨기로 1단을 뜬다.

03 안뜨기로 1단 뜬 모습.

❷ 고무뜨기 둘째 단

04 뜨개바탕을 겉쪽으로 뒤집어 겉뜨기로 1단을 뜬다. 메리야스뜨기로 3단 뜬 모습. 이 3단이 고무뜨기의 첫째 단이 된다.

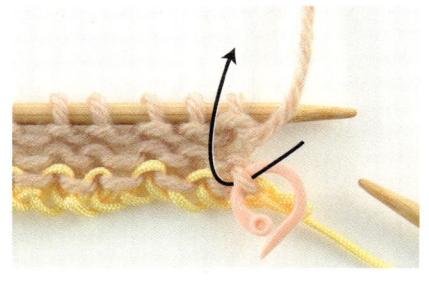

01 안쪽으로 뒤집는다. 오른쪽 바늘을 화살표처럼 단수 표시 링이 걸려 있는 부분에 넣어 끌어올린다.

02 끌어올린 코를 왼쪽 바늘로 옮기고 안뜨기한다.

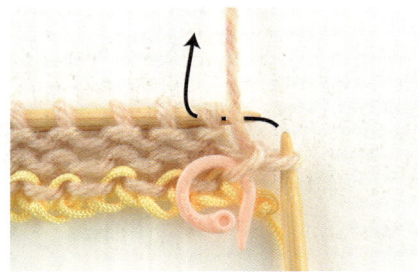

03 안뜨기한 모습. 이어서 왼쪽 바늘에 걸려 있는 코를 안뜨기한다.

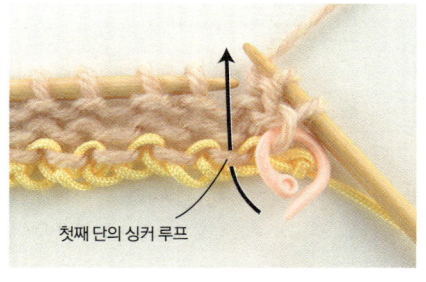

첫째 단의 싱커 루프

04 오른쪽 바늘로 첫째 단의 싱커 루프(맨 아래에 옆으로 걸쳐진 실. 16쪽 참조)를 끌어올려 겉뜨기한다.

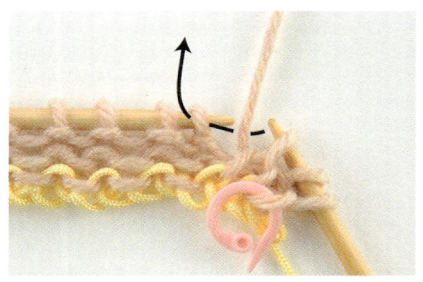

05 겉뜨기한 모습. 다음은 왼쪽 바늘에 걸려 있는 코를 안뜨기한다.

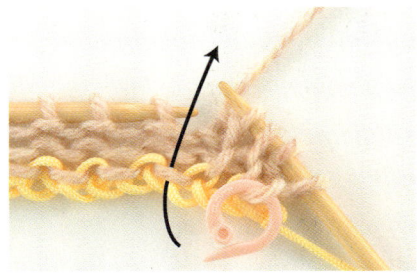

06 다음은 첫째 단의 싱커 루프를 끌어올려 겉뜨기한다.

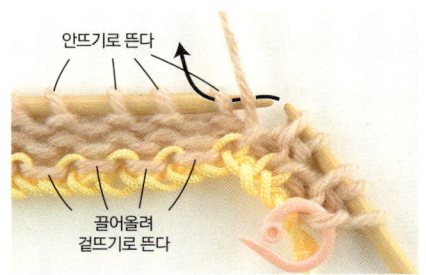

07 5~6을 반복하여 왼쪽 바늘에 걸려 있는 코는 안뜨기, 첫째 단의 싱커 루프는 끌어올려서 겉뜨기로 번갈아가며 뜬다.

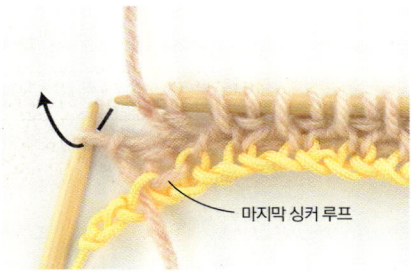

08 마지막 싱커 루프를 뜨기 전에 왼쪽 바늘에 걸려 있는 마지막 코를 뜨지 않고 그대로 오른쪽 바늘로 옮긴다.

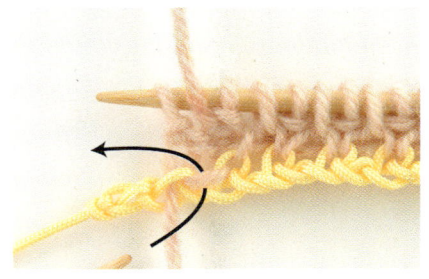

09 왼쪽 바늘로 마지막 싱커 루프를 끌어올린다.

10 8에서 오른쪽 바늘로 옮긴 마지막 코를 왼쪽 바늘로 다시 옮긴다.

11 왼쪽 바늘의 2코를 한 번에 안뜨기한다.

12 1코 고무뜨기 시작코를 완성한 모습. 둘째 단까지 뜬 상태가 된다.

13 뜨개바탕을 겉쪽으로 뒤집는다. 셋째 단부터는 뜨개 도안대로 1코 고무뜨기한다.

14 그대로 지정된 단수까지 뜬다. 5단 정도 뜬 후 별도 사슬을 풀어내고, 단수 표시 링을 뺀다.
※ 사슬을 풀어내도 고무뜨기의 뜨개바탕은 풀어지지 않는다.

2코 고무뜨기 시작코

신축성이 있으며, 2코 고무뜨기의 가장자리가 깔끔하게 마무리되는 시작코입니다.
별도의 실로 사슬뜨기를 뜨고, 사슬뜨기의 뒷산을 주워 뜹니다. 별도의 실은 나중에 풀어냅니다.

○ 양 끝 모두 겉뜨기 2코일 때

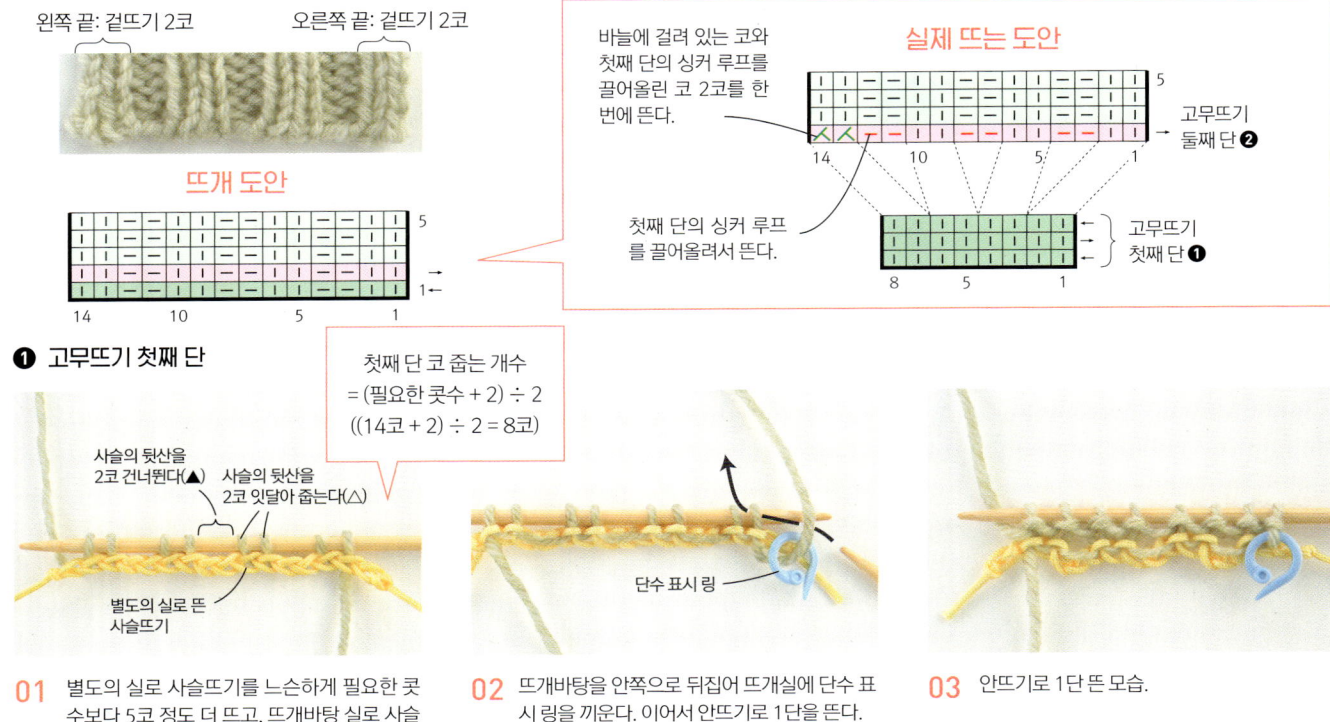

❶ 고무뜨기 첫째 단

첫째 단 코 줍는 개수
= (필요한 콧수 + 2) ÷ 2
((14코 + 2) ÷ 2 = 8코)

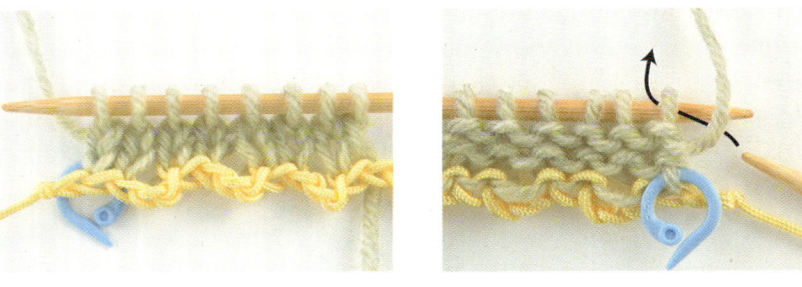

01 별도의 실로 사슬뜨기를 느슨하게 필요한 콧수보다 5코 정도 더 뜨고, 뜨개바탕 실로 사슬뜨기의 뒷산에서 사진과 같이 △·▲를 반복하여 코를 줍는다(29쪽 참조).

02 뜨개바탕을 안쪽으로 뒤집어 뜨개실에 단수 표시 링을 끼운다. 이어서 안뜨기로 1단을 뜬다.

03 안뜨기로 1단 뜬 모습.

❷ 고무뜨기 둘째 단

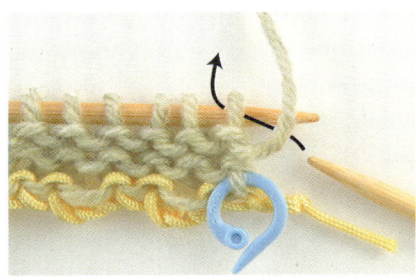
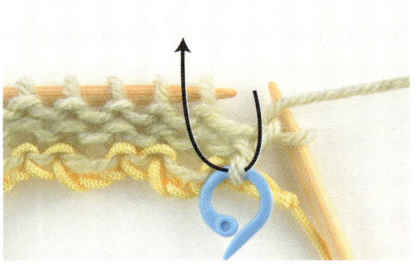

04 뜨개바탕을 겉쪽으로 뒤집어 겉뜨기로 1단을 뜬다. 메리야스뜨기로 3단 뜬 모습. 이 3단이 고무뜨기의 첫째 단이 된다.

01 안쪽으로 뒤집는다. 오른쪽 바늘을 화살표처럼 첫째 코에 넣어 뜨지 않고 그대로 오른쪽 바늘로 옮긴다.

02 코를 옮긴 모습. 이어서 단수 표시 링이 걸려 있는 부분에 오른쪽 바늘을 넣어 그대로 끌어올린다.

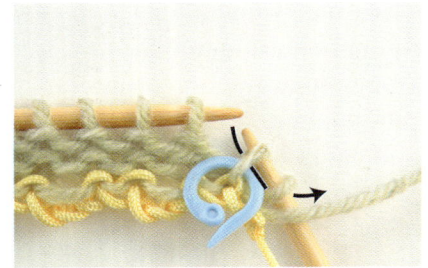
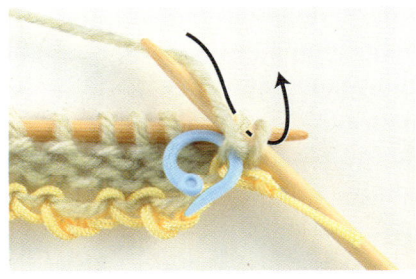
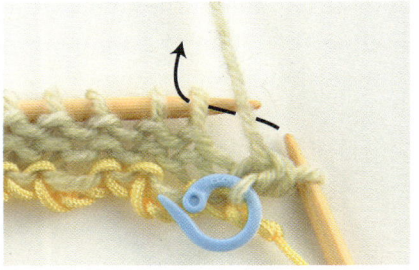

03 오른쪽 바늘에 걸려 있는 2코에 왼쪽 바늘을 화살표처럼 넣는다.

04 오른쪽 바늘에 실을 걸어 2코를 한 번에 안뜨기한다.

05 2코를 한 번에 안뜨기한 모습. 이어서 다음 코에 화살표처럼 오른쪽 바늘을 넣어 뜨지 않고 코를 옮긴다.

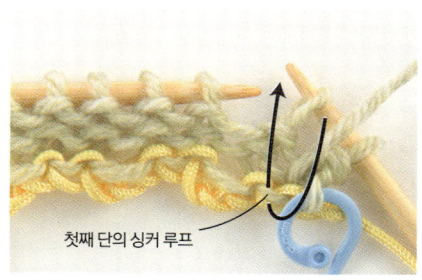

06 첫째 단의 싱커 루프(맨 아래에 옆으로 걸쳐진 실. 16쪽 참조)를 오른쪽 바늘로 아래쪽에서 끌어올린다.

07 끌어올린 싱커 루프와 5에서 오른쪽 바늘로 옮긴 코를 왼쪽 바늘로 옮겨서 2코를 한 번에 안뜨기한다.

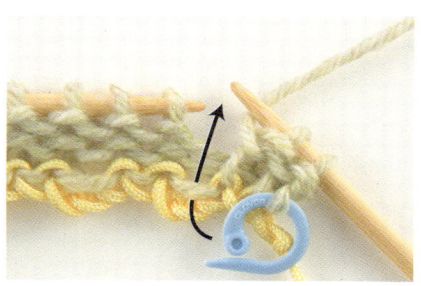

08 다음 싱커 루프를 끌어올려 겉뜨기한다.

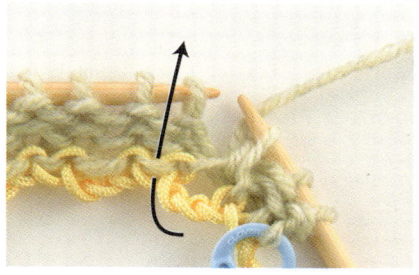

09 이어서 다음 싱커 루프도 끌어올려 겉뜨기한다.

10 왼쪽 바늘에 걸려 있는 다음 코를 안뜨기한다.

11 이어서 다음 코도 안뜨기한다.

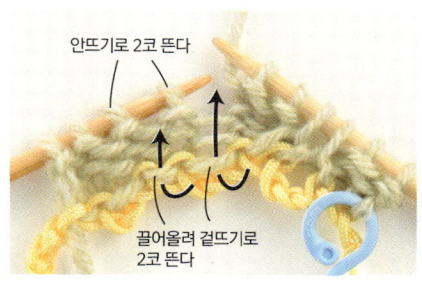

12 8~11을 반복하여 첫째 단의 싱커 루프는 끌어올려서 겉뜨기, 왼쪽 바늘에 걸려 있는 코는 안뜨기로 2코씩 번갈아가며 뜬다.

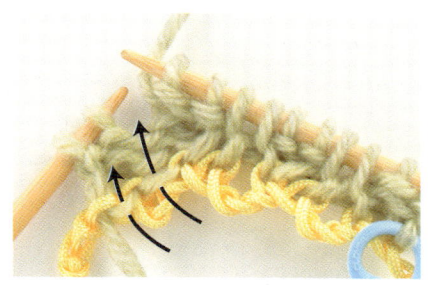

13 마지막 싱커 루프 2코도 잇달아 겉뜨기한다.

14 왼쪽 바늘에 걸려 있는 마지막 2코도 잇달아 안뜨기한다.

15 2코 고무뜨기 시작코를 완성한 모습. 둘째 단까지 뜬 상태가 된다.

16 뜨개바탕을 겉쪽으로 뒤집는다. 셋째 단부터는 뜨개 도안대로 2코 고무뜨기를 한다.

17 그대로 지정된 단수까지 뜬다. 5단 정도 뜬 후 별도 사슬을 풀어내고, 단수 표시 링을 뺀다.

※ 사슬을 풀어내도 고무뜨기의 뜨개바탕은 풀어지지 않는다.

○ 오른쪽 끝이 겉뜨기 2코, 왼쪽 끝이 겉뜨기 3코일 때

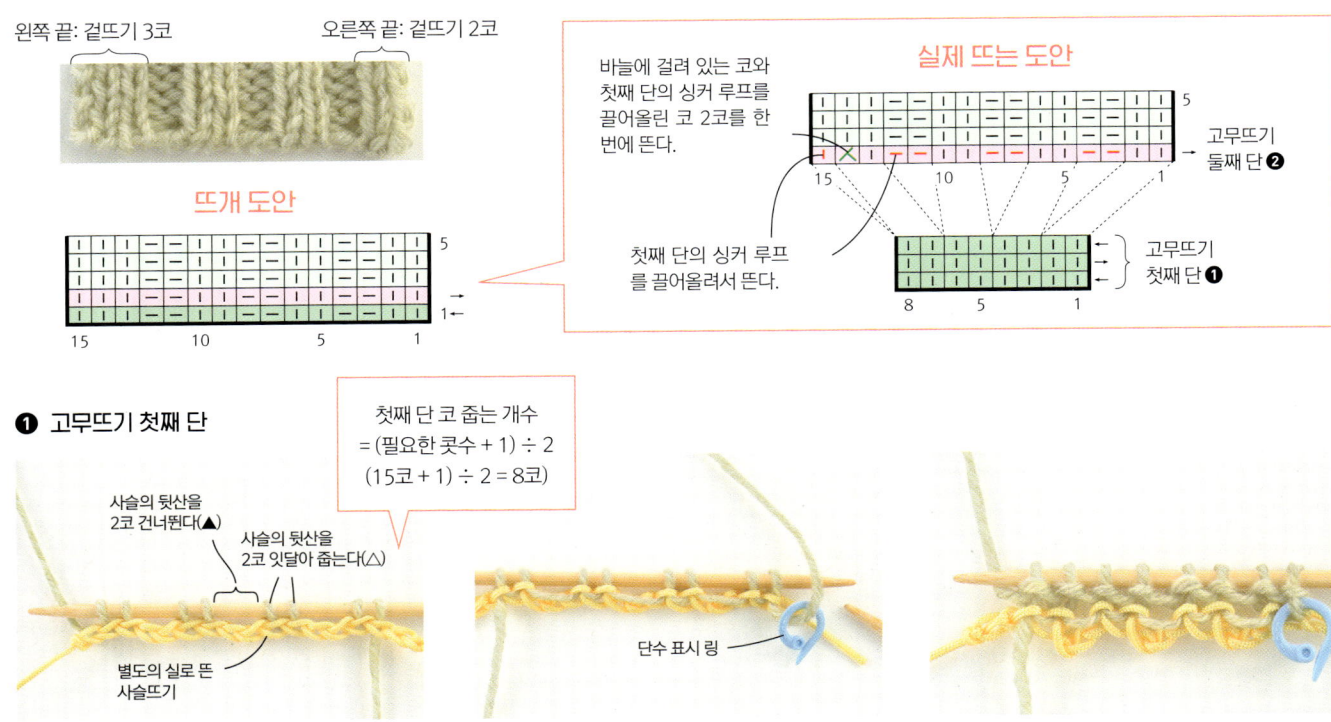

❶ 고무뜨기 첫째 단

첫째 단 코 줍는 개수
= (필요한 콧수 + 1) ÷ 2
(15코 + 1) ÷ 2 = 8코)

01 별도의 실로 사슬뜨기를 느슨하게 필요한 콧수보다 5코 정도 더 뜨고, 뜨개바탕 실로 사슬뜨기의 뒷산에서 사진과 같이 △·▲를 반복하여 코를 줍는다(29쪽 참조).

02 뜨개바탕을 안쪽으로 뒤집어 뜨개실에 단수 표시 링을 끼운다. 이어서 안뜨기로 1단을 뜬다.

03 안뜨기로 1단 뜬 모습.

04 뜨개바탕을 겉쪽으로 뒤집어 겉뜨기로 1단을 뜬다. 메리야스뜨기로 3단 뜬 모습. 이 3단이 고무뜨기의 첫째 단이 된다.

❷ 고무뜨기 둘째 단

01 뜨개바탕을 안쪽으로 뒤집는다. 단수 표시 링이 걸려 있는 부분에 오른쪽 바늘을 넣어 그대로 끌어올린다.

02 끌어올린 코를 왼쪽 바늘로 옮기고 안뜨기한다.

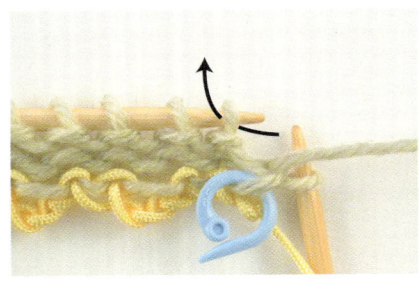

03 오른쪽 바늘을 화살표처럼 첫째 코에 넣은 다음 뜨지 않고 그대로 오른쪽 바늘로 옮긴다.

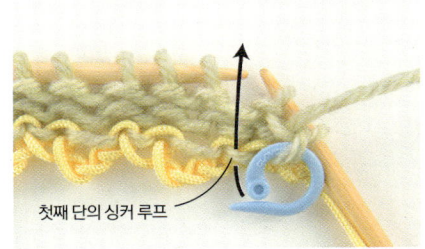

04 코를 옮긴 모습. 이어서 첫째 단의 싱커 루프(맨 아래에 옆으로 걸쳐진 실. 16쪽 참조)를 오른쪽 바늘로 아래쪽에서 끌어올린다.

05 끌어올린 싱커 루프와 3에서 오른쪽 바늘로 옮긴 코를 왼쪽 바늘로 옮겨서 2코를 한 번에 안뜨기한다.

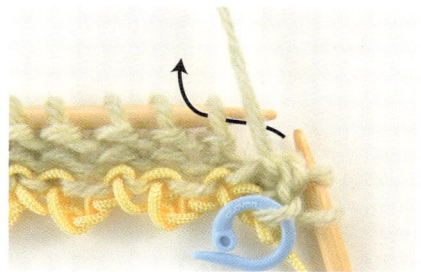

06 2코를 한 번에 안뜨기한 모습. 이어서 왼쪽 바늘에 걸려 있는 다음 코를 안뜨기한다.

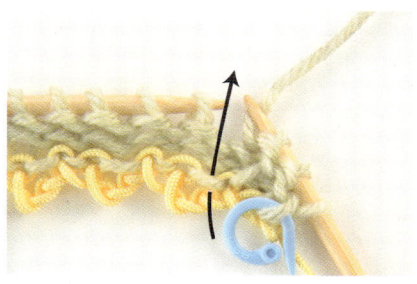

07 다음 싱커 루프를 오른쪽 바늘로 아래쪽에서 끌어올린다.

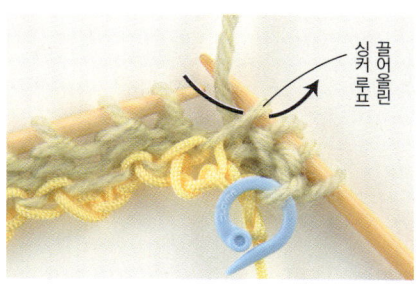

08 끌어올린 싱커 루프를 겉뜨기한다.
※ 그대로 뜨기 어려우면 끌어올린 싱커 루프를 왼쪽 바늘로 옮긴 후에 뜬다.

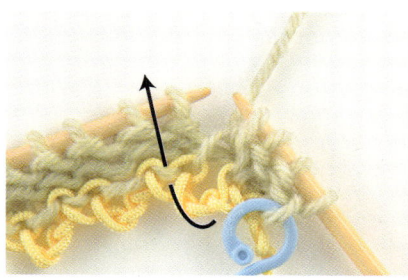

09 이어서 다음 싱커 루프도 끌어올려 겉뜨기한다.

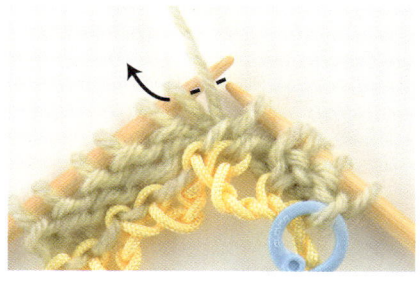

10 왼쪽 바늘에 걸려 있는 다음 코를 안뜨기한다.

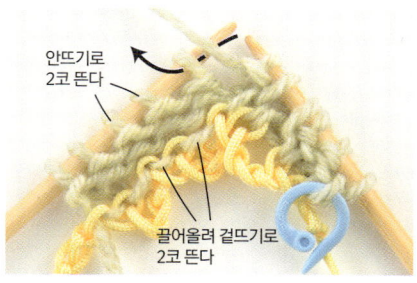

11 이어서 다음 코도 안뜨기한다. 7~11을 반복하여 첫째 단의 싱커 루프는 끌어올려서 겉뜨기, 왼쪽 바늘에 걸려 있는 코는 안뜨기로 2코씩 번갈아가며 뜬다.

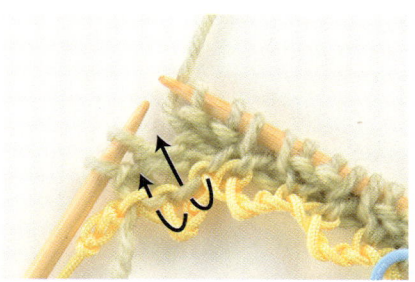

12 마지막 싱커 루프 2코도 잇달아 겉뜨기한다.

13 왼쪽 바늘에 걸려 있는 마지막 2코도 잇달아 안뜨기한다.

14 2코 고무뜨기 시작코를 완성한 모습. 둘째 단까지 뜬 상태가 된다.

15 뜨개바탕을 겉쪽으로 뒤집는다. 셋째 단부터는 뜨개 도안대로 2코 고무뜨기한다.

16 그대로 지정된 단수까지 뜬다. 5단 정도 뜬 후 별도 사슬을 풀어내고, 단수 표시 링을 뺀다.
※ 사슬을 풀어내도 고무뜨기의 뜨개바탕은 풀어지지 않는다.

● **오른쪽 끝이 겉뜨기 3코, 왼쪽 끝이 겉뜨기 2코일 때**

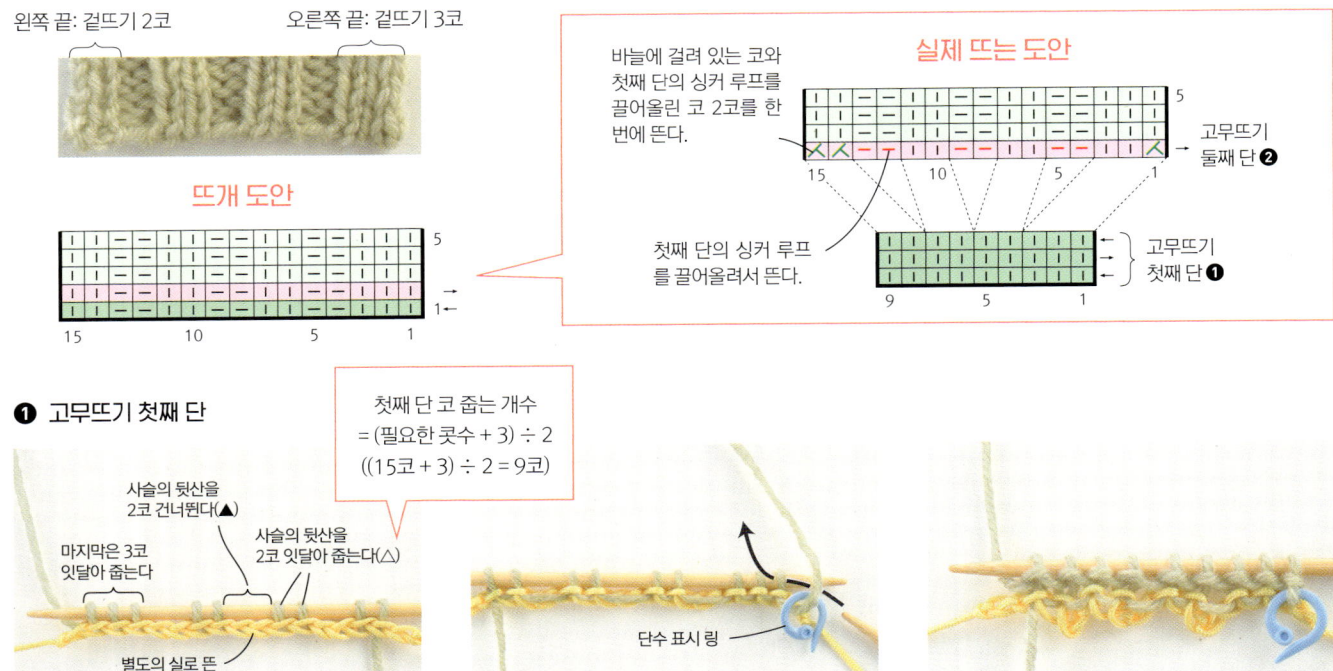

❶ **고무뜨기 첫째 단**

첫째 단 코 줍는 개수
= (필요한 콧수 + 3) ÷ 2
((15코 + 3) ÷ 2 = 9코)

01 별도의 실로 사슬뜨기를 느슨하게 필요한 콧수보다 5코 정도 더 뜨고, 뜨개바탕 실로 사슬뜨기의 뒷산에서 사진과 같이 △·▲를 반복하여 코를 줍는다(29쪽 참조).

02 뜨개바탕을 안쪽으로 뒤집어 뜨개실에 단수 표시 링을 끼운다. 이어서 안뜨기로 1단을 뜬다.

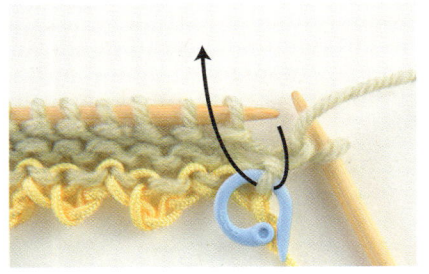

03 안뜨기로 1단 뜬 모습.

❷ **고무뜨기 둘째 단**

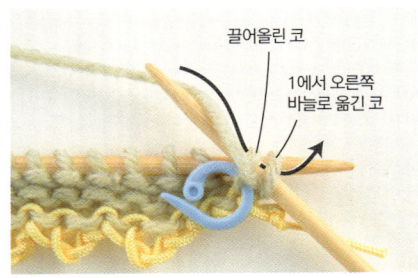

04 뜨개바탕을 겉쪽으로 뒤집어 겉뜨기로 1단을 뜬다. 메리야스뜨기로 3단 뜬 모습. 이 3단이 고무뜨기의 첫째 단이 된다.

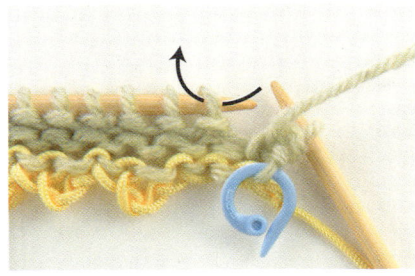

01 안쪽으로 뒤집는다. 오른쪽 바늘을 화살표처럼 첫째 코에 넣은 다음 뜨지 않고 그대로 오른쪽 바늘로 옮긴다.

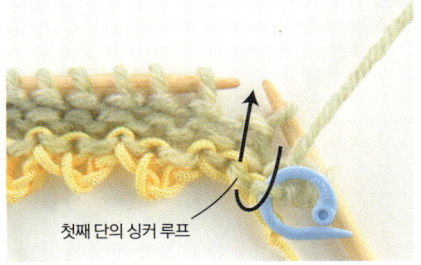

02 코를 옮긴 모습. 이어서 단수 표시 링이 걸려 있는 부분에 오른쪽 바늘을 넣어 그대로 끌어올린다.

03 끌어올린 코와 1에서 오른쪽 바늘로 옮긴 코를 왼쪽 바늘로 옮겨서 2코를 한 번에 안뜨기한다.

04 2코를 한 번에 안뜨기한 모습. 이어서 다음 코에 화살표처럼 오른쪽 바늘을 넣어 뜨지 않고 코를 옮긴다.

05 첫째 단의 싱커 루프(맨 아래에 옆으로 걸쳐진 실. 16쪽 참조)를 오른쪽 바늘로 아래쪽에서 끌어올린다.

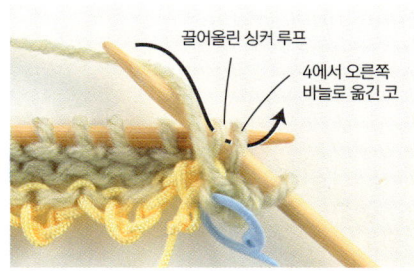

06 끌어올린 싱커 루프와 4에서 오른쪽 바늘로 옮긴 코를 왼쪽 바늘로 옮겨서 2코를 한 번에 안뜨기한다.

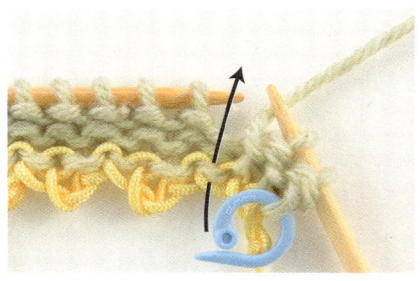

07 다음 싱커 루프를 끌어올려 겉뜨기한다.

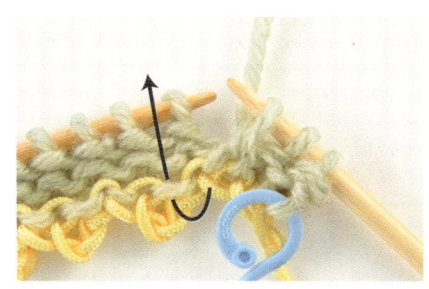

08 이어서 다음 싱커 루프도 끌어올려 겉뜨기한다.

09 왼쪽 바늘에 걸려 있는 다음 2코를 잇달아 안뜨기한다.

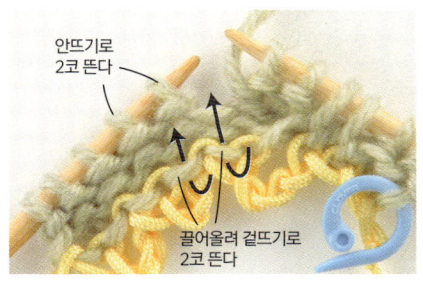

10 7~9를 반복하여 첫째 단의 싱커 루프는 끌어올려서 겉뜨기, 왼쪽 바늘에 걸려 있는 코는 안뜨기로 2코씩 번갈아가며 뜬다.

11 마지막 싱커 루프를 뜨기 전에 왼쪽 바늘에 걸려 있는 마지막 1코를 뜨지 않고 오른쪽 바늘로 옮긴다.

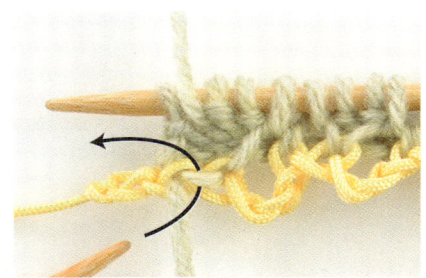

12 왼쪽 바늘로 마지막 싱커 루프를 끌어올린다.

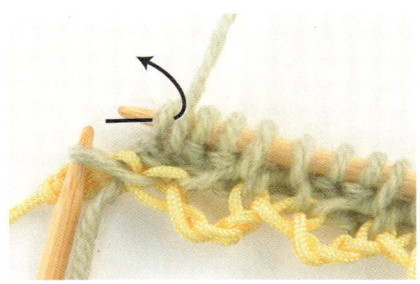

13 11에서 오른쪽 바늘로 옮긴 마지막 코를 왼쪽 바늘로 다시 옮긴다.

14 왼쪽 바늘의 2코를 한 번에 안뜨기한다.

15 2코 고무뜨기 시작코를 완성한 모습. 둘째 단까지 뜬 상태가 된다.

16 뜨개바탕을 겉쪽으로 뒤집는다. 셋째 단부터는 뜨개 도안대로 2코 고무뜨기한다.

17 그대로 지정된 단수까지 뜬다. 5단 정도 뜬 후 별도 사슬을 풀어내고, 단수 표시 링을 뺀다.

※ 사슬을 풀어내도 고무뜨기의 뜨개바탕은 풀어지지 않는다.

코 줄이기

뜨개코의 콧수를 줄이는 것을 '줄임코'라고 합니다.
줄일 콧수나 디자인에 따라 알맞은 기법을 선택하도록 하세요.

1코 줄이기

끝 코에서 줄이기

뜨개바탕의 양쪽 끝에서 2코 모아뜨기를 하는 방법입니다. 코를 줄인 부분이 눈에 잘 띄지 않습니다.

○ 겉뜨기일 때

뜨개 도안

❶ 오른쪽

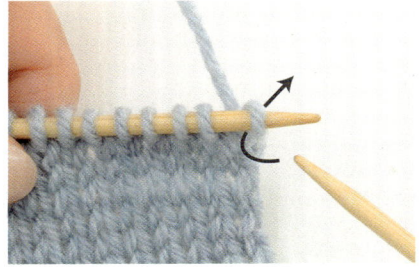

01 화살표처럼 바늘을 넣어 첫째 코를 뜨지 않고 오른쪽 바늘로 옮긴다.

02 둘째 코를 겉뜨기한다.

03 둘째 코를 뜬 모습. 오른쪽 바늘로 옮긴 첫째 코에 왼쪽 바늘을 넣는다.

04 왼쪽 바늘을 화살표처럼 움직여서 둘째 코에 덮어씌우고 바늘에서 빼낸다.

05 오른쪽 끝에서 1코 줄인 모습.

❷ 왼쪽

01 마지막 2코에 화살표처럼 바늘을 한 번에 넣는다.

02 2코를 한 번에 겉뜨기한다.

03 왼쪽 끝에서 1코 줄인 모습.

○ 안뜨기일 때

❶ 오른쪽

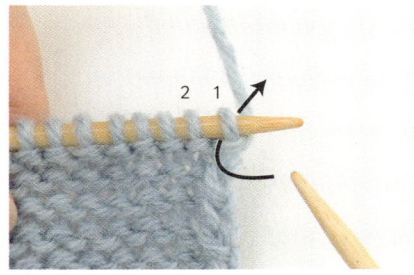

01 화살표처럼 바늘을 넣어 첫째 코를 뜨지 않고 오른쪽 바늘로 옮긴다.

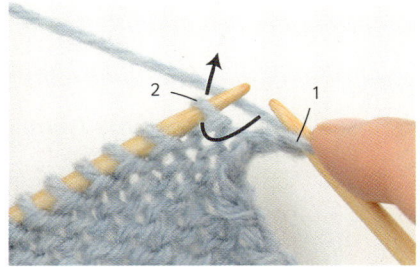

02 이어서 화살표처럼 바늘을 넣어 둘째 코도 뜨지 않고 오른쪽 바늘로 옮긴다.

03 화살표처럼 바늘을 넣어 오른쪽 바늘로 옮긴 2코를 왼쪽 바늘로 다시 옮긴다.

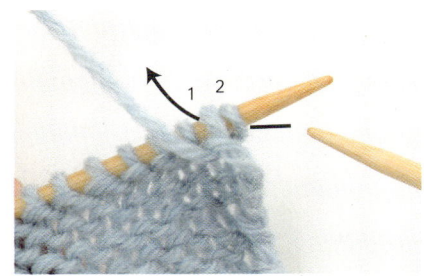

04 첫째 코와 둘째 코의 순서가 바뀐 모습. 왼쪽 바늘로 옮긴 2코에 화살표처럼 바늘을 한 번에 넣는다.

05 2코를 한 번에 안뜨기한다.

06 오른쪽 끝에서 1코 줄인 모습.

❷ 왼쪽

01 마지막 2코에 화살표처럼 바늘을 한 번에 넣는다.

02 2코를 한 번에 안뜨기한다.

03 왼쪽 끝에서 1코 줄인 모습.

1코 안쪽에서 줄이기

양쪽 끝의 1코 안쪽에서 2코 모아뜨기를 하는 방법입니다. 줄임코 위치의 선을 디자인적인 요소로 활용할 수 있습니다. 또한, 끝 코를 남겨두면 뜨개바탕을 잇거나 꿰맬 때, 코를 주울 때 수월합니다.

○ 겉뜨기일 때

뜨개 도안

❶ 오른쪽

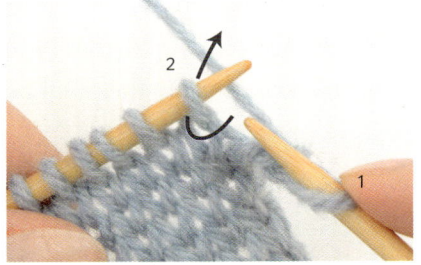

01 첫째 코를 겉뜨기한다. 둘째 코에 화살표처럼 바늘을 넣어, 뜨지 않고 오른쪽 바늘로 옮긴다.

02 셋째 코를 겉뜨기한다.

03 셋째 코를 뜬 모습. 오른쪽 바늘로 옮긴 둘째 코에 왼쪽 바늘을 넣는다.

04 왼쪽 바늘을 화살표처럼 움직여서 셋째 코에 덮어씌워 바늘에서 빼낸다.

05 오른쪽 끝의 1코 안쪽에서 1코를 줄인 모습.

❷ 왼쪽

01 왼쪽 끝에서 둘째 코와 셋째 코에 화살표처럼 바늘을 한 번에 넣는다.

02 2코를 한 번에 겉뜨기한다.

03 왼쪽 끝의 1코 안쪽에서 1코를 줄인 모습.

○ **안뜨기일 때**

❶ 오른쪽

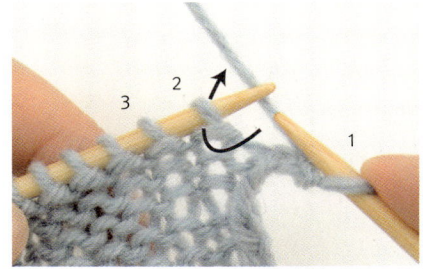

01 첫째 코를 안뜨기한다. 둘째 코에 화살표처럼 바늘을 넣어, 뜨지 않고 오른쪽 바늘로 옮긴다.

02 이어서 화살표처럼 바늘을 넣어 셋째 코도 뜨지 않고 오른쪽 바늘로 옮긴다.

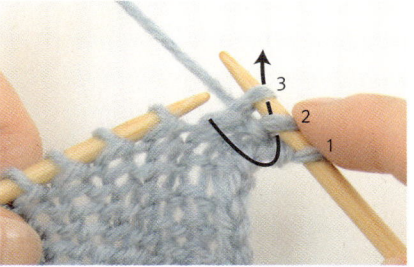

03 화살표처럼 바늘을 넣어 오른쪽 바늘로 옮긴 2코를 왼쪽 바늘로 다시 옮긴다.

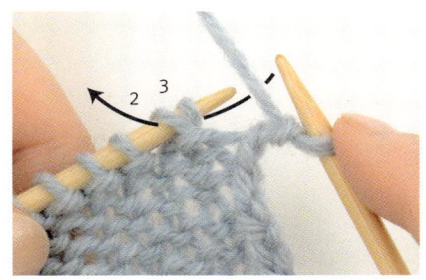

04 둘째 코와 셋째 코의 순서가 바뀐 모습. 왼쪽 바늘로 옮긴 2코에 화살표처럼 바늘을 한 번에 넣는다.

05 2코를 한 번에 안뜨기한다.

06 오른쪽 끝의 1코 안쪽에서 1코를 줄인 모습.

❷ 왼쪽

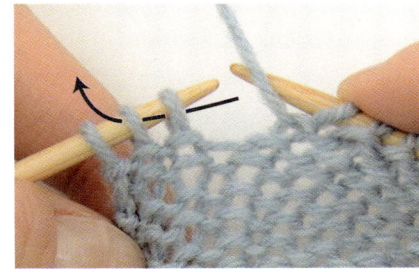

01 왼쪽 끝에서 둘째 코와 셋째 코에 화살표처럼 바늘을 한 번에 넣는다.

02 2코를 한 번에 안뜨기한다.

03 왼쪽 끝의 1코 안쪽에서 1코를 줄인 모습.

분산하여 코 줄이기

한 단에서 콧수를 여러 개 줄일 경우 코를 줄이는 위치를 분산하여 뜨개바탕의 중간 중간에서 2코 모아뜨기를 하는 방법입니다.

뜨개 도안

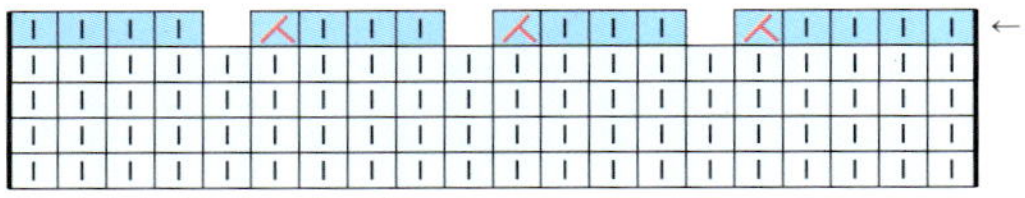

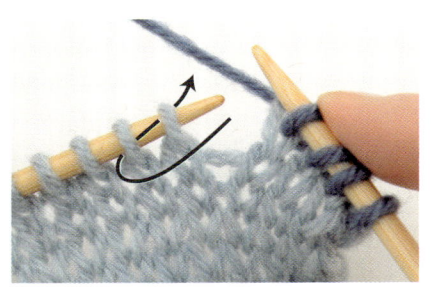

01 코를 줄일 위치에서 화살표처럼 앞단의 2코에 바늘을 한 번에 넣어 겉뜨기한다.

02 왼코 겹쳐 2코 모아뜨기한 모습. 1코 줄었다.

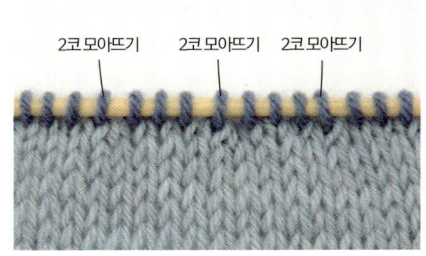

03 한 단에서 3회 코 줄이기를 한 모습.

줄임코 위치 정하는 방법

예 52코를 48코로 줄일 경우

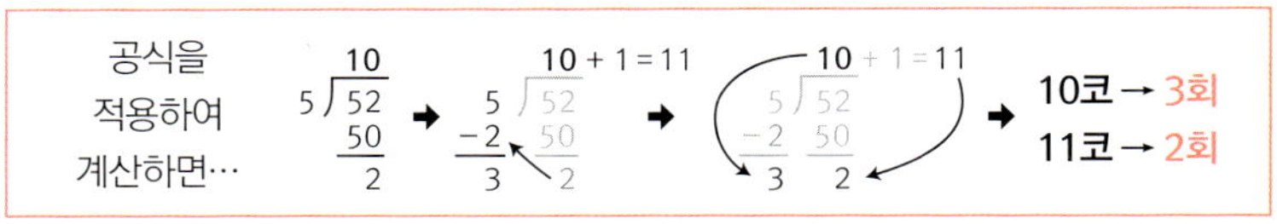

공식을 적용하여 계산하면…

$$5\overline{)52} \atop {\underline{50} \atop 2}$$ → $$5\overline{)52} \atop {\underline{50} \atop 2}\; \underline{-2} \atop 3$$ → $10 + 1 = 11$ → 10코 → 3회
11코 → 2회

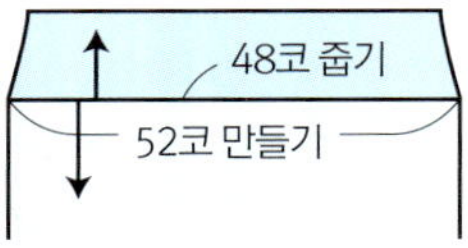

52코 − 48코 = 4코 줄이기
4코를 줄이기 위해서는 5간격이 필요하다.

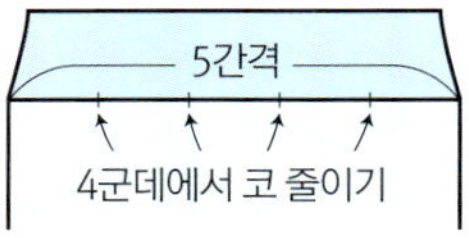

〈간격별 콧수 계산〉
52코 ÷ 5간격 = 10코 나머지 2코
10코 간격을 5회 만들면 마지막에 2코 남는다.
↓
나머지 2코를 1코씩 나누어 11코 간격을 2회 만든다.
↓
11코 간격 → 2회
10코 간격 → 3회

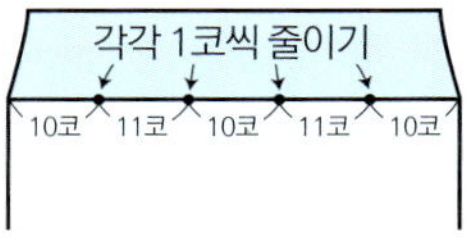

48코 줍기
52코 만들기 → 5간격 4군데에서 코 줄이기 → 각각 1코씩 줄이기
10코 11코 10코 11코 10코

□ = Ⅰ 겉뜨기 기호 생략

뜨개 도안

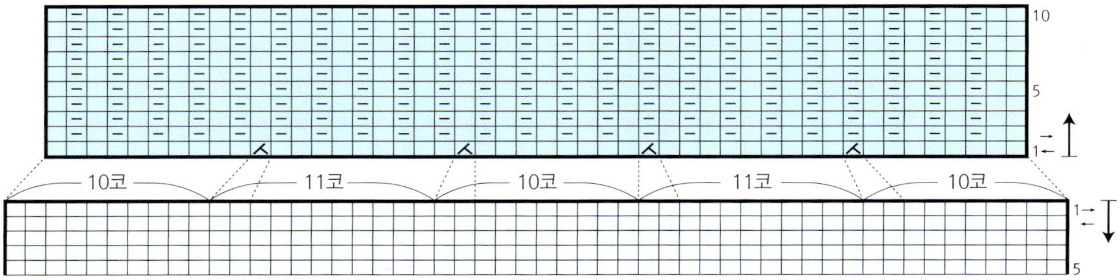

10코 11코 10코 11코 10코

2코 이상 줄이기

덮어씌워 코막기로 코 줄이기

'덮어씌워 코막기' 기법으로 코를 줄이는 방법입니다. 덮어씌워 코막기는 실이 이어지는 단의 시작 쪽에서만 할 수 있으므로 코를 줄이는 위치는 좌우가 1단씩 어긋납니다.

뜨개 도안

❶ 오른쪽
(겉을 보며 뜨는 단에서 줄인다)

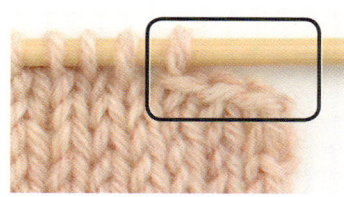

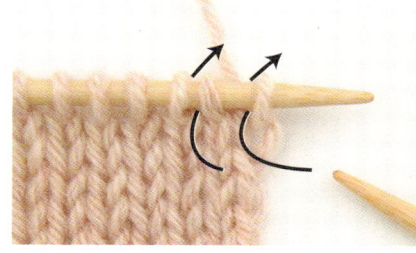

01 겉뜨기를 2코 뜬다.

02 첫째 코에 화살표처럼 왼쪽 바늘을 넣어서 둘째 코에 덮어씌워 바늘에서 빼낸다.

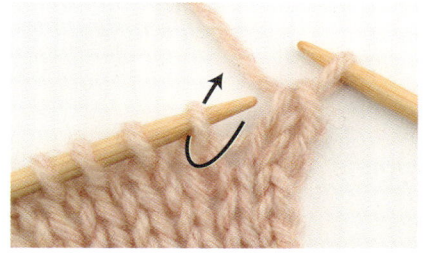

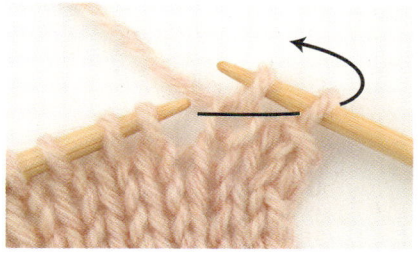

03 1코 줄인 모습. 다음 코를 겉뜨기한다.

04 화살표처럼 1코 앞 코에 왼쪽 바늘을 넣어 3에서 뜬 코에 덮어씌운다. 같은 방법으로 '1코 뜨고, 앞 코로 덮어씌우기'를 반복한다.

05 3코 줄인 모습. 바늘에 걸려 있는 코가 넷째 코가 된다.

❷ 왼쪽
(안을 보며 뜨는 단에서 줄인다)

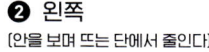

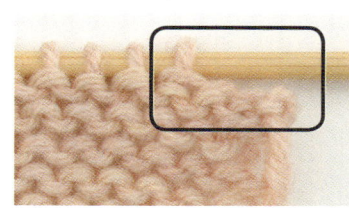

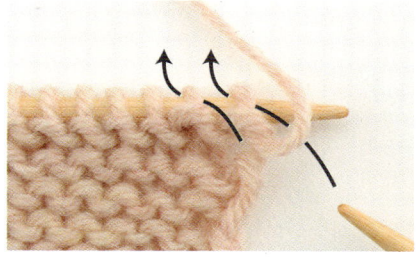

01 안뜨기를 2코 뜬다.

02 첫째 코에 화살표처럼 왼쪽 바늘을 넣어서 둘째 코에 덮어씌워 바늘에서 빼낸다.

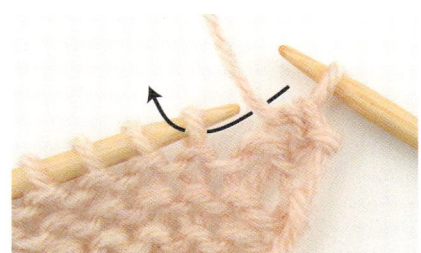

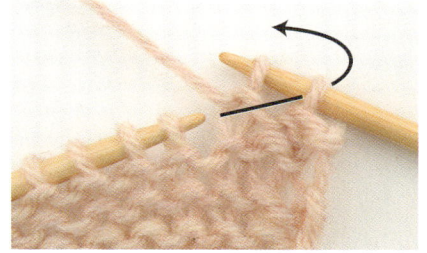

03 1코 줄인 모습. 다음 코를 안뜨기한다.

04 화살표처럼 1코 앞 코에 왼쪽 바늘을 넣어 3에서 뜬 코에 덮어씌운다. 같은 방법으로 '1코 뜨고, 앞 코로 덮어씌우기'를 반복한다.

05 3코 줄인 모습. 바늘에 걸려 있는 코가 넷째 코가 된다.

덮어씌워 코막기로 코를 줄일 때 각이 생기지 않는 방법

진동둘레에서 덮어씌워 코막기로 코를 줄이는 방법이 여러 번 반복될 경우,
두 번째부터는 첫째 코를 뜨지 않고 덮어씌우는 방법으로 뜨면 완만한 곡선을 만들 수 있습니다.

❶ 오른쪽(겉을 보며 뜨는 단에서 줄일 때)

01 첫째 코에 화살표처럼 바늘을 넣은 다음 뜨지 않고 오른쪽 바늘로 옮긴다.

02 둘째 코를 겉뜨기한다.

03 오른쪽 바늘로 옮긴 첫째 코에 화살표처럼 왼쪽 바늘을 넣어서 둘째 코에 덮어씌워 바늘에서 빼낸다.

04 1코 줄인 모습. 다음 코를 겉뜨기한다.

05 화살표처럼 1코 앞 코에 왼쪽 바늘을 넣어 4에서 뜬 코에 덮어씌운다. 같은 방법으로 '1코 뜨고, 앞 코로 덮어씌우기'를 반복한다.

06 3코 줄인 모습.

❷ 왼쪽(안을 보며 뜨는 단에서 줄일 때)

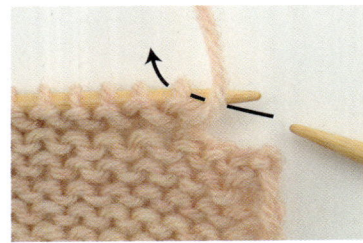

01 첫째 코에 화살표처럼 바늘을 넣은 다음 뜨지 않고 오른쪽 바늘로 옮긴다.

02 둘째 코를 안뜨기한다.

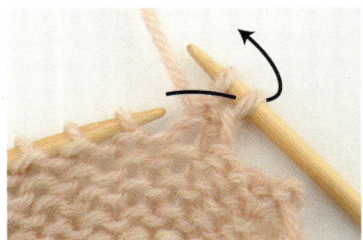

03 첫째 코에 화살표처럼 왼쪽 바늘을 넣어서 둘째 코에 덮어씌워 바늘에서 빼낸다.

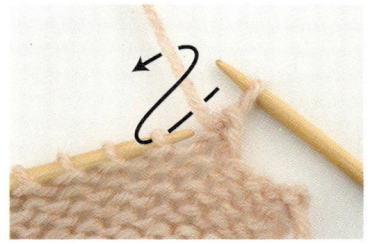

04 1코 줄인 모습. 다음 코를 안뜨기한다.

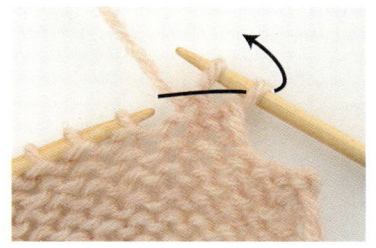

05 화살표처럼 1코 앞 코에 왼쪽 바늘을 넣어 4에서 뜬 코에 덮어씌운다. 같은 방법으로 '1코 뜨고, 앞 코로 덮어씌우기'를 반복한다.

06 3코 줄인 모습.

V네크라인 중심에서 코 줄이기

V네크라인의 중심이 되는 부분에서 중심 3코 모아뜨기를 합니다.
같은 위치에서 코 줄이기를 반복하므로
뜨개바탕이 V자 모양이 됩니다.

뜨개 도안

01 화살표처럼 둘째 코, 첫째 코의 순서로 오른쪽 바늘을 넣어 뜨지 않고 오른쪽 바늘로 옮긴다.

02 셋째 코를 겉뜨기한다.

03 오른쪽 바늘로 옮긴 첫째 코와 둘째 코에 화살표처럼 왼쪽 바늘을 넣어서 셋째 코에 덮어씌워 바늘에서 빼낸다.

04 중심 부분의 3코가 1코로 되었다.

목둘레 코 줄이는 방법

목둘레를 뜰 때는 중앙의 덮어씌워 코막기 부분에서 좌우로 나누어 떠나갑니다.
몸판을 뜨던 실로 계속해서 한쪽 어깨까지 뜨고, 새로운 실을 이어서 다른 한쪽을 뜹니다.

※ 새로 이어서 뜨는 부분은 알아보기 쉽도록 다른 색 실을 사용했습니다.

왼쪽 어깨 뜨기

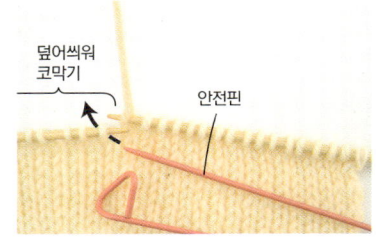

01 목둘레 중앙의 덮어씌워 코막기 전까지 뜬다. 나머지 코를 안전핀에 걸어 쉬어 둔다.

02 왼쪽 어깨만 왕복하며 떠나간다.

03 뜨개바탕을 안쪽으로 뒤집고, 처음 2코를 안뜨기로 뜨면서 덮어씌워 코막기로 코를 줄인다.

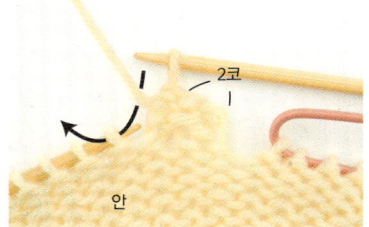

04 2코 줄인 모습. 이어서 안뜨기로 1단을 뜬다.

05 1단 뜬 모습. 뜨개바탕을 겉쪽으로 뒤집는다.

06 겉쪽으로 뒤집어 겉뜨기로 1단을 뜬 모습.

07 다시 뜨개바탕을 안쪽으로 뒤집는다. 처음 2코를 덮어씌워 코막기로 코를 줄인다.

08 뜨개 도안대로 왼쪽 어깨만 왕복하며 뜬다. 마지막에는 코를 안전핀에 걸어 쉬어둔다.

오른쪽 어깨 뜨기

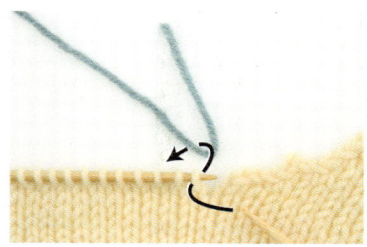

01 1에서 쉬어두었던 코를 바늘에 다시 옮겨 덮어씌워 코막기를 한다. 새 실을 잇고, 겉뜨기를 2코 뜬다.

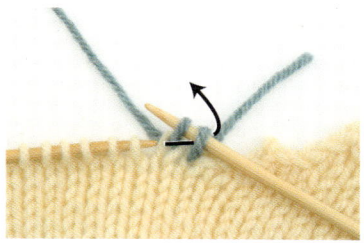

02 첫째 코에 화살표처럼 바늘을 넣어 둘째 코에 덮어씌워 바늘에서 빼낸다.

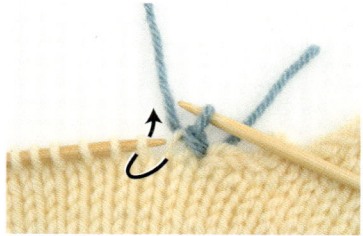

03 1코 덮어씌워 코막기를 완성한 모습. 다음 코부터는 '1코 뜨고, 앞 코로 덮어씌우기'를 반복한다.

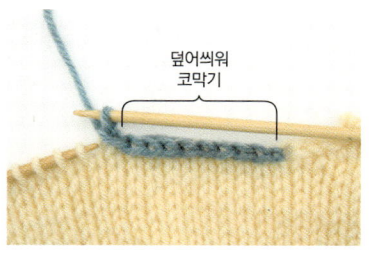

04 9코 덮어씌워 코막기를 한 모습. 바늘에 걸려 있는 코가 다음 부분의 첫째 코가 된다.

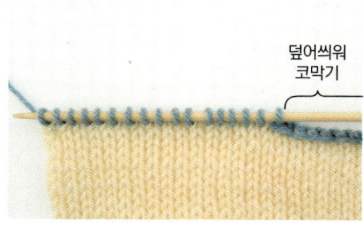

05 이어서 왼쪽 어깨의 나머지 코를 겉뜨기한 모습. 뜨개바탕을 안쪽으로 뒤집어 1단을 뜬다.

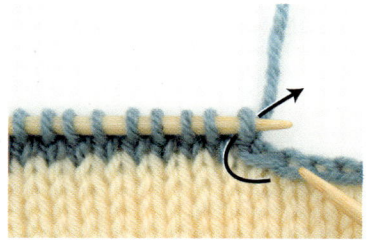

06 다시 뜨개바탕을 겉쪽으로 뒤집는다. 처음 2코를 덮어씌워 코막기로 코를 줄인다.

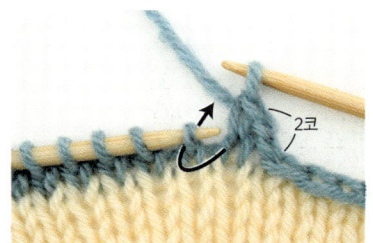

07 2코 줄인 모습. 이어서 겉뜨기로 1단을 뜬다.

08 뜨개 도안대로 오른쪽 어깨만 왕복하며 뜬다.

코 늘리기

뜨개코의 콧수를 늘리는 것을 '늘림코'라고 합니다.
늘릴 콧수나 디자인에 따라 알맞은 기법을 선택하도록 하세요.

1코 늘리기

1단 아래 코를 끌어올려 코 늘리기

○ 겉뜨기일 때

양쪽 끝의 1코 안쪽에서 '오른코 늘려뜨기' 또는 '왼코 늘려뜨기'를 하는 방법입니다.
코를 늘리는 단과 단의 사이가 가까운 경우에는 뜨개바탕이 수축하므로 적합하지 않습니다.

뜨개 도안

❶ 오른쪽

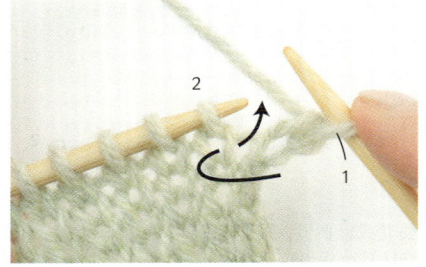

01 첫째 코를 겉뜨기한다. 오른쪽 바늘을 둘째 코의 앞 단 코에 화살표처럼 넣는다.

02 오른쪽 바늘을 끌어올려 바늘에 실을 건다.

03 겉뜨기한다.

04 겉뜨기를 1코 뜬 모습. 이어서 둘째 코에 바늘을 넣어 겉뜨기한다.

05 1코 늘어난 모습.

❷ 왼쪽

01 왼쪽 끝 코 앞까지 뜬 후, 왼쪽 바늘을 마지막으로 뜬 코의 2단 아래 코에 화살표처럼 넣는다.

02 왼쪽 바늘을 끌어올려 오른쪽 바늘을 화살표처럼 넣는다.

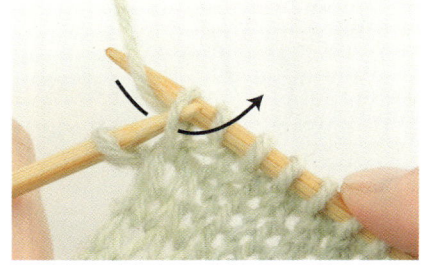

03 바늘에 실을 걸어 겉뜨기한다.

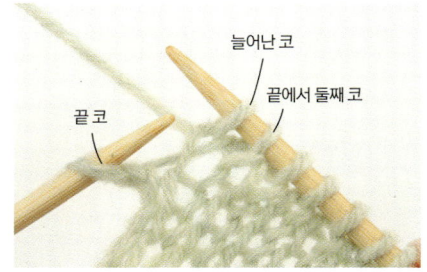

04 겉뜨기한 모습. 1코 늘어났다.

○ 안뜨기일 때

❶ 오른쪽

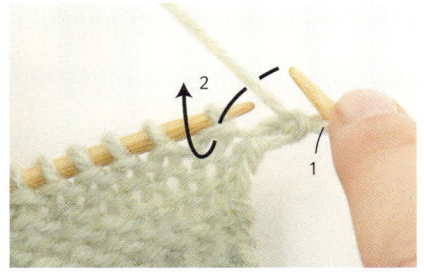

01 첫째 코를 안뜨기한다. 오른쪽 바늘을 둘째 코의 앞 단 코에 화살표처럼 넣는다.

02 오른쪽 바늘을 끌어올려 바늘에 실을 건다.

03 안뜨기한다.

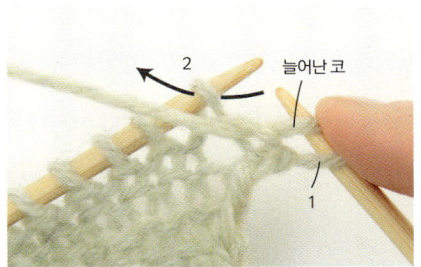

04 안뜨기를 1코 뜬 모습. 이어서 둘째 코에 바늘을 넣어 안뜨기한다.

05 1코 늘어난 모습.

❷ 왼쪽

01 왼쪽 끝 코 앞까지 뜬 후, 왼쪽 바늘을 마지막으로 뜬 코의 2단 아래 코에 화살표처럼 넣는다.

02 왼쪽 바늘을 끌어올려 오른쪽 바늘을 화살표처럼 넣는다.

03 바늘에 실을 걸어 안뜨기한다.

04 안뜨기한 모습. 1코 늘어났다.

돌려뜨기로 코 늘리기

앞단의 코와 코 사이에 걸쳐진 실을 꼬아 떠서 코를 늘리는 방법입니다.
양쪽 끝에서 좌우대칭으로 코를 늘릴 경우는 좌우에서 반대 방향으로 코를 꼬아줍니다.

ㅇ 겉뜨기일 때

뜨개 도안

❶ 오른쪽

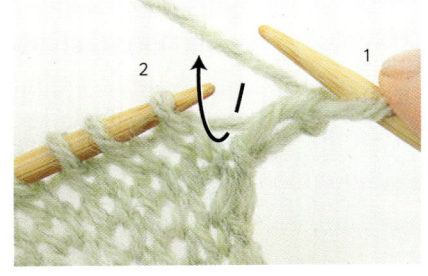
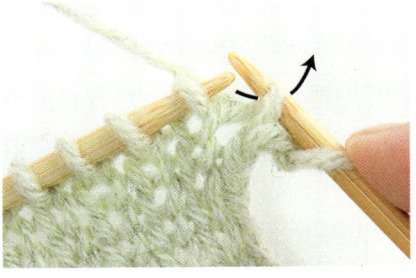
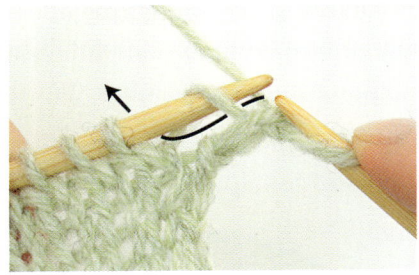

01 첫째 코를 겉뜨기한다. 첫째 코와 둘째 코 사이에 걸쳐진 실에 화살표처럼 오른쪽 바늘을 넣는다.

02 바늘을 넣어 끌어올린 코를 왼쪽 바늘로 옮긴다.

03 오른쪽 바늘을 화살표처럼 넣어 겉뜨기한다.

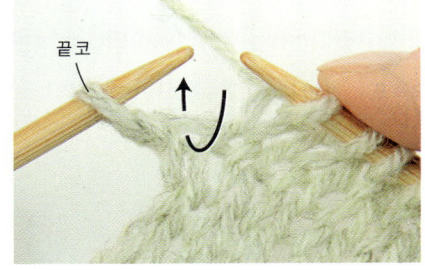

04 돌려뜨기로 코 늘리기를 완성한 모습.

❷ 왼쪽

01 왼쪽 끝 코 앞까지 뜬 후, 코와 코 사이에 걸쳐져 있는 실에 오른쪽 바늘을 넣는다.

02 바늘을 넣어 끌어올린 코를 왼쪽 바늘로 옮긴다.

03 오른쪽 바늘을 화살표처럼 넣어 겉뜨기한다.

04 돌려뜨기로 코 늘리기를 완성한 모습.

○ 안뜨기일 때

뜨개 도안

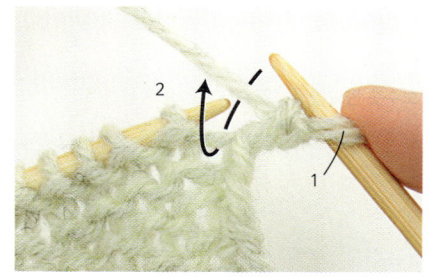

01 첫째 코를 안뜨기한다. 첫째 코와 둘째 코 사이에 걸쳐진 실에 화살표처럼 오른쪽 바늘을 넣는다.

02 바늘을 넣어 끌어올린 코를 왼쪽 바늘로 옮긴다.

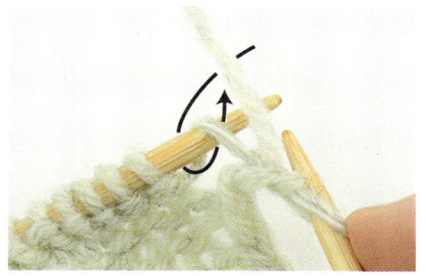

03 오른쪽 바늘을 화살표대로 넣는다.

04 바늘에 실을 걸어 안뜨기한다.

05 안뜨기의 돌려뜨기로 코 늘리기를 완성한 모습.

❷ **왼쪽**

01 왼쪽 끝 코 앞까지 뜬 후, 코와 코 사이에 걸쳐져 있는 실에 화살표대로 오른쪽 바늘을 넣는다.

02 바늘을 넣어 끌어올린 코를 왼쪽 바늘로 옮긴다.

03 오른쪽 바늘을 화살표처럼 넣는다.

04 바늘에 실을 걸어 안뜨기한다.

05 안뜨기의 돌려뜨기로 코 늘리기를 완성한 모습.

걸기코와 돌려뜨기로 코 늘리기

걸기코로 코를 늘리고, 다음 단에서 걸기코의 구멍을 막아주기 위해 돌려뜨기를 합니다.
양쪽 끝에서 좌우대칭으로 코를 늘릴 경우는 좌우에서 반대 방향으로 코를 꼬아줍니다.

뜨개 도안

○ **겉뜨기를 뜨는 단에서 걸기코를 만들 때**

❶ 오른쪽

01 첫째 코를 겉뜨기한다. 화살표처럼 오른쪽 바늘을 움직여서 걸기코를 만든다.

02 걸기코가 빠지지 않도록 주의하며 다음 코를 뜬다.

03 1단을 뜬 모습. 첫째 코와 둘째 코 사이에 걸기코가 만들어져 코가 늘어났다.

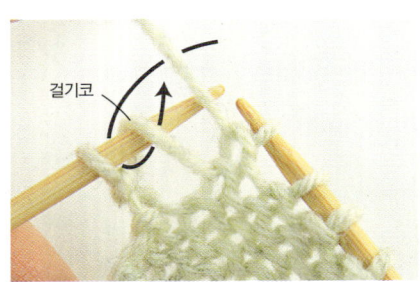

04 앞 단의 걸기코에 화살표처럼 바늘을 넣어 안뜨기한다.

05 안뜨기의 돌려뜨기를 뜬 모습.

❷ 왼쪽

01 왼쪽 끝 코 앞까지 뜬 후, 걸기코를 만든다. 오른쪽과는 반대로 뒤쪽에서 앞쪽으로 실을 건다.

02 걸기코가 빠지지 않도록 주의하며 다음 코를 뜬다.

03 1단을 뜬 모습. 끝 코 1코 앞에 걸기코가 만들어져 코가 늘어났다.

04 앞 단의 걸기코에 화살표처럼 바늘을 넣어 안뜨기한다.

05 안뜨기의 돌려뜨기를 뜬 모습.

○ **안뜨기를 뜨는 단에서 걸기코를 만들 때**

뜨개 도안

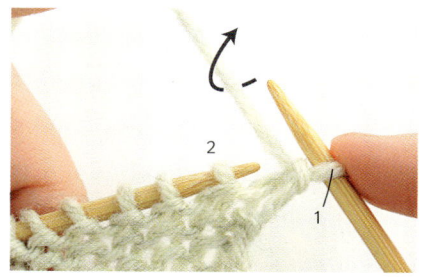

01 첫째 코를 안뜨기한다. 화살표처럼 오른쪽 바늘을 움직여서 걸기코를 만든다.

02 걸기코가 빠지지 않도록 주의하며 다음 코를 뜬다.

03 1단을 뜬 모습. 첫째 코와 둘째 코 사이에 걸기코가 만들어져 코가 늘어났다.

04 앞 단의 걸기코에 화살표처럼 바늘을 넣어 겉뜨기한다.

05 돌려뜨기한 모습.

❷ **왼쪽**

01 왼쪽 끝 코 앞까지 뜬 후, 걸기코를 만든다. 오른쪽과는 반대로 뒤쪽에서 앞쪽으로 실을 건다.

02 걸기코가 빠지지 않도록 주의하며 다음 코를 뜬다.

03 1단을 뜬 모습. 끝 코 1코 앞에 걸기코가 만들어져 코가 늘어났다.

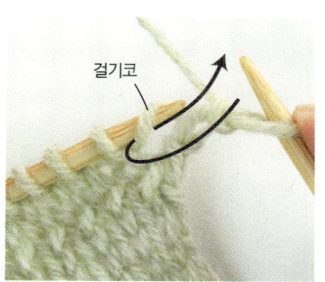

04 앞 단의 걸기코에 화살표처럼 바늘을 넣어 겉뜨기한다.

05 돌려뜨기한 모습.

분산하여 코 늘리기

한 단에서 콧수를 여러 개 늘릴 경우 코를 늘리는 위치를 분산하여 뜨개바탕의 중간 중간에서 돌려뜨기로 코 늘리기를 하는 방법입니다.

뜨개 도안

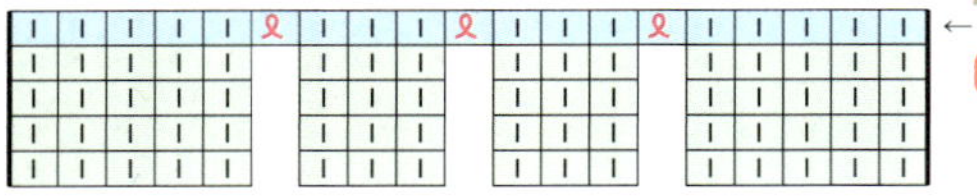

01 코를 늘릴 위치에서 코와 코 사이에 걸쳐진 실에 화살표처럼 오른쪽 바늘을 넣는다.

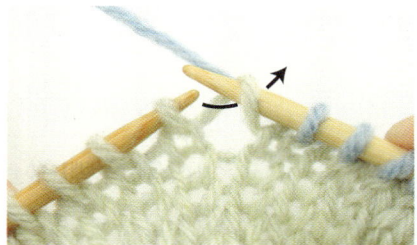

02 바늘을 넣어 끌어올린 코를 왼쪽 바늘로 옮긴다.

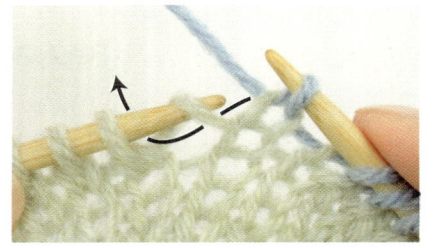

03 오른쪽 바늘을 화살표처럼 넣어 겉뜨기한다.

04 돌려뜨기로 코 늘리기를 완성한 모습.

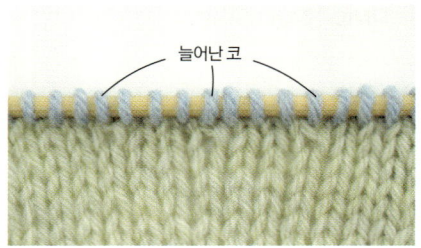

05 한 단에서 3회 코 늘리기를 한 모습.

늘림코 위치 정하는 방법

예 48코를 52코로 늘릴 경우

공식을 적용하여 계산하면…

$$5\overline{)48} \atop {45 \over 3}$$ → $$5\overline{)48} \atop {-3 \atop {45 \over 2}\,3}$$ → $$9+1=10 \atop 5\overline{)48} \atop {-3 \atop {45 \over 2}\,3}$$ → 9코 → 2회
10코 → 3회

52코 - 48코 = **4코 늘리기**
4코를 늘리기 위해서는 **5간격**이 필요하다.

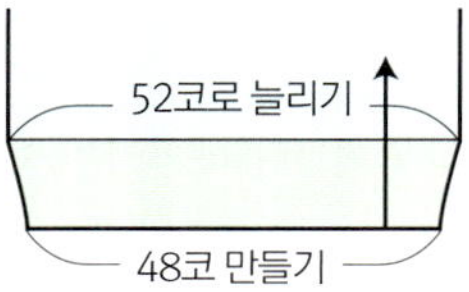

52코로 늘리기
48코 만들기

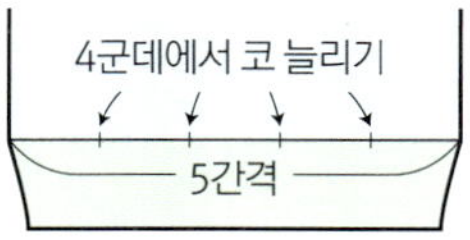

4군데에서 코 늘리기
5간격

〈간격별 콧수 계산〉
48코 ÷ 5간격 = 9코 나머지 3코
9코 간격을 5회 만들면 마지막에 3코 남는다.
↓
나머지 3코를 1코씩 나누어
10코 간격을 3회 만든다.
↓
10코 간격 → 3회
9코 간격 → 2회

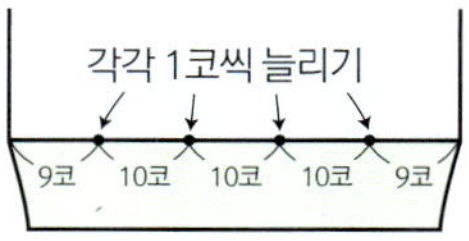

각각 1코씩 늘리기
9코 10코 10코 10코 9코

□ = | 겉뜨기 기호 생략

뜨개 도안

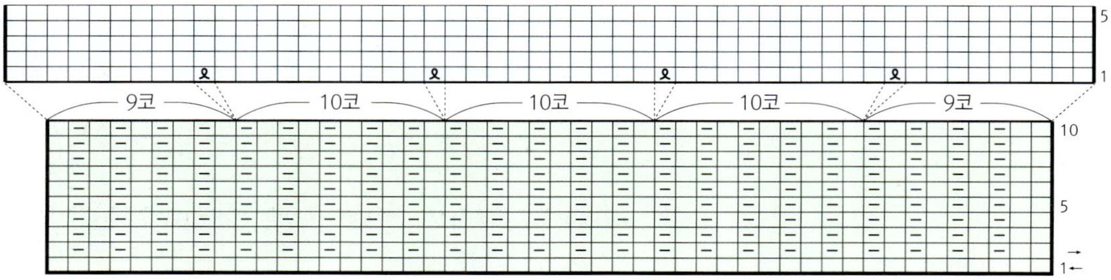

2코 이상 늘리기

감아코로 코 늘리기

바늘에 실을 감아 코를 늘리는 방법입니다.
감아코로 코 늘리기는 실이 이어지는 단의 끝 쪽에서만
할 수 있으므로 코를 늘리는 위치는 좌우가 1단씩 어긋납니다.

뜨개 도안

❶ **왼쪽**
(겉을 보며 뜨는 단에서 늘린다)

01 왼손의 검지에 실을 걸어 화살표처럼 오른쪽 바늘을 넣는다.

02 왼손의 검지를 빼고 실을 살짝 잡아당겨 조인다.

03 오른쪽 바늘에 실이 감긴 모습. 감아코로 코 늘리기를 1코 완성했다.

04 같은 방법으로 반복하여 감아코로 코 늘리기를 4코 완성한 모습.

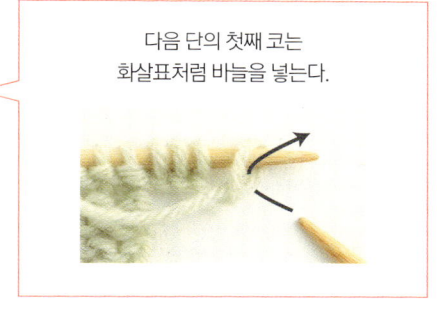

다음 단의 첫째 코는 화살표처럼 바늘을 넣는다.

다음 단의 첫째 코는 화살표처럼 바늘을 넣는다.

❷ **오른쪽**
(안을 보며 뜨는 단에서 늘린다)

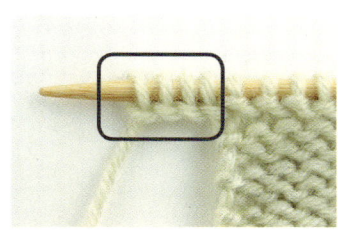

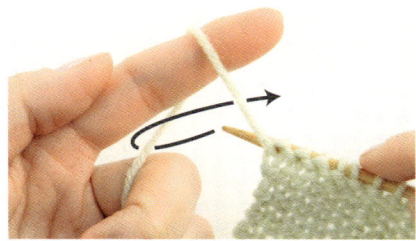

01 왼쪽과 마찬가지로 왼손의 검지에 실을 걸고 화살표처럼 오른쪽 바늘을 넣어 실을 살짝 잡아당겨 조인다.

02 감아코로 코 늘리기를 4코 완성한 모습.

되돌아뜨기

끝까지 뜨지 않고 중간에 되돌아가 다음 단을 뜨는 방법으로 사선이나 곡선을 만드는 기법입니다.

POINT

중간에 되돌아간 부분에 구멍이 생기지 않도록 걸기코를 만들고, 되돌아 뜰 때 생기는 단 차이를 완만하게 하기 위해 걸러뜨기를 합니다. 그리고 마지막 단 정리의 2코 모아뜨기를 해서 걸기코로 늘어난 콧수를 원래대로 되돌려놓으며 사선을 정돈합니다.

남겨 되돌아뜨기

어깨선 등의 사선을 뜰 때 쓰는 방법입니다. 바늘에 필요한 콧수를 남겨두고, 뜨는 콧수를 줄이면서 떠나갑니다. 코를 남기는 단은 좌우가 1단씩 어긋납니다.

○ 왼쪽으로 기울어진 사선일 때
(겉을 보며 뜨는 단에서 코를 남긴다)

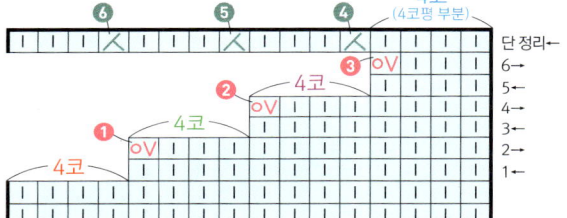

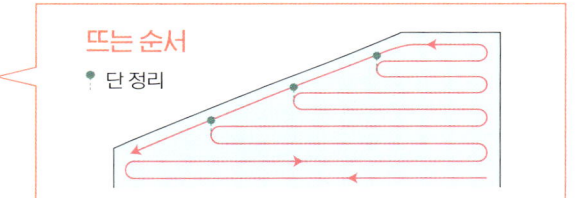

01 겉쪽을 보며 뜨는 단에서 첫째 단을 뜬다. 마지막 **4코**를 뜨지 않고 남긴다.

02 안쪽으로 뒤집어 둘째 단을 뜬다. 오른쪽 바늘에 **4코**를 남겨둔 채로 걸기코를 만든 다음 화살표처럼 바늘을 넣어 걸러뜨기를 한다(❶).

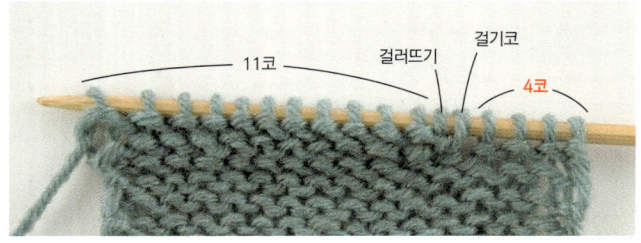

03 이어서 나머지 11코를 모두 안뜨기한다.

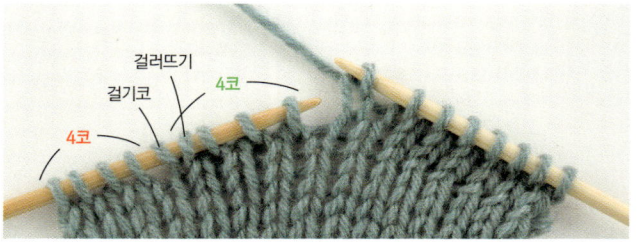

04 겉쪽으로 뒤집어 셋째 단을 뜬다. 앞 단의 걸러뜨기를 포함하여 **4코**를 뜨지 않고 남긴다.

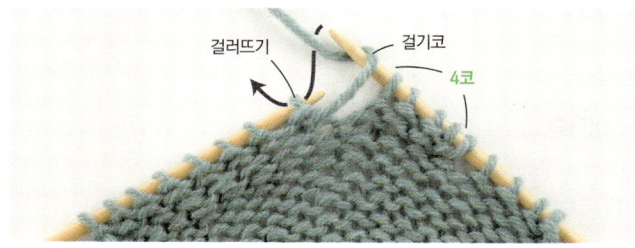

05 안쪽으로 뒤집어 넷째 단을 뜬다. 오른쪽 바늘에 코를 남겨둔 채로 걸기코를 만든 다음 화살표대로 바늘을 넣어 걸러뜨기를 한다(❷).

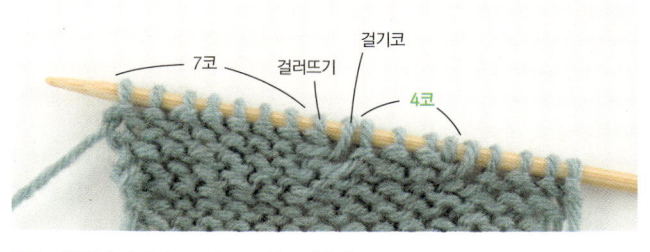

06 이어서 나머지 7코를 모두 안뜨기한다.

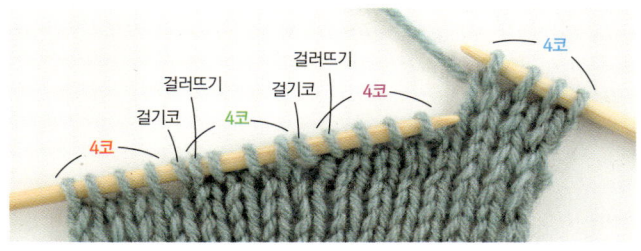

07 겉쪽으로 뒤집어 다섯째 단을 뜬다. 앞단의 걸러뜨기를 포함하여 4코를 뜨지 않고 남긴다. 오른쪽 바늘에는 4코 걸려 있다.

08 안쪽으로 뒤집어 여섯째 단을 뜬다. 오른쪽 바늘에 코를 남겨둔 채로 걸기코를 만든 다음 화살표처럼 바늘을 넣어 걸러뜨기를 한다(❸).

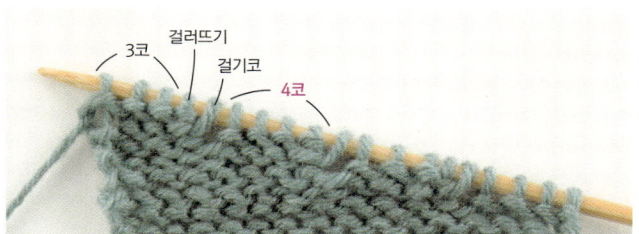

09 이어서 나머지 3코를 모두 안뜨기한다.

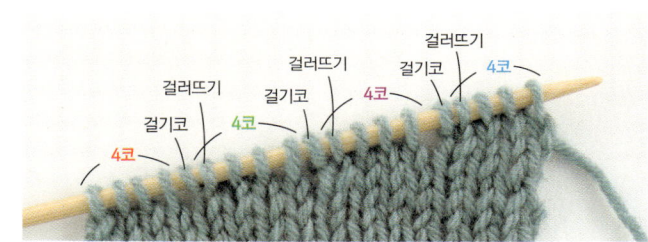

10 겉쪽으로 뒤집은 모습.

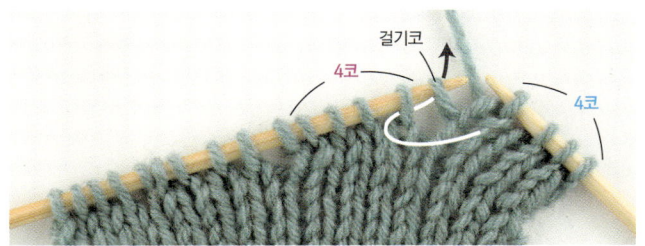

11 1단을 뜨면서 단 정리를 한다. 4코 뜨고, 앞 단의 걸기코와 다음 코에 화살표처럼 바늘을 넣어 2코 모아뜨기를 해서 단 정리를 한다(❹).

12 2코 모아뜨기한 모습. 나머지 코도 겉뜨기로 뜨며 걸기코와 다음 코를 2코 모아뜨기를 해서 단 정리를 한다(❺·❻).

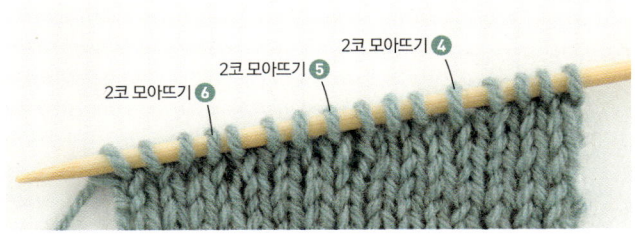

13 단 정리를 완성한 모습. 뜨개바탕에 왼쪽으로 기울어진 사선이 만들어졌다.

14 뜨개바탕을 안쪽에서 본 모습. 단 정리를 한 부분에서 걸기코가 2코 모아뜨기 되어 있다.

○ 오른쪽으로 기울어진 사선일 때
(안을 보며 뜨는 단에서 코를 남긴다)

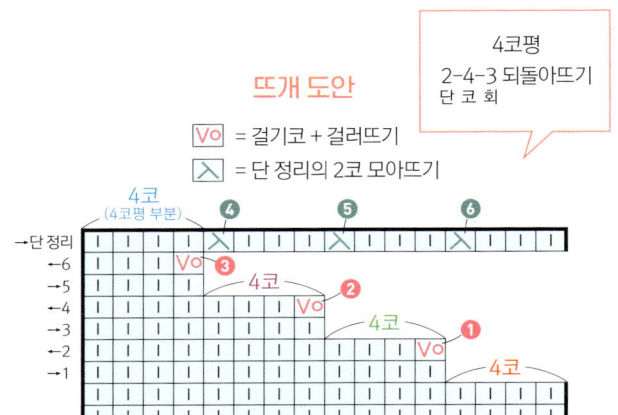

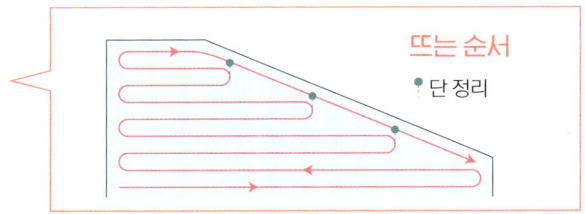

뜨개 도안

Vo = 걸기코 + 걸러뜨기
⋋ = 단 정리의 2코 모아뜨기

4코평 2-4-3 되돌아뜨기
단 코 회

뜨는 순서
● 단 정리

01 안쪽을 보며 뜨는 단에서 첫째 단을 뜬다. 마지막 4코를 뜨지 않고 남긴다.

02 겉쪽으로 뒤집어 둘째 단을 뜬다. 오른쪽 바늘에 4코를 남겨둔 채로 걸기코를 만든 다음 화살표처럼 바늘을 넣어 걸러뜨기를 한다(❶).

03 이어서 나머지 11코를 모두 겉뜨기한다.

04 안쪽으로 뒤집어 셋째 단을 뜬다. 앞 단의 걸러뜨기를 포함하여 4코를 뜨지 않고 남긴다.

05 겉쪽으로 뒤집어 넷째 단을 뜬다. 오른쪽 바늘에 코를 남겨둔 채로 걸기코를 만든 다음 화살표처럼 바늘을 넣어 걸러뜨기를 한다(❷).

06 이어서 나머지 7코를 모두 겉뜨기한다.

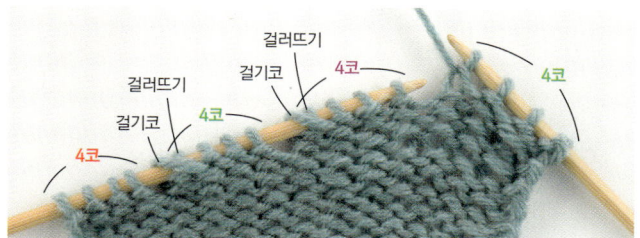

07 안쪽으로 뒤집어 다섯째 단을 뜬다. 앞 단의 걸러뜨기를 포함하여 4코를 뜨지 않고 남긴다. 오른쪽 바늘에는 4코 걸려 있다.

08 겉쪽으로 뒤집어 여섯째 단을 뜬다. 오른쪽 바늘에 코를 남겨둔 채로 걸기코를 만든 다음 화살표처럼 바늘을 넣어 걸러뜨기를 한다(❸).

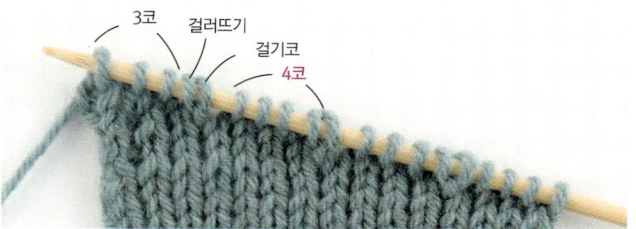

09 이어서 나머지 3코를 모두 겉뜨기한다.

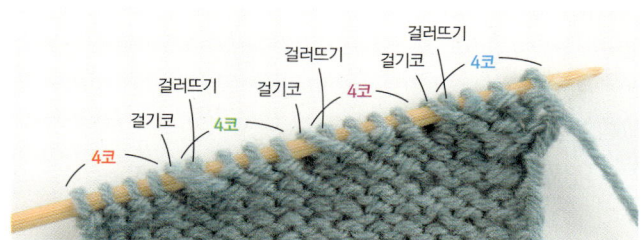

10 안쪽으로 뒤집은 모습.

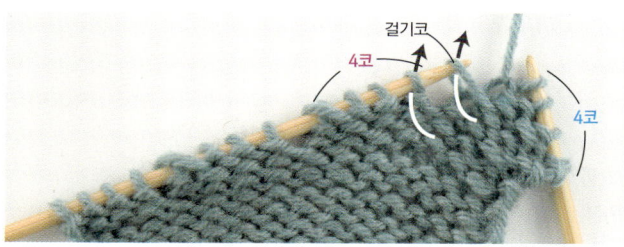

11 1단을 뜨면서 단 정리를 한다. 4코 뜨고, 앞 단의 걸기코와 다음 코의 순서를 바꿔 2코 모아뜨기를 해서 단 정리를 한다(❹). 화살표처럼 순서대로 바늘을 넣어 걸기코와 다음 코를 오른쪽 바늘로 옮긴다.

12 바늘을 화살표처럼 넣어 오른쪽 바늘로 옮긴 2코를 왼쪽 바늘로 다시 옮긴다.

13 걸기코와 다음 코의 순서가 바뀐 모습. 화살표처럼 바늘을 넣어 안뜨기한다.

14 걸기코와 다음 코를 2코 모아뜨기했다. 나머지 코도 안뜨기하며 걸기코와 다음 코의 순서를 바꿔 2코 모아뜨기해서 단 정리를 한다(❺·❻).

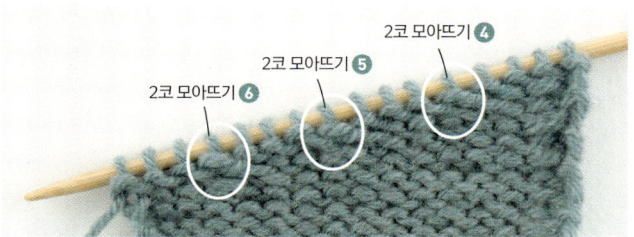

15 단 정리를 완성했다. 뜨개바탕을 안쪽에서 본 모습. 단 정리를 한 부분에서 걸기코가 2코 모아뜨기 되어 있다.

16 겉쪽에서 본 모습. 뜨개바탕에 오른쪽으로 기울어진 사선이 만들어졌다.

늘려 되돌아뜨기

소매산의 곡선 부분이나 양말의 뒤꿈치 등을 뜰 때 등에 쓰는 방법입니다.
뜨개바탕의 중앙에서 바깥쪽으로 필요한 콧수를 늘리면서 뜹니다.
코를 늘리는 단은 좌우가 1단씩 어긋납니다.

뜨개 도안

oV · Vo = 걸기코 + 걸러뜨기   △ · △ = 단 정리의 2코 모아뜨기

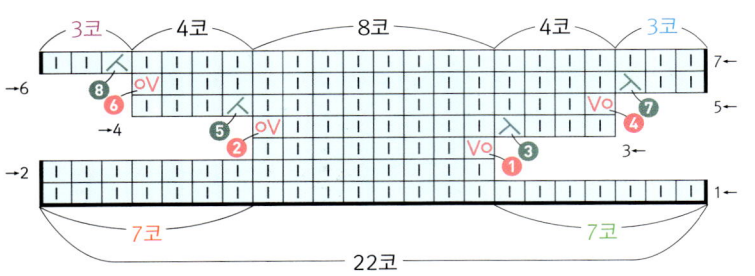

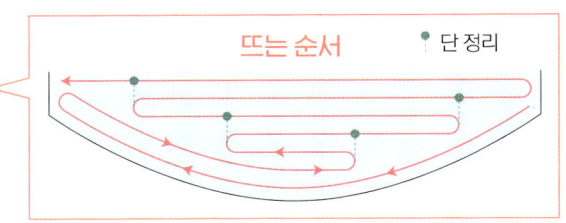

뜨는 순서   ● 단 정리

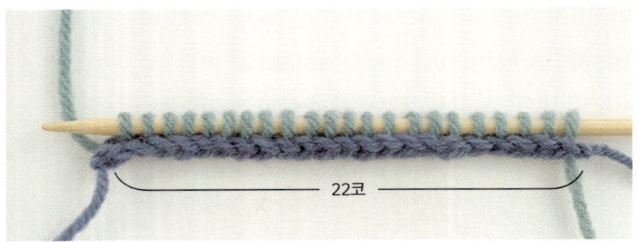

01 시작코를 22코 만들고, 첫째 단을 뜬다.

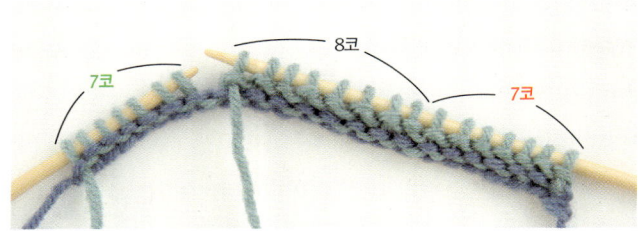

02 안쪽으로 뒤집어 둘째 단을 뜬다. 안뜨기를 15코(7코+8코) 뜨고, 왼쪽 바늘에 7코를 남긴다.

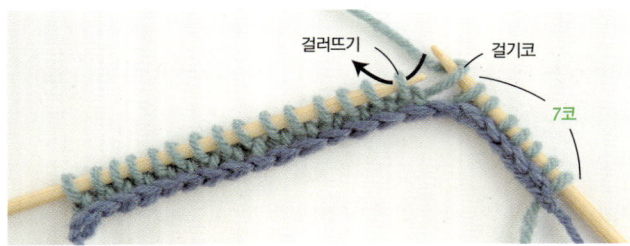

03 겉쪽으로 뒤집어 셋째 단을 뜬다. 오른쪽 바늘에 7코를 남겨둔 채로 걸기코를 만든 다음 화살표처럼 바늘을 넣어 걸러뜨기를 한다(❶).

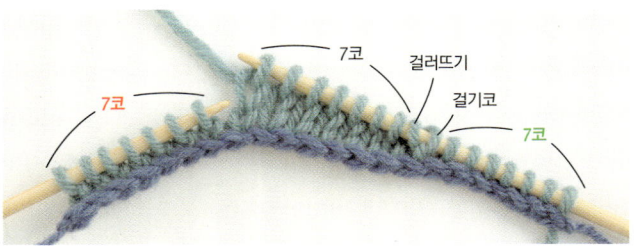

04 이어서 겉뜨기를 7코 뜨고, 왼쪽 바늘에 7코를 남긴다.

05 안쪽으로 뒤집어 넷째 단을 뜬다. 오른쪽 바늘에 7코를 남겨둔 채로 걸기코를 만든 다음 화살표처럼 바늘을 넣어 걸러뜨기를 한다(❷). 이어서 안뜨기를 7코(앞 단의 걸기코 앞까지) 뜬다.

06 앞 단의 걸기코와 다음 코의 순서를 바꿔 2코 모아뜨기를 해서 단 정리를 한다(❸). 순서대로 바늘을 넣어 걸기코와 그 다음 코를 오른쪽 바늘로 옮긴다.

07 바늘을 화살표처럼 넣어 오른쪽 바늘로 옮긴 2코를 왼쪽 바늘로 다시 옮긴다.

08 걸기코와 그 다음 코의 순서가 바뀐 모습. 화살표처럼 바늘을 넣어 2코를 한 번에 안뜨기로 뜬다.

09 걸기코와 다음 코를 2코 모아뜨기 한 모습.

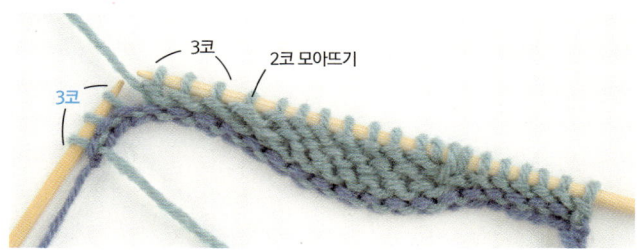

10 이어서 안뜨기로 3코를 뜨고, 왼쪽 바늘에 3코를 남긴다.

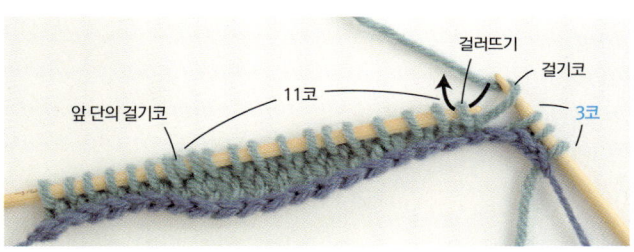

11 겉쪽으로 뒤집어 다섯째 단을 뜬다. 오른쪽 바늘에 3코를 남겨둔 채로 걸기코를 만든 다음 화살표처럼 바늘을 넣어 걸러뜨기를 한다(❹). 이어서 겉뜨기를 11코(앞 단의 걸기코 앞까지) 뜬다.

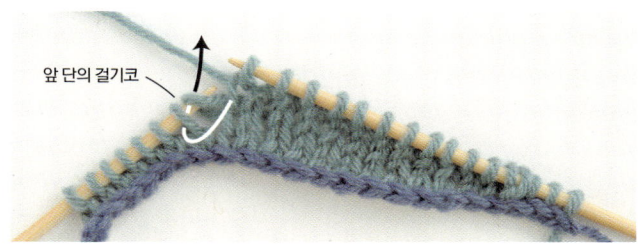

12 앞 단의 걸기코와 다음 코에 화살표처럼 바늘을 넣어 2코 모아뜨기를 해서 단 정리를 한다(❺).

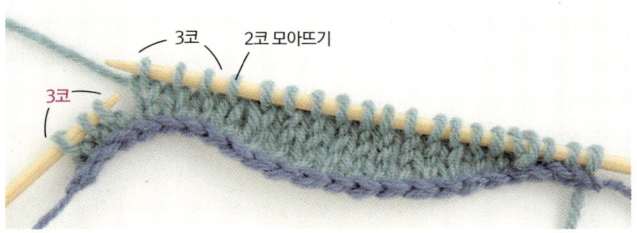

13 이어서 3코를 뜨고, 왼쪽 바늘에 3코를 남긴다.

14 안쪽으로 뒤집어 여섯째 단을 뜬다. 오른쪽 바늘에 3코를 남겨둔 채로 걸기코를 만든 다음 화살표처럼 바늘을 넣어 걸러뜨기를 한다(❻).

15 나머지 코를 안뜨기한다. 뜨는 도중에 6~9와 같은 방법으로 앞 단의 걸기코와 다음 코의 순서를 바꿔 2코 모아뜨기를 해서 단 정리를 한다(❼).

16 겉쪽으로 뒤집어 일곱째 단은 모든 코(22코)를 겉뜨기한다. 뜨는 도중에 12와 같은 방법으로 앞 단의 걸기코와 다음 코를 2코 모아뜨기를 해서 단 정리를 한다(❽).

실 색 바꾸는 방법

뜨개바탕을 뜨는 도중에 실 색상을 바꾸는 방법을 소개합니다. 배색하는 단수나 콧수, 무늬에 따라 여러 가지 방법이 있습니다.

줄무늬 색 바꾸는 방법

넓은 줄무늬를 뜰 때는 가장자리에서 '실을 휘감는 방법'이나 '배색 부분마다 실을 자르는 방법'으로 실 색상을 바꿉니다. 좁은 줄무늬를 뜰 때는 '실을 걸치는 방법'으로 실 색상을 바꾸면 마지막에 실 정리를 해야 하는 부분이 적어집니다.

배색 부분마다 실을 자르는 방법

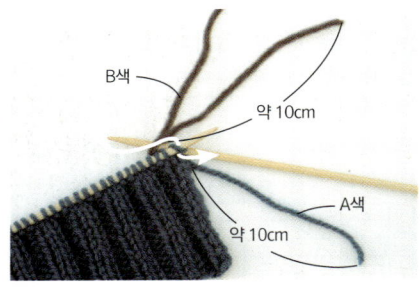

01 지정된 단까지 뜬 후 A색을 자르고, 다음 단을 B색으로 뜬다. 실 끝은 각각 10cm 정도 남겨둔다.

02 B색으로 1코 뜬 모습. 실 끝을 뜨개바탕 가까이에서 살짝 묶은 다음 B색으로 뜨기 시작한다.

03 뜨개바탕을 다 뜨고 나면 2의 매듭은 풀지 않고 실 끝을 돗바늘에 꿰어 각각 같은 색 뜨개바탕의 안쪽 코에 통과시켜 정리한다.

실을 휘감는 방법

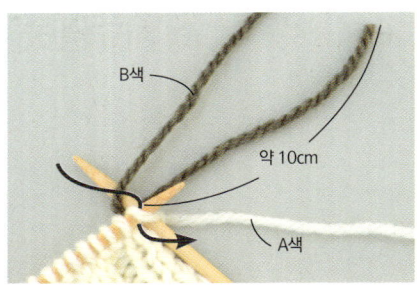

01 지정된 단까지 뜬 후 A색을 쉬어두고, 다음 단을 B색으로 뜬다. B색의 실 끝은 10cm 정도 남겨둔다.

02 B색으로 1코 뜬 모습. 그대로 B색으로 2단을 뜬다.

03 B색으로 2단 뜬 모습. 셋째 단을 뜨기 전에 A색을 사진처럼 한 번 휘감은 다음 B색으로 뜬다.

안쪽에서 본 모습

04 B색으로 4단 뜬 모습. 다섯째 단을 뜨기 전에도 3과 같은 방법으로 실을 휘감는다. 같은 방법으로 2단 뜰 때마다 실을 휘감은 다음 뜬다.

05 다시 A색으로 뜰 때도 같은 방법으로 2단 뜰 때마다 B색을 한 번 휘감으면서 뜬다.

안쪽에서 보면 뜨개바탕의 가장자리에 휘감은 실이 세로로 걸쳐져 있다.

실을 걸치는 방법 (2단마다 실 색 바꾸기)

01 A색으로 2단 뜬 후 A색을 쉬어두고, 다음 단을 B색으로 뜬다. B색의 실 끝은 10cm 정도 남겨 둔다.

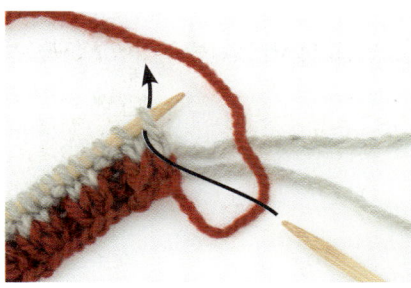

02 그대로 B색으로 2단 뜬 모습. B색은 그대로 두고, 쉬어두었던 A색으로 다음 단을 뜬다.

03 A색을 세로로 걸쳐서 바늘에 걸어 다음 단의 첫째 코를 뜬다.

04 1코 뜬 모습. 세로로 걸친 실이 당겨지거나 느슨해지지 않도록 주의한다.

05 A색으로 2단 뜬 후 3과 같은 방법으로 B색 실을 세로로 걸쳐서 다음 단의 첫째 코를 뜬다. 같은 방법으로 2단 뜰 때마다 실을 걸치면서 뜬다.

안쪽에서 본 모습

안쪽에서 보면 뜨개바탕의 가장자리에 실이 세로로 걸쳐져 있다.

원형뜨기일 때 색 바꾸는 방법

원형뜨기의 경우 실을 휘감는 방법으로 뜨면 겉쪽에서 실이 보이므로 실을 걸치는 방법으로 뜹니다.

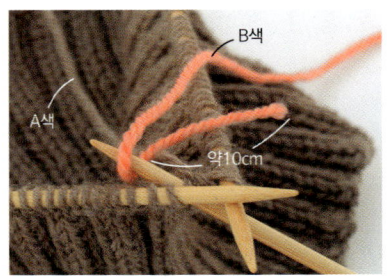

01 A색으로 지정된 단수를 뜬 후 A색을 뜨개바탕의 안쪽에 쉬어두고, 다음 단을 B색으로 뜬다. B색 끝은 10cm 정도 남겨둔다.

02 B색으로 지정된 단수를 뜬 후 B색을 뜨개바탕의 안쪽에 쉬어두고, 쉬어두었던 A색을 세로로 걸쳐 다음 단을 뜬다. 세로로 걸친 실이 당겨지거나 느슨해지지 않도록 주의한다.

안쪽에서 본 모습

A색이 세로로 걸쳐져 있다.

안쪽에서 보면 실이 세로로 걸쳐져 있다.

배색무늬뜨기 색 바꾸는 방법

뜨개바탕에 배색실을 사용하여 세로줄무늬나 그 밖의 다양한 무늬를 표현하는 기법입니다. 뜨개바탕의 안쪽에 실을 걸쳐서 뜨는 방법과 실을 걸치지 않고 뜨는 방법, 바탕실과 배색실을 안쪽에서 얽어가며 뜨는 방법 등이 있습니다.

뜨개바탕 안쪽에 실을 걸치는 방법

무늬를 넣는 단에서 바탕실로 뜰 때는 배색실을, 배색실로 뜰 때는 바탕실을 안쪽에 걸치면서 뜹니다.
안쪽에 걸치는 실이 팽팽하면 뜨개바탕의 표면이 울퉁불퉁해집니다. 반대로 늘어지면 코가 느슨해지거나 옷을 입을 때 뜨개바탕의 안쪽에서 실이 걸리기도 합니다. 걸치는 실을 잡아당기는 힘 조절에 주의하면서 뜨도록 하세요.

○ 연속무늬

뜨개바탕의 끝까지 무늬가 있을 때는 단의 첫째 코를 뜰 때 배색실을 바탕실에 휘감아서 뜹니다.

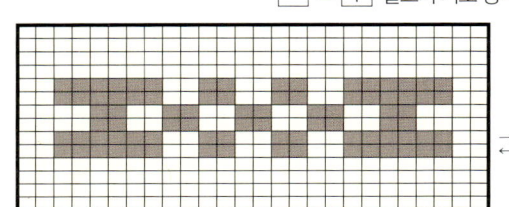

뜨개 도안

01 처음 색을 바꿀 때는 배색실로 바꿔 잡고 겉뜨기한다. 실 끝은 10cm 정도 남겨둔다.

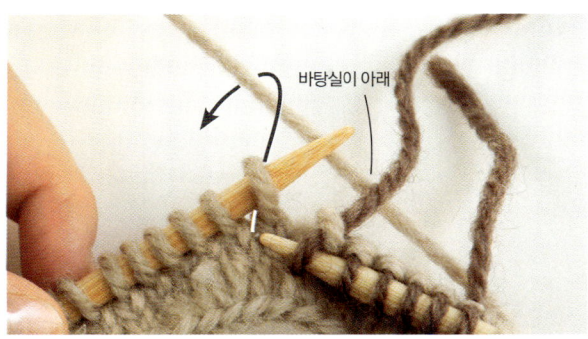

02 무늬의 콧수만큼 배색실로 뜬 후, 바탕실을 배색실 아래로 걸쳐 바탕실로 다음 코를 뜬다. 실을 걸칠 때는 반드시 배색실이 위, 바탕실이 아래로 걸쳐지도록 주의하면서 뜬다.

03 다음 단의 첫 코는 바탕실이 배색실 아래로 걸쳐지도록 교차시킨 다음 바탕실로 뜬다.

04 배색실로 바꿀 때는 배색실을 바탕실 위로 걸쳐서 뜬다.

05 다시 바탕실로 바꿀 때는 바탕실을 배색실 아래로 걸쳐서 뜬다.

○ 원 포인트 무늬

무늬를 원하는 위치에 만드는 배색뜨기입니다. 바탕실과 배색실의 경계 부분에 구멍이 생기지 않도록 무늬의 1~2코 바깥쪽 바탕실에 배색실을 휘감아서 뜹니다.

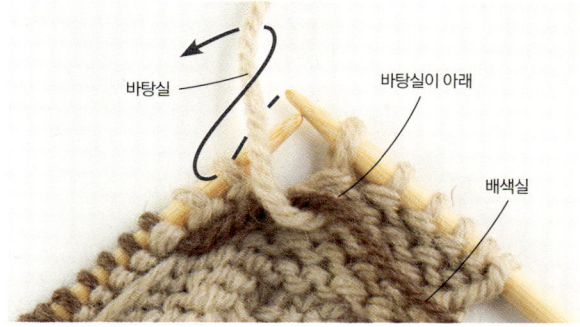

01 무늬의 둘째 단을 뜰 때는 배색실로 뜨는 코의 1코 앞 코를 뜰 때 바탕실이 배색실 아래로 걸쳐지도록 교차시킨 다음 바탕실로 뜬다.

03 무늬의 둘째 단을 뜬 모습.

06 다음 단의 첫 코는 바탕실이 배색실 아래로 걸쳐지도록 교차시킨 다음 바탕실로 뜬다. 다음 코부터도 4~5와 같은 방법으로 안쪽에서 실을 걸치면서 뜬다.

뜨개 도안

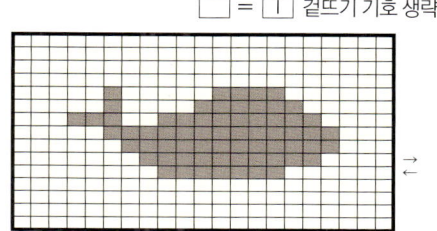

02 배색실로 바꿀 때는 바탕실 위로 배색실을 걸쳐서 뜬다.

04 다음 단에서 실을 바꿀 때도 마찬가지로 배색실로 뜨는 코의 1코 앞 코를 뜰 때 바탕실이 배색실 아래로 걸쳐지도록 교차시킨 다음 바탕실로 뜬다.

뜨개바탕 안쪽에 실을 걸치지 않는 방법

바탕실과 배색실의 경계 부분에서 실을 얽어 안쪽으로 실이 걸쳐지지 않도록 뜨는 방법입니다.
안쪽에 실이 걸쳐지지 않으므로 큰 무늬에 적합합니다.
한 단에서 색이 바뀌는 횟수만큼 실타래를 준비합니다.
(배색뜨기용 실패를 사용하면 편리합니다)
※ 알아보기 쉽도록 바탕실 B를 다른 색으로 떴습니다.

겉쪽   안쪽   뜨개 도안

□ = │ 겉뜨기 기호 생략

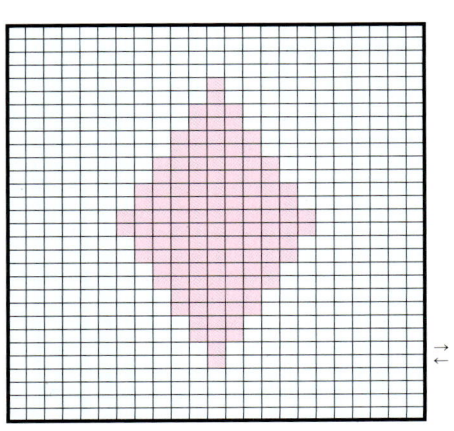

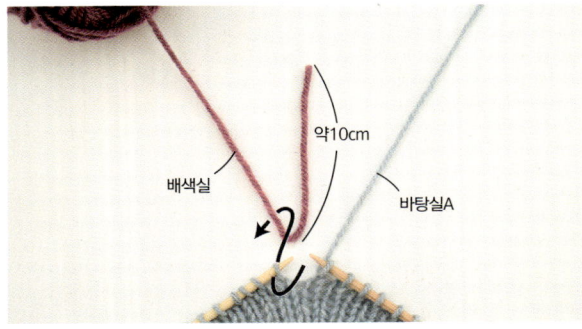

01 처음 실을 바꿀 때는 뜨고 있던 바탕실 A를 자르지 않고 쉬어두고, 배색실로 바꿔 겉뜨기한다. 실 끝은 10cm 정도 남겨둔다.

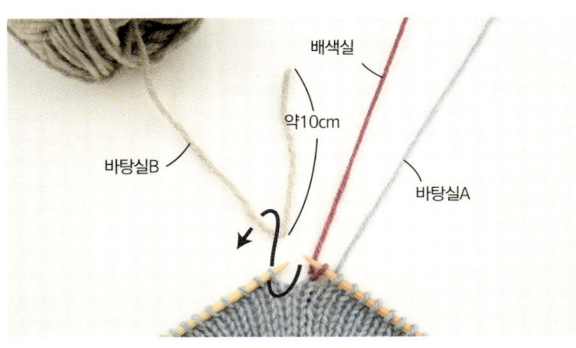

02 다음 코는 배색실을 쉬어두고, 새로운 바탕실 B로 바꿔 잡고 겉뜨기한다.

03 무늬의 첫째 단을 뜬 모습. 실을 바꾼 위치에 실타래가 연결되어 있다.

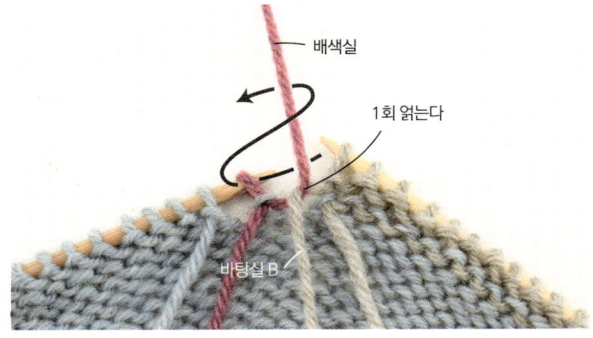

04 안쪽을 보며 뜨는 단에서 배색실로 바꿀 때는 바탕실 B와 배색실의 경계 부분에서 실을 사진처럼 1회 얽은 다음 안뜨기한다.

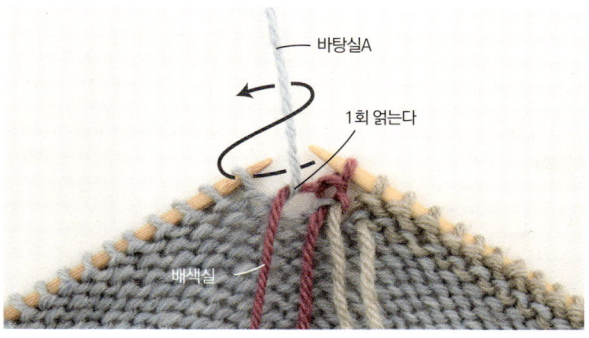

05 다음에 바탕실 A로 바꿀 때도 같은 방법으로 1회 얽은 다음 안뜨기로 뜬다.

06 무늬의 둘째 단을 떴다. 바탕실과 배색실의 경계 부분을 안쪽에서 본 모습.

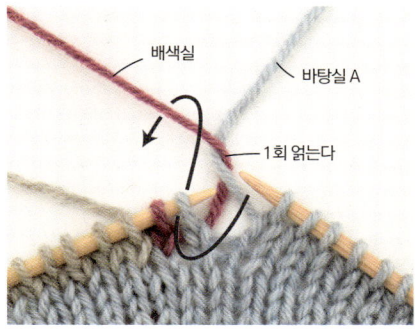
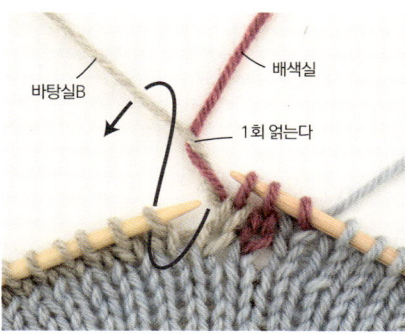

07 겉을 보며 뜨는 단에서 배색실로 바꿀 때는 바탕실 A와 배색실의 경계 부분에서 실을 사진처럼 1회 얽은 다음 겉뜨기한다.

08 다음에 바탕실 B로 바꿀 때도 같은 방법으로 1회 얽은 다음 겉뜨기한다.

09 무늬의 셋째 단을 뜬 모습. 4~8과 같은 방법으로 단마다 바탕실과 배색실의 경계 부분에서 실을 얽은 다음 뜬다.

POINT

뜨개바탕을 겉쪽과 안쪽으로 뒤집을 때 한쪽 방향으로 돌려서 뒤집으면 실이 꼬이므로 뜨개바탕은 좌우로 번갈아가며 돌려서 뒤집도록 하세요.

안쪽에 실을 걸치지 않는 방법으로 뜰 때는 배색뜨기용 실패를 사용하면 편리합니다. 뜨기 수월하도록 실을 소량씩 나눠 감아둡니다. 실타래가 엉키지 않도록 나란히 놓아두도록 하세요.

카우친뜨기 방법

바탕실로 뜰 때는 배색실을, 배색실로 뜰 때는 바탕실을 안쪽에서 얽어가면서 뜨는 방법입니다. 뜨개바탕이 두툼하고 단단해집니다.
실을 얽어가면서 뜰 때 뜨개코가 느슨해지기 쉽습니다.
특히 안쪽으로 걸친 실이 느슨하면 겉쪽으로 나오므로 주의해야 합니다.

뜨개 도안

실을 얽는 범위 □ = │ 겉뜨기 기호 생략

겉쪽

안쪽

○ 겉뜨기로 뜨는 단

POINT

바탕실 / 배색실 → 뜨는 실 / 얽는 실

처음 실을 얽는 위치까지 뜬 다음 배색실을 더해 사진처럼 2줄을 왼손에 겁니다.

뜨는 실을 위쪽에 걸고 겉뜨기를 합니다.

바탕실 / 배색실

01 화살표처럼 바늘을 넣어 배색실 아래에서 바탕실을 바늘에 건다.

02 바탕실을 끌어내어 겉뜨기한다.

03 다음 코는 화살표처럼 바늘을 넣어 배색실 위에서 바탕실을 바늘에 건다.

04 바탕실을 끌어내어 겉뜨기한다.

위치를 바꾼다

05 1~4를 반복하여 바탕실로 필요한 콧수만큼 뜬다. 그 다음 배색실로 뜰 때 바탕실과 배색실의 위치를 바꿔 왼손에 다시 건다.

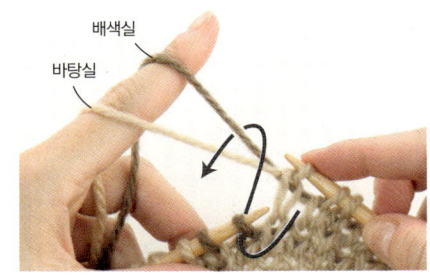

배색실 / 바탕실

06 화살표처럼 바늘을 넣어 바탕실 위에서 배색실을 바늘에 건다.

07 배색실을 끌어내어 겉뜨기한다.

○ 안뜨기로 뜨는 단

08 다음 코는 화살표처럼 바늘을 넣어 바탕실 아래에서 배색실을 바늘에 건다.

09 배색실을 끌어내어 겉뜨기한다. 같은 방법으로 1코마다 실을 얽는 방법을 번갈아 바꿔가며 무늬대로 바탕실과 배색실의 위치를 바꿔 겉뜨기한다.

01 단에서 처음 실을 얽을 때는 바탕실이 앞쪽에 오도록 교차시키고 배색실을 오른쪽으로 놓아둔다. 화살표처럼 바늘을 넣어 바탕실을 바늘에 건다.

02 바탕실을 끌어내어 안뜨기한다(이때 배색실이 느슨해지면 겉쪽으로 나오므로 주의한다).

03 안뜨기한 모습. 오른쪽으로 놓아둔 배색실을 화살표처럼 왼쪽으로 옮겨서 이번에는 아래쪽으로 놓아둔다.

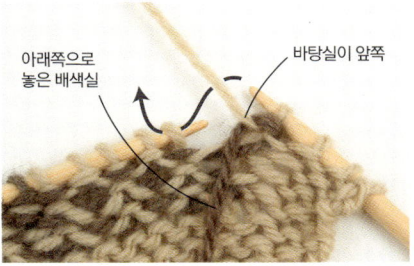

04 바탕실이 앞쪽에 오도록 교차시키고 배색실을 아래쪽으로 놓았다. 화살표처럼 바늘을 넣어 바탕실을 바늘에 건다.

05 바탕실을 끌어내어 안뜨기한다.

06 안뜨기한 모습. 아래쪽으로 놓아둔 배색실을 화살표처럼 위쪽으로 옮겨서 다시 오른쪽으로 놓아둔다.

07 1~6을 반복하여 바탕실로 필요한 콧수만큼 뜬 다음 바탕실을 오른쪽으로 놓고, 배색실로 안뜨기한다.

08 다음 코는 오른쪽으로 놓아둔 바탕실을 배색실의 뒤쪽에서 왼쪽으로 옮겨서 아래쪽으로 놓아두고, 안뜨기한다.

09 같은 방법으로 1코마다 실을 얽는 방법을 번갈아 바꿔가며 무늬대로 바탕실과 배색실의 위치를 바꿔 안뜨기한다.

10 얽은 실이 뜨개바탕의 안쪽에서 보이는 모습.

코 줍는 방법

뜨개바탕에서 실을 끌어내어 뜨개코를 새로 만드는 것을 '코줍기'라고 합니다.

일반적인 시작코에서 코줍기

○ 메리야스뜨기일 때

화살표처럼 코와 코 사이에 바늘을 넣어서 실을 걸어 끌어낸다.

○ 안메리야스뜨기일 때

화살표처럼 코와 코 사이에 바늘을 넣어서 실을 걸어 끌어낸다.

덮어씌워 코막음한 코에서 코줍기

○ 메리야스뜨기일 때

화살표처럼 마지막 단의 코에 바늘을 넣어서 실을 걸어 끌어낸다.

○ 안메리야스뜨기일 때

화살표처럼 마지막 단의 코에 바늘을 넣어서 실을 걸어 끌어낸다.

뜨개바탕의 옆면(단)에서 코줍기

○ 메리야스뜨기일 때

화살표처럼 끝 코와 둘째 코 사이에 바늘을 넣어서 실을 걸어 끌어낸다.

○ 안메리야스뜨기일 때

화살표처럼 끝 코와 둘째 코 사이에 바늘을 넣어서 실을 걸어 끌어낸다.

뜨개바탕의 옆면(단)에서 줍는 콧수

뜨개바탕의 단수보다 줍는 콧수가 적은 경우는 단을 건너뛰면서 코를 줍습니다.

되도록 건너뛰는 단의 간격이 균등하도록 비율을 계산하여 코를 줍도록 하세요.

4단에서 3코의 비율로 주울 때

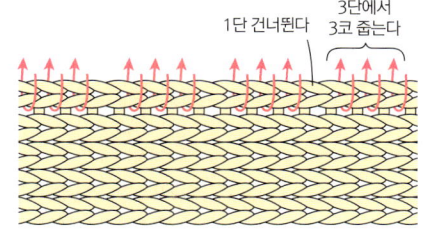

1단 건너뛴다
3단에서 3코 줍는다

사선에서 코줍기

코 줄이기나 코 늘리기를 한 사선 부분에서 코를 줍는 방법입니다. 단에서 코를 주울 때는 끝에서 1코 안쪽을 줍는 것이 기본인데, 코 줄이기나 코 늘리기를 한 부분에서는 1코 반 안쪽을 줍습니다.

● = 코 줍는 위치

○ 코 줄이기를 한 사선

메리야스뜨기일 때

안메리야스뜨기일 때

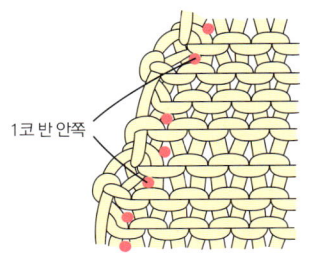

가터뜨기일 때

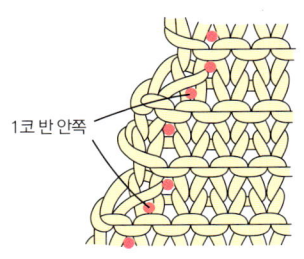

○ 코 늘리기를 한 사선

메리야스뜨기일 때

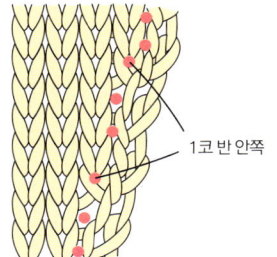

안메리야스뜨기일 때

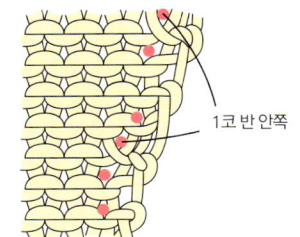

가터뜨기일 때

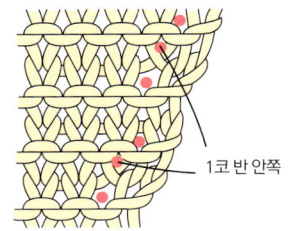

곡선에서 코줍기
코 줄이기나 코 늘리기를 한 곡선 부분에서 코를 줍는 방법입니다.

● = 코 줍는 위치

○ 코 줄이기를 한 곡선

메리야스뜨기일 때

 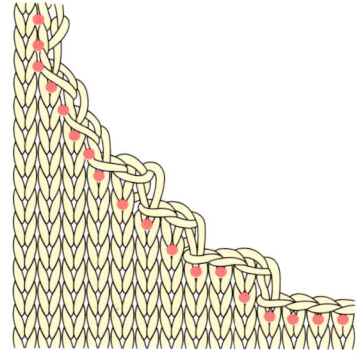

> **POINT**
> 진동둘레, 목둘레 등 안쪽으로 굽은 곡선은 코를 많이 주우면 코를 주워서 뜬 뜨개바탕이 들떠버리게 됩니다. 코를 너무 많이 줍지 않도록 주의하세요.

안메리야스뜨기일 때

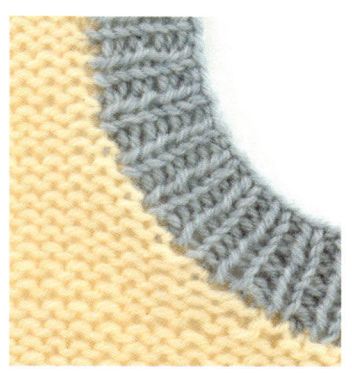 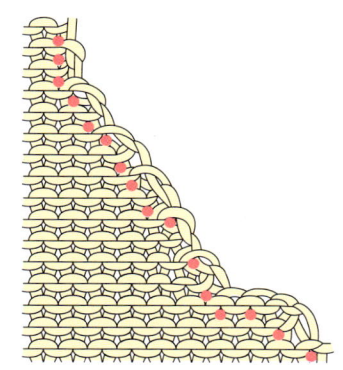

> **POINT**
> 밑단의 곡선 등 바깥쪽으로 둥글게 뜬 곡선은 코를 적게 주우면 코를 주워서 뜬 뜨개바탕이 당겨져서 둥근 곡선이 예쁘게 만들어지지 않습니다. 코를 너무 적게 줍지 않도록 주의하세요.

○ 코 늘리기를 한 곡선

메리야스뜨기일 때   **안메리야스뜨기일 때**

 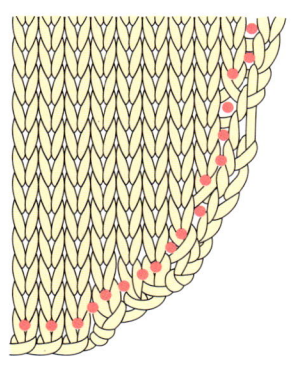  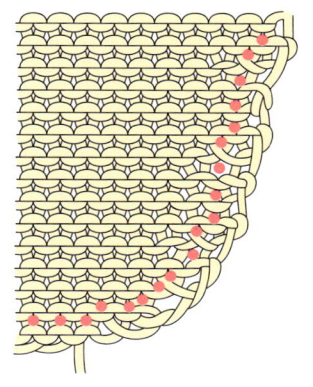

장갑 엄지손가락 코줍기

엄지손가락 위치에 별도의 실로 8코를 떠 넣고, 19코를 주울 때

○ 1. 엄지손가락 위치에 별도의 실로 떠 넣는다

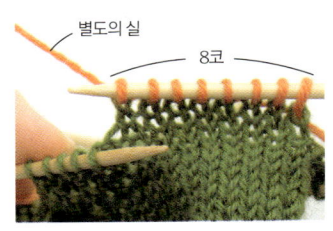

01 본체를 뜨다가 엄지손가락 위치에서 별도의 실로 겉뜨기를 8코 뜬다.

02 1에서 뜬 8코를 왼쪽 바늘로 옮긴다.

03 별도의 실로 뜬 코의 위쪽을 다시 한 번 겉뜨기로 뜬다.

04 이어서 본체를 떠나간다.

○ 2. 엄지손가락 위치의 코를 줍는다

01 엄지손가락 위치에 떠 넣은 별도의 실을 빼낸다(스팀 다림질을 하고 나서 빼내면 코가 잘 풀리지 않는다).

02 별도의 실을 빼낸 모습.

※ 대바늘 5개로 뜰 때를 예로 들어 설명합니다.

03 확대 도안 안의 ●● 코에 바늘 4개를 끼운다.

04 아래쪽 8코(●)를 겉뜨기로 뜬다.
※ 알아보기 쉽도록 다른 색 실을 사용했습니다.

엄지손가락 위치 확대 도안

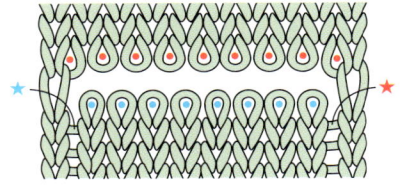

● ● = 코를 줍는다.
★ ★ = 코와 코 사이의 실을 돌려뜨기로 코 늘리기 방법으로 뜬다.

05 확대 도안 안의 ★의 실을 돌려뜨기로 코 늘리기 방법으로 뜬다.

06 위쪽의 9코(●)를 겉뜨기로 뜬다.

07 확대 도안 안의 ★의 실을 돌려뜨기로 코 늘리기 방법으로 뜬다.

08 엄지손가락 위치의 코를 19코 주운 모습. 이것이 엄지손가락의 첫째 단이 된다.

실 바꾸는 방법·잇는 방법

뜨는 도중에 실이 부족할 때 새로운 실로 바꾸는 방법입니다.

※ 알아보기 쉽도록 다른 색 실을 사용했습니다.

단의 가장자리에서 실 바꾸는 방법

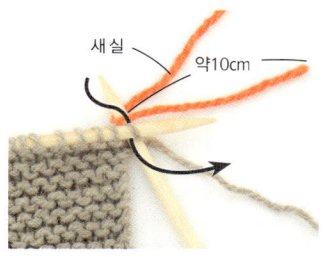

01 바늘에 새 실을 걸어 단의 첫 코를 뜬다.

02 실 끝은 각각 10cm 정도 남겨 살짝 한 번 묶어 두고, 그대로 새 실로 뜬다.

03 다 뜨고 나면 2의 매듭은 풀지 않고 실 끝을 돗바늘에 꿰어 각각 뜨개바탕의 안쪽 코에 4~5cm 통과시켜 정리한다.

단의 중간에서 실 바꾸는 방법

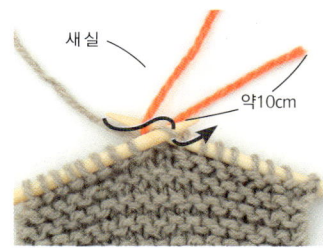

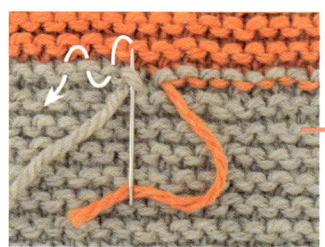

01 바늘에 새 실을 걸고 다음 코를 뜬다.

02 실 끝은 각각 10cm 정도 남겨 뜨개바탕의 안쪽에서 살짝 한 번 묶어 두고, 그대로 새 실로 떠나간다.

03 다 뜨고 나면 2의 매듭을 풀고 실 끝을 돗바늘에 꿰어 각각 뜨개바탕의 안쪽 코에 화살표처럼 4~5cm 통과시켜 정리한다.

접친 매듭으로 실 잇는 방법

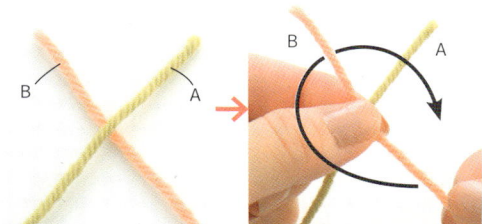
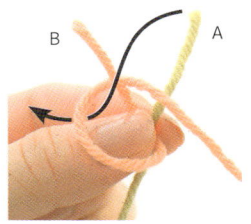
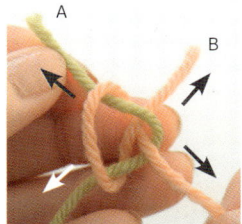

01 뜨고 있던 실 끝(A)과 새 실 끝(B)을 사진처럼 겹쳐 왼손으로 잡고, B의 실을 화살표처럼 건다.

02 1에서 만든 고리 안에 A의 실 끝을 넣는다.

03 A·B의 실을 화살표처럼 균등하게 잡아당겨 조인다.

04 접친 매듭 완성.

뜨개코 고치는 방법

기호와 다르게 떴거나 코를 빠뜨렸을 때 뜨개바탕에 따라서는 간단하게 고칠 수 있는 경우도 있습니다.

잘못 떴을 때(걸뜨기일 때)

몇 단 앞의 뜨개코를 기호와 다르게 떴을 때는 코바늘을 사용하여 고치도록 하세요.

01 잘못 뜬 코의 1코 앞줄까지 뜬다.

02 왼쪽 바늘에서 1코를 빼내 잘못 뜬 단까지 코를 푼다.

03 잘못 뜬 코에 코바늘을 넣고, 풀어놓은 다음 단의 실을 걸어 끌어낸다.

04 같은 방법으로 1단씩 풀어놓은 실을 걸어 끌어낸다.

05 마지막에는 코바늘에 걸린 코를 왼쪽 대바늘로 옮긴다. 모두 걸뜨기가 되었다.

코를 빠뜨렸을 때

몇 단 앞에서 뜨개코를 1코 빠뜨린 채 계속 떴을 때는 아래의 방법 중에서 선택하여 처리하도록 하세요.

○ 코바늘로 주워 코를 새로 만드는 방법

01 바늘에서 빠져 뜨지 않고 남아 있는 코에 코바늘을 넣는다.

02 좌우의 코를 양옆으로 벌리고, 가로로 걸쳐진 실을 1단씩 코바늘에 걸어서 끌어내어 새로 코를 만든다.

03 코를 1줄 새로 만들었기 때문에 코가 조금 빽빽해졌다.

○ 안쪽에서 뜨개바탕 실을 꿰어 처리하는 방법

※ 알아보기 쉽도록 다른 색 실을 사용했습니다.

01 빠뜨린 코를 안쪽으로 빼낸다.

02 빠뜨린 코와 그 옆의 코에 뜨개바탕 실을 꿰어 묶는다.

03 묶은 실 끝을 뜨개바탕의 안쪽 코에 통과시켜 정리한다(이 방법으로 처리하면 1코 줄은 상태가 된다).

PART 4
마무리

뜨개바탕을 떴다면 이제부터는 마무리하는 방법을 익혀보세요.
작품을 완성하기 위한 여러 가지 기법을 소개합니다.
마무리 방법에 따라 작품의 완성도가 전혀 달라지므로 반드시 알아두어야 할 기법입니다.

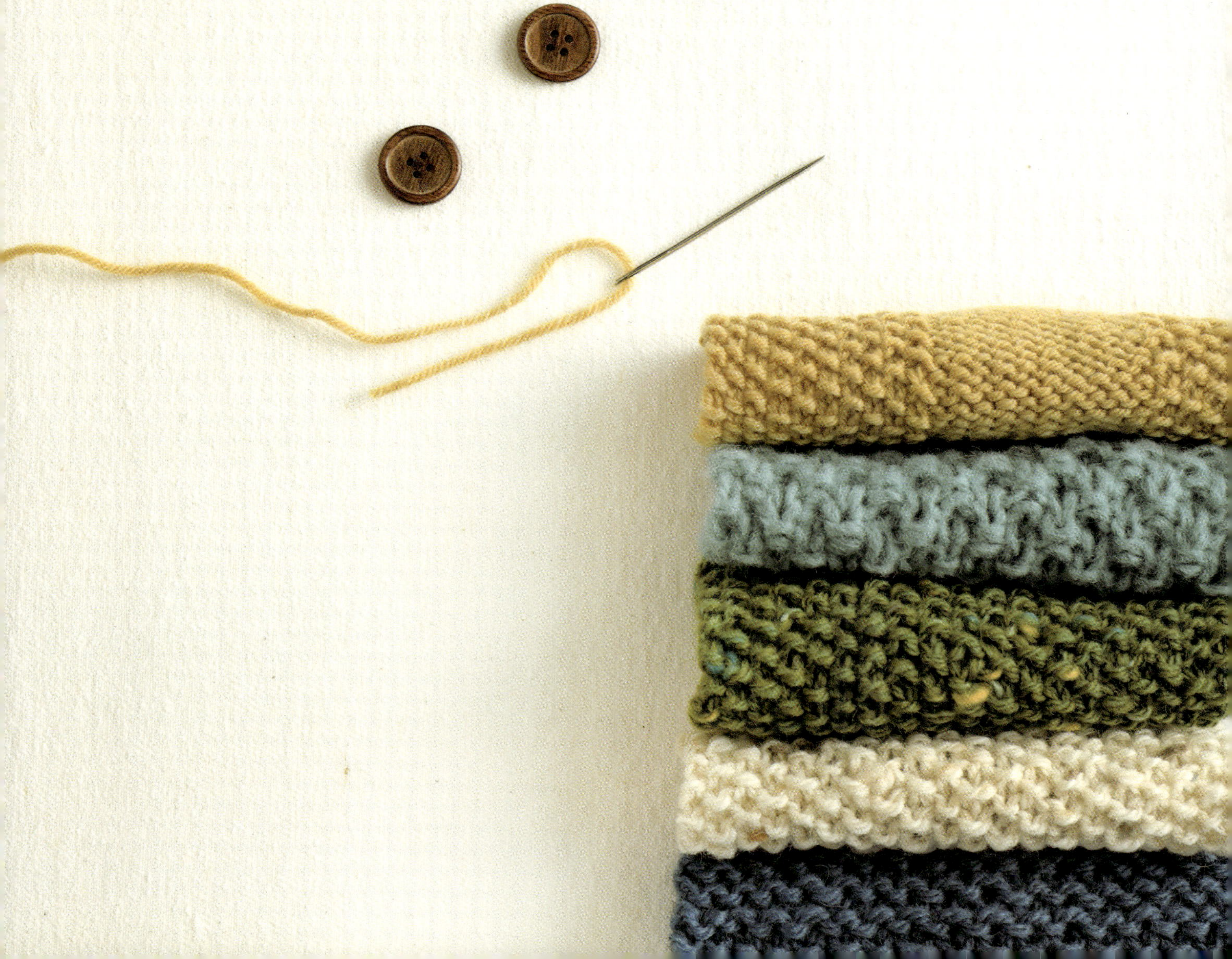

코막기

뜨개바늘에서 빼낸 코가 풀어지지 않도록 하는 것을 '코를 막는다'고 합니다.
코를 막는 방법은 뜨개바탕이나 코를 막을 부분에 따라 여러 가지 방법이 있습니다.

● 덮어씌워 코막기

뜨개바탕을 뜨던 실로 코를 막습니다.
신축성이 없는 편이므로 뜨개바탕의 너비를 고정할 때 적합합니다.

○ 겉뜨기하면서 덮어씌워 코막기

01 겉뜨기를 2코 뜬다.

02 왼쪽 바늘을 첫째 코에 넣고 화살표처럼 움직여서 둘째 코에 덮어씌운다.

03 '1코 뜨고, 앞 코로 덮어씌우기'를 반복한다. 마지막에는 실을 10cm 정도 남겨두고 자른 후, 실 끝을 바늘에 걸려 있던 코 안으로 넣어서 잡아당겨 조인다.

○ 안뜨기하면서 덮어씌워 코막기

01 안뜨기를 2코 뜬다.

02 왼쪽 바늘을 첫째 코에 넣고 화살표처럼 움직여서 둘째 코에 덮어씌운다.

03 '1코 뜨고, 앞 코로 덮어씌우기'를 반복한다. 마지막에는 실을 10cm 정도 남겨두고 자른 후, 실 끝을 바늘에 걸려 있던 코 안으로 넣어서 잡아당겨 조인다.

○ 1코 고무뜨기하면서 덮어씌워 코막기

01 겉뜨기를 2코 뜨고, 왼쪽 바늘을 첫째 코에 넣어 화살표처럼 움직여서 둘째 코에 덮어씌운다.

02 다음 코를 안뜨기하고, 앞 코로 덮어씌운다.

03 '마지막 단과 같은 코(겉뜨기 또는 안뜨기)를 뜨고, 앞 코로 덮어씌우기'를 반복한다.

2코 모아뜨기하면서 덮어씌워 코막기

콧수를 줄이면서 덮어씌우기로 코를 막는 방법입니다.
여기에서는 '왼코 겹쳐 2코 모아뜨기'로 설명하지만,
'오른코 겹쳐 2코 모아뜨기'를 하면서 덮어씌우는 방법도 있습니다.

01 왼쪽 바늘의 2코에 오른쪽 바늘을 화살표처럼 넣어 겉뜨기한다.

02 왼쪽 바늘을 앞 코에 넣고 화살표처럼 움직여서 둘째 코에 덮어씌운다.

03 2코 모아뜨기하면서 덮어씌워 코막기를 완성한 모습.

코바늘을 사용하여 덮어씌워 코막기를 하는 방법

왼손으로 대바늘, 오른손으로 코바늘을 잡고 덮어씌우기로 코를 막는 방법입니다. 실을 잡아당기는 힘을 조절하기 수월하므로
느슨하게 코막음하고 싶은 경우나 약간 팽팽하게 코막음하고 싶은 경우에는 코바늘을 사용해도 좋습니다.
또한 덮어씌워 코막기를 하면서 동시에 가장자리뜨기를 할 때도 이 방법으로 덮어씌워 코막기를 합니다.

01 왼쪽 바늘의 코에 화살표처럼 코바늘을 넣는다.

02 코바늘에 실을 걸어 화살표처럼 한 번에 빼내고 왼쪽 바늘에서 코를 빼낸다.

03 코바늘을 사용한 덮어씌워 코막기를 완성한 모습. 이어서 1~2를 반복한다.

1코 고무뜨기 막기

1코 고무뜨기의 모양을 유지하면서 코를 막는 방법입니다. 신축성이 있고, 깔끔하게 마무리됩니다.
코막음할 치수의 3~3.5배 길이로 실을 자르고 돗바늘에 꿰어 코막음합니다.

○ 왕복뜨기(끝이 겉뜨기 1코)일 때

01 처음 2코에 돗바늘을 넣고 대바늘에서 코를 빼낸다. 첫째 코는 뒤쪽에서, 둘째 코는 앞쪽에서 돗바늘을 넣는다.

02 첫째 코와 셋째 코에 돗바늘을 넣는다. 첫째 코는 1의 반대 방향에서 돗바늘을 넣는다.

03 둘째 코와 넷째 코에 돗바늘을 넣는다. 둘째 코는 1의 반대 방향에서 돗바늘을 넣는다.

04 셋째 코와 다섯째 코에 돗바늘을 넣는다. 셋째 코는 2의 반대 방향에서 돗바늘을 넣는다.

05 3~4와 같은 방법으로 안뜨기와 안뜨기, 겉뜨기와 겉뜨기에 번갈아가며 돗바늘을 넣는다. 실은 적당히 잡아당겨 조여준다.

06 마지막 2코는 사진처럼 잇달아 돗바늘을 넣어 1코 고무뜨기 막기를 완성한다.

○ 왕복뜨기(끝이 겉뜨기 2코)일 때

01 처음 2코에 돗바늘을 넣고 대바늘에서 코를 빼낸다.

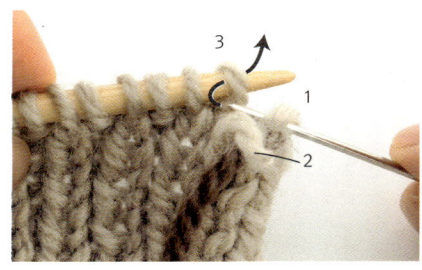

02 첫째 코와 셋째 코에 돗바늘을 넣는다. 첫째 코는 1의 반대 방향에서 돗바늘을 넣는다.

03 둘째 코와 넷째 코에 돗바늘을 넣는다. 둘째 코는 1의 반대 방향에서 돗바늘을 넣는다.

04 셋째 코와 다섯째 코에 돗바늘을 넣는다. 셋째 코는 2의 반대 방향에서 돗바늘을 넣는다. 3~4와 같은 방법으로 겉뜨기와 겉뜨기, 안뜨기와 안뜨기에 번갈아가며 돗바늘을 넣는다.

05 왼쪽 끝 코에는 마지막 안뜨기에 이어서 사진처럼 돗바늘을 넣는다.

06 마지막 2코에 사진처럼 잇달아 돗바늘을 넣어 1코 고무뜨기 막기를 완성한다.

○ 원형뜨기일 때

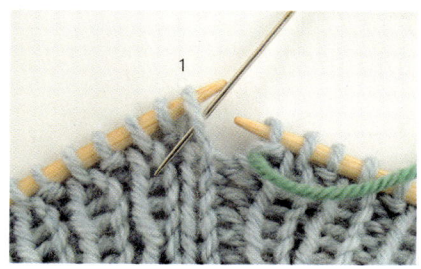

01 첫째 코에 뒤쪽에서 돗바늘을 넣고 대바늘에서 코를 빼낸다.

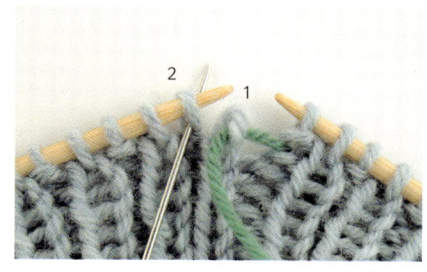

02 둘째 코에 앞쪽에서 돗바늘을 넣고 대바늘에서 코를 빼낸다.

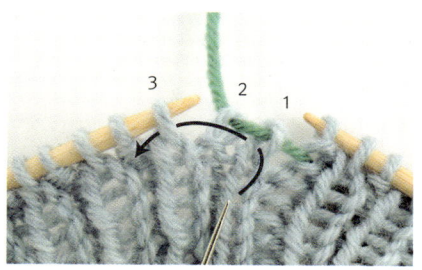

03 첫째 코와 셋째 코에 돗바늘을 넣는다. 첫째 코는 1의 반대 방향에서 돗바늘을 넣는다.

04 돗바늘을 넣은 모습. 셋째 코를 대바늘에서 빼낸다.

05 둘째 코와 넷째 코에 돗바늘을 넣는다. 둘째 코는 2의 반대 방향에서 돗바늘을 넣는다(알아보기 쉽도록 넷째 코를 대바늘에서 빼낸 상태).

06 돗바늘을 넣은 모습. 실은 돗바늘을 통과시킬 때마다 적당히 잡아당겨 조여준다.

07 3~6과 같은 방법으로 겉뜨기와 겉뜨기, 안뜨기와 안뜨기에 번갈아가며 돗바늘을 넣는다.

08 한 바퀴를 코막음한 후, 마지막 겉뜨기와 첫째 코에 사진처럼 돗바늘을 넣는다.

09 돗바늘을 넣은 모습.

10 이어서 마지막 안뜨기에 뒤쪽에서 돗바늘을 넣는다.

11 마지막에는 2와 같은 방법으로 둘째 코에 바늘을 넣는다. 그대로 실을 빼내 살짝 잡아당겨 조이고, 실 끝은 뜨개바탕의 안쪽 코에 통과시켜 정리한다.

12 1코 고무뜨기 막기를 완성한 모습.

2코 고무뜨기 막기

2코 고무뜨기의 모양을 유지하면서 코를 막는 방법입니다. 신축성이 있고, 깔끔하게 마무리됩니다.
코막음할 치수의 3.5~4배 길이로 실을 자르고 돗바늘에 꿰어 코막음합니다.

○ 왕복뜨기(끝이 겉뜨기 2코)일 때

01 처음 2코에 돗바늘을 넣고 대바늘에서 코를 빼낸다.

02 첫째 코와 셋째 코에 돗바늘을 넣는다. 첫째 코는 1의 반대 방향에서 돗바늘을 넣는다.

03 둘째 코와 다섯째 코에 돗바늘을 넣는다. 둘째 코는 1의 반대 방향에서 돗바늘을 넣는다.

04 셋째 코와 넷째 코에 돗바늘을 넣는다. 셋째 코는 2의 반대 방향에서 돗바늘을 넣는다.

05 다섯째 코와 여섯째 코에 돗바늘을 넣는다. 다섯째 코는 3의 반대 방향에서 돗바늘을 넣는다.

06 넷째 코와 일곱째 코에 돗바늘을 넣는다. 넷째 코는 4의 반대 방향에서 돗바늘을 넣는다.

07 3~6을 반복하여 겉뜨기와 겉뜨기, 안뜨기와 안뜨기에 번갈아가며 돗바늘을 넣는다. 실은 돗바늘을 통과시킬 때마다 적당히 잡아당겨 조여준다.

08 마지막 안뜨기와 마지막 겉뜨기에 사진처럼 잇달아 돗바늘을 넣어 2코 고무뜨기 막기를 완성한다.

○ 왕복뜨기(끝이 겉뜨기 3코)일 때

01 처음 3코에 돗바늘을 넣고 대바늘에서 코를 빼낸다.

02 둘째 코와 첫째 코에 1의 반대 방향에서 돗바늘을 넣는다. 이어서 넷째 코에 돗바늘을 넣는다.

03 셋째 코와 여섯째 코에 돗바늘을 넣는다. 셋째 코는 1의 반대 방향에서 돗바늘을 넣는다.

04 넷째 코와 다섯째 코에 돗바늘을 넣는다. 넷째 코는 2의 반대 방향에서 돗바늘을 넣는다.

05 여섯째 코와 일곱째 코에 돗바늘을 넣는다. 여섯째 코는 3의 반대 방향에서 돗바늘을 넣는다.

06 다섯째 코와 여덟째 코에 돗바늘을 넣는다. 다섯째 코는 4의 반대 방향에서 돗바늘을 넣는다.

07 3~6을 반복하여 겉뜨기와 겉뜨기, 안뜨기와 안뜨기에 번갈아가며 돗바늘을 넣는다.

08 마지막 2코는 사진처럼 잇달아 돗바늘을 넣어 2코 고무뜨기 막기를 완성한다.

○ 원형뜨기일 때

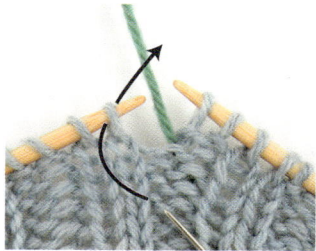 01 첫째 코에 앞쪽에서 돗바늘을 넣고 대바늘에서 코를 빼낸다.

 02 둘째 코에 뒤쪽에서 돗바늘을 넣는다(아직 대바늘에서 코를 빼지 않는다).

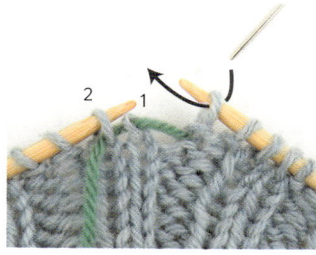 03 마지막 안뜨기에 돗바늘을 넣는다(마지막 안뜨기는 한 바퀴 다 돌 때까지 대바늘에서 코를 빼지 않는다).

 04 셋째 코에 돗바늘을 넣는다.

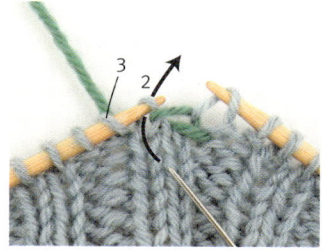 05 둘째 코에 돗바늘을 넣고 대바늘에서 코를 빼낸다. 2의 반대 방향에서 돗바늘을 넣는다.

 06 다섯째 코에 돗바늘을 넣는다.

 07 셋째 코에 돗바늘을 넣고 대바늘에서 코를 빼낸다. 4의 반대 방향에서 돗바늘을 넣는다.

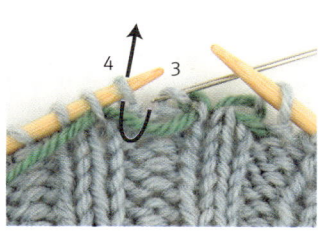 08 넷째 코에 돗바늘을 넣는다(아직 대바늘에서 코를 빼지 않는다).

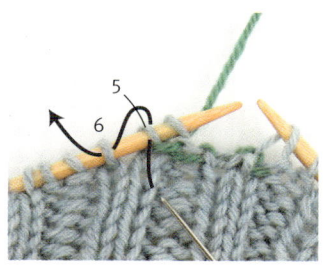 09 다섯째 코와 여섯째 코에 돗바늘을 넣는다. 다섯째 코는 6의 반대 방향에서 돗바늘을 넣는다.

 10 넷째 코에 돗바늘을 넣고 대바늘에서 코를 빼낸다. 8의 반대 방향에서 돗바늘을 넣는다.

 11 일곱째 코에 돗바늘을 넣는다(그 다음 다섯째 코도 대바늘에서 코를 빼낸다).

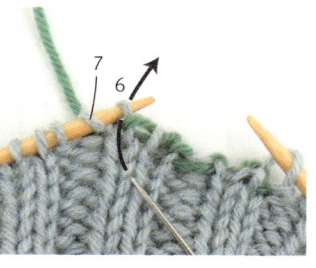 12 같은 방법으로 5~11을 반복하여 겉뜨기와 겉뜨기, 안뜨기와 안뜨기에 번갈아가며 돗바늘을 넣는다.

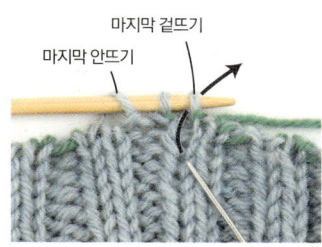 13 한 바퀴를 코막음한 후, 마지막 겉뜨기에 바늘을 넣고 대바늘에서 코를 빼낸다.

 14 첫째 코에 화살표처럼 돗바늘을 넣는다. 1의 반대 방향에서 돗바늘을 넣는다.

 15 마지막 안뜨기 2코에 화살표처럼 돗바늘을 넣는다.

 16 2코 고무뜨기 막기를 완성한 모습.

조여 막기

마지막 단의 코에 실을 꿰어 조여서 코를 막는 방법입니다.
모자의 정수리나 장갑의 손가락 등의 코를 막을 때 사용하는 방법입니다.

○ 모든 코에 실을 꿰어 조이는 방법

마지막 단에서 대바늘에 남아 있는 콧수가 많지 않을 때는 모든 코에 실을 두 바퀴 꿰어서 조여줍니다.

※ 알아보기 쉽도록 다른 색 실을 사용했습니다.

01 실 끝을 30cm 정도 남기고 잘라서 돗바늘에 꿴다. ※ 실을 남기는 길이는 뜨개바탕의 너비에 맞춰 조절한다.

02 대바늘에 걸려 있는 코에 돗바늘을 통과시킨다.

03 대바늘에서 코를 빼지 않고 한 바퀴 돌아가며 모든 코에 돗바늘을 통과시킨다. 아직 실은 조이지 않는다.

POINT

돗바늘을 넣을 때 실을 가르지 않도록 주의합니다. 실을 가르며 넣으면 나중에 실을 잡아당겨 조일 때 실이 잘 당겨지지 않습니다.

○ 실을 가르지 않고 깔끔하게 넣었다.

× 실을 가르면서 넣었다.

04 두 바퀴째는 대바늘에서 코를 빼내면서 모든 코에 돗바늘을 통과시킨다.

05 실을 두 바퀴 꿴 모습.

06 한 바퀴째에 꿴 실을 끌어내어 조인다.

07 실 끝을 잡아당겨 두 바퀴째에 꿴 실을 잡아당겨 조인다.

08 조인 모습.

09 마지막에는 가운데 구멍으로 돗바늘을 넣어 안쪽으로 빼내고, 나머지 실 끝을 뜨개바탕의 안쪽 코에 5~6cm 통과시켜 정리한다.

1코씩 걸러 실을 꿰어 2회에 나눠 조이는 방법

마지막 단에서 대바늘에 남아 있는 콧수가 많을 때는 2회에 나눠 실을 꿰어서 조여줍니다.

※ 알아보기 쉽도록 다른 색 실을 사용했습니다.

01 실 끝을 70cm 정도 남기고 잘라서 돗바늘에 꿴다. ※실을 남기는 길이는 뜨개바탕의 너비에 맞춰 조절한다.

02 뜨개바탕의 안쪽을 보며 대바늘에 걸려 있는 코에 1코씩 걸러 돗바늘을 통과시킨다. 돗바늘을 통과시킨 코는 아직 대바늘에서 빼지 않는다.

03 한 바퀴 돌아가며 1코씩 걸러 실을 꿴 모습. 아직 실은 조이지 않는다.

04 두 바퀴째는 뜨개바탕의 겉쪽을 보며 한 바퀴째에서 돗바늘을 통과시키지 않은 코에만 1코씩 걸러 통과시킨다.

05 돗바늘을 통과시킬 때마다 대바늘에서 코를 빼낸다.

06 모든 코에 실을 꿴 모습.

07 한 바퀴째(안쪽)에서 꿴 실을 끌어내어 조여서 구멍을 막는다.

08 다음은 실 끝을 잡아당겨 두 바퀴째(바깥쪽)의 실을 단단히 조인다.

09 조인 모습.

10 마지막에는 가운데 구멍으로 돗바늘을 넣어 나머지 실 끝을 안쪽으로 빼내고, 돗바늘을 마지막 단의 코에 2코 정도 통과시킨다.

11 돗바늘 끝에 2~3회 실을 감아 묶는다.

 **POINT** 콧수가 많은 경우는 조인 실이 느슨해지기 쉬우므로 매듭을 묶어줍니다.

12 나머지 실 끝은 뜨개바탕의 안쪽 코에 5~6cm 통과시켜 정리한다.

잇기

뜨개바탕 2장의 코와 코(또는 코와 단)를 이어 붙이는 것을 '잇기'라고 합니다.
뜨개바탕에 알맞은 방법을 선택하세요.

덮어씌워 잇기

이을 치수의 5~6배 정도 길이의 실이 필요합니다.

01 뜨개바탕을 겉끼리 맞대고, 앞쪽 코에 코바늘을 넣는다. 그대로 뒤쪽 코에도 코바늘을 넣고 대바늘에서 코를 빼내 화살표처럼 끌어낸다.

02 뒤쪽 코를 앞쪽 코 안으로 끌어낸 모습.

03 앞쪽 코도 대바늘에서 빼낸다. 앞쪽 코 안으로 뒤쪽 코가 통과한 모습.

04 실을 바늘에 걸어 화살표처럼 끌어낸다.

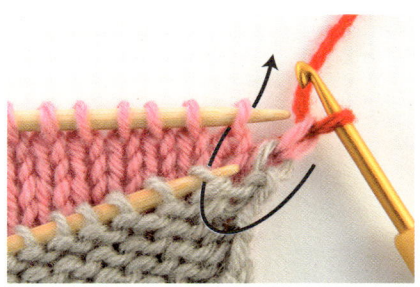

05 빼낸 모습. 이어서 화살표처럼 바늘을 넣는다.

06 1~3과 같은 방법으로 뒤쪽의 코를 앞쪽 코 안으로 끌어낸다.

07 바늘에 실을 걸어 화살표처럼 한 번에 빼낸다.

08 빼낸 모습.

09 이어서 5~7을 반복하여 잇는다.

10 마지막에는 실 끝을 10cm 정도 남겨두고 자른 후, 코 안으로 넣어서 잡아당겨 조인다.

11 덮어씌워 잇기가 완성되었다.

12 이은 부분을 겉쪽에서 본 모습.

코바늘을 사용하지 않고 대바늘 3개로 덮어씌워 잇기를 하는 방법

01 뜨개바탕을 겉끼리 맞대고, 앞쪽 코에 셋째 바늘을 넣고 그대로 화살표처럼 뒤쪽 코에도 바늘을 넣는다.

02 뒤쪽 바늘에서 코를 빼내 화살표처럼 앞쪽 코 안으로 끌어낸다.

03 앞쪽 코도 바늘에서 빼낸다. 앞쪽 코 안으로 뒤쪽 코가 통과한 모습.

04 계속 반복하여 뒤쪽 코를 앞쪽 코 안으로 끌어낸다.

05 코가 모두 셋째 바늘로 옮겨진 모습.

06 오른쪽 끝 2코를 겉뜨기하고, 첫째 코를 둘째 코에 덮어씌운다.

07 덮어씌운 모습.

08 '겉뜨기를 1코 뜨고, 앞 코로 덮어씌우기'를 반복한다.

빼뜨기 잇기

이을 치수의 5~6배 정도 길이의 실이 필요합니다.

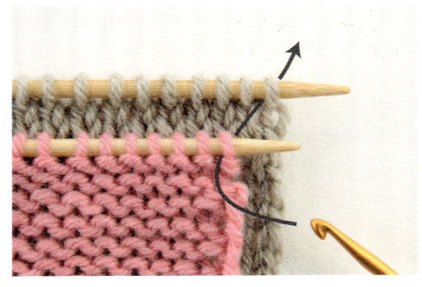

01 뜨개바탕을 겉끼리 맞대고, 화살표처럼 끝의 1코씩에 코바늘을 넣고 대바늘에서 코를 빼낸다.

02 실을 코바늘에 걸어 화살표처럼 빼낸다.

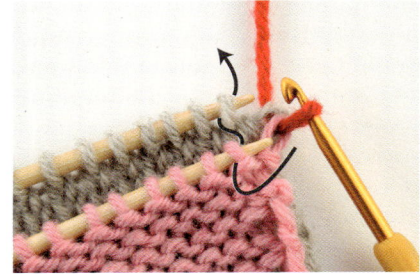

03 빼낸 모습. 다음 코에도 화살표처럼 코바늘을 넣고 대바늘에서 빼낸다.

04 실을 코바늘에 걸어 화살표처럼 한 번에 빼낸다.

05 빼낸 모습.

06 3~5를 반복하여 2장의 뜨개바탕에 코바늘을 넣어 한 번에 빼내서 이어나간다.

07 마지막에는 실 끝을 10cm 정도 남겨두고 자른 후, 코 안으로 넣어서 잡아당겨 조인다.

08 빼뜨기 잇기가 완성되었다.

09 이은 부분을 겉쪽에서 본 모습.

메리야스 잇기 (쉼코와 쉼코를 이을 때)

이을 치수의 3배 정도 길이로 실을 자릅니다.

01 뜨개바탕 2장을 맞대어 놓고, 겉쪽을 보며 잇는다. 돗바늘에 실을 꿰고 양쪽의 끝 코에 사진처럼 넣는다.

02 화살표처럼 아래쪽 뜨개바탕의 첫째 코와 둘째 코에 돗바늘을 넣는다. 첫째 코는 대바늘에서 빼내고 1의 반대 방향에서 돗바늘을 넣는다.

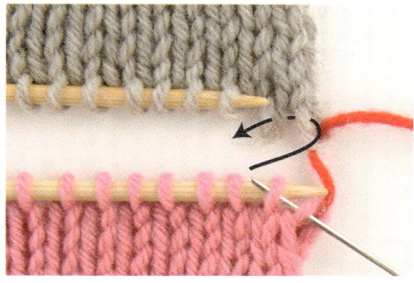

03 이어서 위쪽 뜨개바탕의 첫째 코와 둘째 코에 화살표처럼 넣는다. 첫째 코는 1의 반대 방향에서 돗바늘을 넣는다.

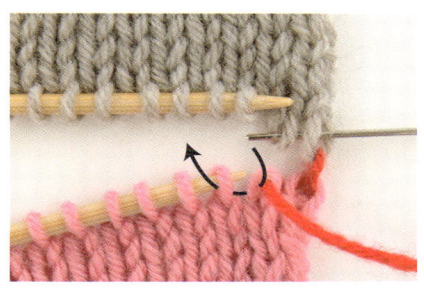

04 아래쪽 뜨개바탕의 둘째 코와 셋째 코에 넣는다. 둘째 코는 2의 반대 방향에서 돗바늘을 넣는다.

05 같은 방법으로 위쪽 뜨개바탕과 아래쪽 뜨개바탕의 코에 번갈아가며 돗바늘을 넣는다. 실은 너무 세게 잡아당기지 않도록 주의하며 이은 코가 겉뜨기가 되도록 약간 느슨하게 잇는다.

06 마지막에는 위쪽 뜨개바탕의 가장자리 반 코에 넣는다.

07 이은 부분에 메리야스뜨기가 1단 만들어졌다.

메리야스 잇기 (일반적인 시작코와 이을 때)

이을 치수의 3배 정도 길이로 실을 자릅니다.

01 뜨개바탕 2장을 맞대어 놓고, 겉쪽을 보며 잇는다. 돗바늘에 실을 꿰고 양쪽의 끝 코에 사진처럼 넣는다.

02 화살표처럼 아래쪽 뜨개바탕의 첫째 코와 둘째 코에 돗바늘을 넣는다. 첫째 코는 대바늘에서 빼내고 1의 반대 방향에서 돗바늘을 넣는다.

03 이어서 위쪽 뜨개바탕의 둘째 코에 화살표처럼 넣는다.

04 아래쪽 뜨개바탕의 둘째 코와 셋째 코에 넣는다. 둘째 코는 2의 반대 방향에서 돗바늘을 넣는다.

05 같은 방법으로 번갈아가며 돗바늘을 넣어 메리야스뜨기 코를 만들면서 이어나간다.

06 마지막에는 아래쪽 뜨개바탕의 가장자리 반 코에 넣는다. 이은 부분에 메리야스뜨기가 1단 만들어졌다.

메리야스 잇기 (덮어씌워 코막음한 코와 이을 때)

이을 치수의 3배 정도 길이로 실을 자릅니다.

01 뜨개바탕 2장을 맞대어 놓고, 겉쪽을 보며 잇는다. 돗바늘에 실을 꿰고 양쪽의 끝 코에 사진처럼 넣는다.

02 화살표처럼 아래쪽 뜨개바탕의 첫째 코와 둘째 코에 돗바늘을 넣는다. 첫째 코는 대바늘에서 빼내고 1의 반대 방향에서 돗바늘을 넣는다.

03 이어서 위쪽 뜨개바탕의 첫째 코와 둘째 코에 화살표처럼 넣는다.

04 아래쪽 뜨개바탕의 둘째 코와 셋째 코에 넣는다.

05 같은 방법으로 번갈아가며 돗바늘을 넣어 메리야스뜨기 코를 만들면서 이어나간다.

06 마지막에는 위쪽 뜨개바탕의 가장자리 반 코에 넣는다. 이은 부분에 메리야스뜨기가 1단 만들어졌다.

🟥 안메리야스 잇기
이을 치수의 3배 정도 길이로 실을 자릅니다.

01 뜨개바탕 2장을 맞대어 놓고, 겉쪽을 보며 잇는다. 돗바늘에 실을 꿰고 양쪽의 끝 코에 사진처럼 넣는다.

02 화살표처럼 아래쪽 뜨개바탕의 첫째 코와 둘째 코에 돗바늘을 넣는다. 첫째 코는 대바늘에서 빼내고 1의 반대 방향에서 돗바늘을 넣는다.

03 이어서 위쪽 뜨개바탕의 첫째 코와 둘째 코에 화살표처럼 넣는다.

04 아래쪽 뜨개바탕의 둘째 코와 셋째 코에 넣는다.

05 같은 방법으로 번갈아가며 돗바늘을 넣어 메리야스뜨기 코를 만들면서 이어나간다.

06 마지막에는 위쪽 뜨개바탕의 가장자리 반 코에 넣는다. 이은 부분에 안메리야스뜨기가 1단 만들어졌다.

🟥 가터 잇기
이을 치수의 3배 정도 길이로 실을 자릅니다.

※ 이어 붙일 뜨개바탕 2장 중에서 1장은 마지막 단을 안뜨기로, 다른 1장은 마지막 단을 겉뜨기로 뜨면, 이었을 때 가터뜨기의 무늬가 예쁘게 이어집니다.

01 뜨개바탕 2장을 맞대어 놓고, 겉쪽을 보며 잇는다. 돗바늘에 실을 꿰고 양쪽의 끝 코에 사진처럼 넣는다.

02 화살표처럼 아래쪽 뜨개바탕의 첫째 코와 둘째 코에 돗바늘을 넣는다. 첫째 코는 대바늘에서 빼내고 1의 반대 방향에서 돗바늘을 넣는다.

03 이어서 위쪽 뜨개바탕의 첫째 코와 둘째 코에 화살표처럼 넣는다.

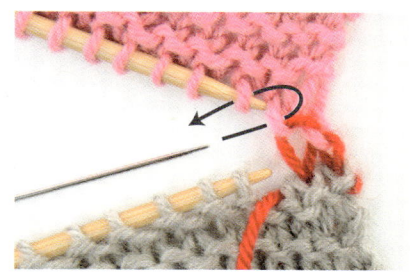

04 아래쪽 뜨개바탕의 둘째 코와 셋째 코에 넣는다.

05 계속해서 위쪽 뜨개바탕의 코에는 안메리야스 잇기 방법으로, 아래쪽 뜨개바탕의 코에는 메리야스 잇기 방법으로 번갈아가며 돗바늘을 넣어 이어나간다.

06 마지막에는 위쪽 뜨개바탕의 가장자리 반 코에 넣는다. 이은 부분에 가터뜨기가 1단 만들어졌다.

코와 단 잇기 (쉼코와 이을 때)

이을 치수의 3배 정도 길이로 실을 자릅니다.

※ 코에는 메리야스 잇기(99쪽 참조) 방법으로, 단에는 떠서 꿰매기(104쪽 참조) 방법으로 돗바늘을 넣습니다.

01 뜨개바탕 2장을 맞대어 놓고, 겉쪽을 보며 잇는다. 돗바늘에 실을 꿰고, 아래쪽 뜨개바탕의 첫째 코에 넣은 다음 위쪽 뜨개바탕의 끝 코와 둘째 코 사이에 화살표처럼 넣는다.

02 아래쪽 뜨개바탕의 첫째 코와 둘째 코에 화살표처럼 돗바늘을 넣는다. 첫째 코는 대바늘에서 빼내고 1의 반대 방향에서 돗바늘을 넣는다.

03 위쪽 뜨개바탕의 단을 뜬다. 단은 끝 코와 둘째 코 사이의 싱커 루프(16쪽 참조)를 화살표처럼 뜬다.

04 아래쪽 뜨개바탕의 둘째 코와 셋째 코에 돗바늘을 넣는다. 이어서 위쪽 뜨개바탕의 단을 화살표처럼 뜬다. 이을 길이에 맞춰 위쪽 뜨개바탕에서 뜨는 단수를 조절한다(사진은 2단분을 뜬 모습).

05 아래쪽 뜨개바탕의 셋째 코와 넷째 코에 돗바늘을 넣는다. 같은 방법으로 위쪽 뜨개바탕의 단과 아래쪽 뜨개바탕의 코에 번갈아가며 돗바늘을 넣는다.

06 실을 너무 세게 잡아당기지 않도록 주의하며 이은 코가 겉뜨기가 되도록 약간 느슨하게 잇는다.

07 이은 부분에 메리야스뜨기가 1단 만들어졌다.

코와 단 잇기 (일반적인 시작코와 이을 때)

이을 치수의 3배 정도 길이로 실을 자릅니다.

01 돗바늘에 실을 꿰고, 아래쪽 뜨개바탕의 끝 코와 둘째 코 사이에 돗바늘을 넣은 다음 위쪽 뜨개바탕의 첫째 코에 넣는다.

02 아래쪽 뜨개바탕의 단을 뜬다. 단은 끝 코와 둘째 코 사이의 싱커 루프(16쪽 참조)를 화살표처럼 뜬다.

03 이어서 위쪽 뜨개바탕의 둘째 코에 화살표처럼 넣는다.

04 아래쪽 뜨개바탕의 단을 화살표처럼 뜬다.

05 같은 방법으로 번갈아가며 돗바늘을 넣어 메리야스뜨기 코를 만들면서 이어나간다.

06 실은 너무 세게 잡아당기지 않도록 주의하며 약간 느슨하게 잇는다. 이은 부분에 메리야스뜨기가 1단 만들어졌다.

코와 단 잇기 (덮어씌워 코막음한 코와 이을 때)

이을 치수의 3배 정도 길이로 실을 자릅니다.

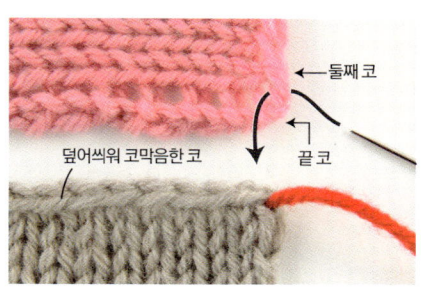

01 돗바늘에 실을 꿰고, 아래쪽 뜨개바탕의 첫째 코 안으로 실을 빼내 위쪽 뜨개바탕의 끝 코와 둘째 코 사이에 걸쳐진 실을 화살표처럼 뜬다.

02 아래쪽 뜨개바탕의 첫째 코와 둘째 코에 화살표처럼 돗바늘을 넣는다.

03 위쪽 뜨개바탕의 단을 뜬다. 단은 끝 코와 둘째 코 사이의 싱커 루프(16쪽 참조)를 화살표처럼 뜬다.

04 아래쪽 뜨개바탕의 둘째 코와 셋째 코에 화살표처럼 넣는다.

05 같은 방법으로 번갈아가며 돗바늘을 넣어 메리야스뜨기 코를 만들면서 이어나간다.

06 실은 너무 세게 잡아당기지 않도록 주의하며 약간 느슨하게 잇는다. 이은 부분에 메리야스뜨기가 1단 만들어졌다.

꿰매기

뜨개바탕 2장의 단과 단을 잇는 것을 '꿰매기'라고 합니다.
여기에서는 일반적으로 주로 사용하는 '떠서 꿰매기' 방법을 여러 가지 뜨개바탕을 예로 들어 설명합니다.

떠서 꿰매기 (메리야스뜨기일 때)

꿰맬 치수의 1.5~2배 정도 길이로 실을 자릅니다.

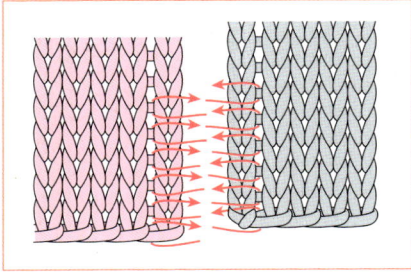  

01 뜨개바탕 2장을 맞대어 놓고, 겉쪽을 보며 꿰맨다. 돗바늘에 실을 꿰고, 왼쪽 뜨개바탕의 코에 화살표처럼 돗바늘을 넣는다.

02 오른쪽 뜨개바탕의 끝 코와 둘째 코 사이의 싱커 루프(16쪽 참조)를 화살표처럼 뜬다.

03 왼쪽 뜨개 바탕의 끝 코와 둘째 코 사이의 싱커 루프를 화살표처럼 뜬다.

04 같은 방법으로 좌우 뜨개바탕의 싱커 루프를 1단씩 번갈아가며 뜬다.

05 실제로 꿰맬 때는 꿰맨 실이 보이지 않을 정도로 실을 살짝 잡아당겨 조이면서 꿰맨다.

06 꿰맨 부분을 겉쪽에서 본 모습.

떠서 꿰매기 (안메리야스뜨기일 때)

꿰맬 치수의 1.5~2배 정도 길이로 실을 자릅니다.

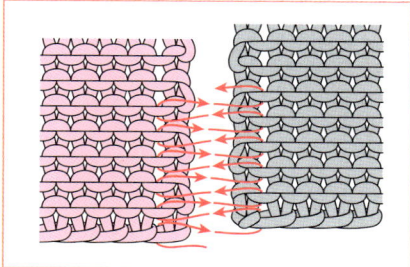

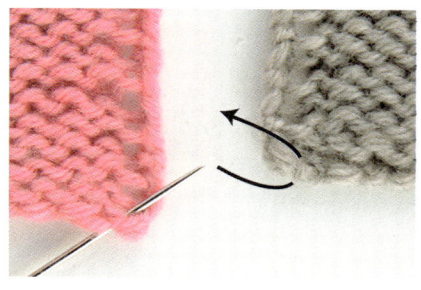

01 왼쪽 뜨개바탕의 끝 코와 둘째 코 사이에 돗바늘을 넣고, 오른쪽 뜨개바탕의 끝 코와 둘째 코 사이의 싱커 루프(14쪽 참조)를 화살표처럼 뜬다.

02 왼쪽 뜨개바탕의 끝 코와 둘째 코 사이의 싱커 루프를 화살표처럼 뜬다.

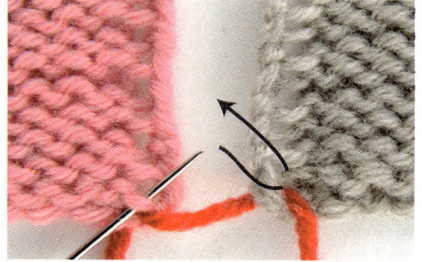

03 같은 방법으로 좌우 뜨개바탕의 싱커 루프를 1단씩 번갈아가며 뜬다.

04 실제로 꿰맬 때는 꿰맨 실이 보이지 않을 정도로 실을 살짝 잡아당겨 조이면서 꿰맨다.

05 꿰맨 부분을 겉쪽에서 본 모습.

떠서 꿰매기 (가터뜨기일 때)

꿰맬 치수의 1.5~2배 정도 길이로 실을 자릅니다.

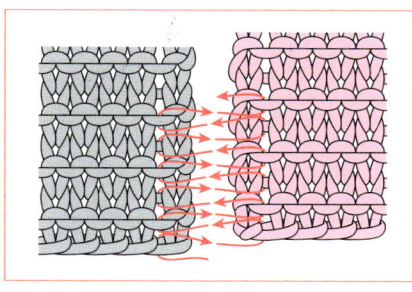

01 왼쪽 뜨개바탕의 끝 코와 둘째 코 사이에 돗바늘을 넣고, 오른쪽 뜨개바탕의 끝 코와 둘째 코 사이의 싱커 루프를 화살표처럼 뜬다.

02 왼쪽 뜨개바탕의 끝 코와 둘째 코 사이의 싱커 루프를 화살표처럼 뜬다.

03 같은 방법으로 좌우 뜨개바탕의 싱커 루프를 1단씩 번갈아가며 뜬다.

04 실제로 꿰맬 때는 꿰맨 실이 보이지 않을 정도로 실을 살짝 잡아당겨 조이면서 꿰맨다.

05 꿰맨 부분을 겉쪽에서 본 모습.

단춧구멍과 단추 다는 방법

단춧구멍 단춧구멍을 만드는 방법은 뜨개바탕을 뜨면서 만드는 방법과 뜨개바탕을 다 뜨고 나서 만드는 방법이 있습니다.

○ 걸기코로 만들기 (⎡ㅅㅇ⎦을 뜨면서 만드는 방법)

01 바늘을 화살표처럼 움직여서 실을 걸어 걸기코를 만든다.

02 이어서 다음 2코를 왼코 겹쳐 2코 모아뜨기로 뜬다.

03 걸기코를 만든 부분이 단춧구멍이 된다.

○ 억지 단춧구멍 (다 뜨고 나서 만드는 방법)

01 단춧구멍 위치의 코를 돗바늘로 줍는다.

02 돗바늘을 들어 올려 구멍을 벌린다.

03 다시 손가락으로 구멍을 크게 벌린다.

04 억지 단춧구멍이 완성된 모습.

억지 단춧구멍에 버튼홀 스티치를 하는 경우

억지 단춧구멍은 구멍이 점점 오므라들어 작아질 수 있기 때문에 구멍 둘레에 뜨개바탕 실로 한 바퀴 돌아가며 버튼홀 스티치를 하는 방법도 있습니다.

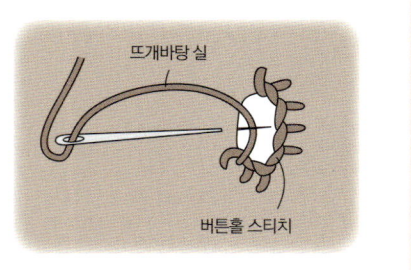

단추 다는 방법

단추를 달 때는 뜨개바탕 실을 사용하는데, 실이 굵은 경우는 '가닥 나눈 실'을 사용합니다.
실이 약한 경우에는 '단추 달기용 실'이나 '단춧구멍용 실'을 사용합니다.

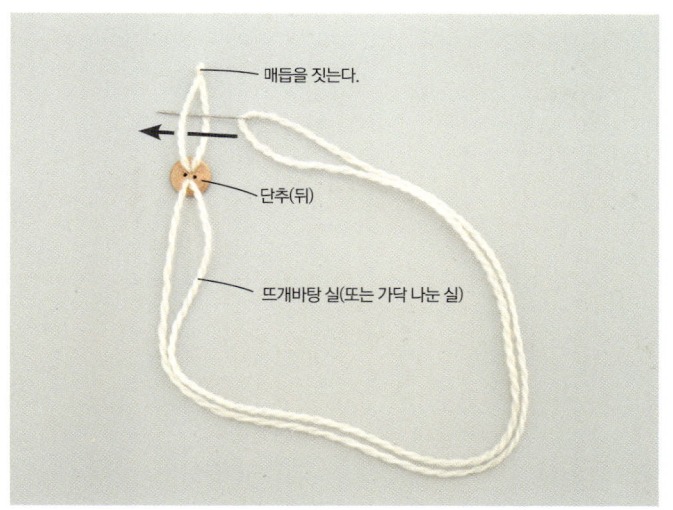

01 돗바늘에 뜨개바탕 실(또는 가닥 나눈 실)을 꿰고 실 끝을 매듭지어 단추에 통과시킨다.

02 단추 다는 위치에 꿰매 단다.

03 뜨개바탕과 단추 사이에 실을 감는다(감는 횟수는 뜨개바탕의 두께에 맞춰 조절한다).

04 뜨개바탕의 두께에 맞춰 실기둥의 길이를 정하고, 안쪽에서 매듭을 짓는다.

가닥 나눈 실

뜨개바탕 실의 꼬임을 풀어 적당한 굵기가 되도록 몇 가닥을 남겨놓고 여분의 가닥을 뽑아낸 후 남겨놓은 실을 다시 꼬아줍니다.

뜨개바탕 실이 약한 경우에는 단추 달기용 실이나 단춧구멍용 실을 사용하세요.

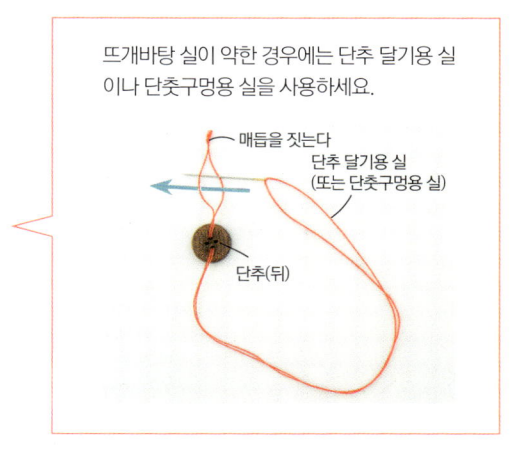

실 정리

뜨기 시작한 부분이나 끝부분, 실을 이은 부분 등에 남아 있는 실 끝은 돗바늘을 사용하여 뜨개바탕의 안쪽 코에 통과시켜 정리합니다.

뜨개바탕의 끝에 있는 실 끝

01 뜨기 시작한 부분이나 끝부분에 남아 있는 실 끝을 돗바늘에 꿴다.

02 뜨개바탕의 끝에서 안쪽 코에 5~6cm 통과시킨다.

03 나머지 실 끝은 짧게 자른다.

뜨개바탕의 중간에 있는 실 끝

01 실 끝을 돗바늘에 꿰고, 화살표처럼 뜨개바탕의 안쪽 코에 5~6cm 통과시킨다.

02 나머지 한쪽 실도 같은 방법으로 반대쪽 코에 5~6cm 통과시킨다.

03 나머지 실 끝은 짧게 자른다.

돗바늘에 실 꿰는 방법

뜨개실은 꼬인 실을 여러 가닥 합쳐서 만들기 때문에 실 끝 쪽부터 돗바늘에 넣으려고 하면 실이 갈라져서 잘 들어가지 않습니다. 아래의 방법으로 넣으면 실을 수월하게 꿸 수 있습니다.

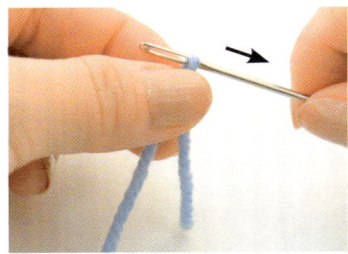
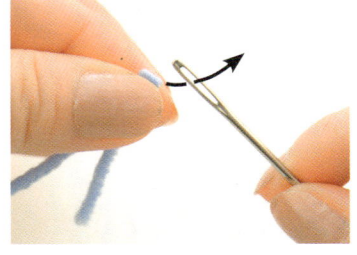

01 반으로 접은 실을 돗바늘에 걸치고, 걸친 부분을 손가락으로 눌러 잡고 화살표처럼 바늘을 빼낸다.

02 눌러 잡은 상태에서 실이 접힌 부분을 화살표처럼 바늘귀에 넣는다.

03 바늘귀에 넣은 모습. 접힌 부분부터 바늘귀에 넣으면 실이 쉽게 갈라지지 않아 수월하게 꿸 수 있다.

다림질하여 마무리하기

뜨개바탕을 다 뜨고 나서 스팀 다림질을 하면 뜨개코가 가지런히 정돈되어 예쁘게 완성됩니다.

※ 다림질하기 전에 반드시 실 라벨에 적혀 있는 다림질 방법에 관한 표시를 확인하도록 하세요.

01 스팀다리미와 다림판을 준비한다.

02 다림판 위에 뜨개질이 끝난 뜨개바탕의 안쪽이 위를 향하게 놓는다.

다림질용 핀

다림질용 핀이 없는 경우는 시침핀으로 고정한다.

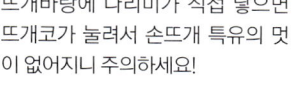

뜨개바탕에 다리미가 직접 닿으면 뜨개코가 눌려서 손뜨개 특유의 멋이 없어지니 주의하세요!

03 다리미는 직접 뜨개바탕에 닿지 않도록 하고, 3cm 정도 띄워서 전체적으로 스팀만 쏘여준다. 다림질한 후에는 잠시 그대로 놓아둔다. 뜨개바탕이 다 식은 후에 핀을 뺀다.

04 잇거나 꿰매기를 하는 작품은 완성한 후에 안쪽에서 이은 부분에 다시 한 번 스팀을 쏘여준다.

옷일 때

다림질 전

→

다림질 후

→

소매 다림판

이어 붙이기 전에 부분별로 꼼꼼히 다림질합니다. 잇거나 꿰매기도 수월하고, 작품이 예쁘게 완성되므로 꼼꼼히 다림질하는 것이 좋습니다.

잇거나 꿰매기가 끝나면 마무리 다림질을 합니다. 옷의 경우는 작품이 입체적이기 때문에 소매 다림판 등을 사용하면 잇거나 꿰맨 부분에 스팀을 쏘이기가 수월합니다.

그 밖의 기법

주로 작품의 장식이나 포인트로 사용하는 기법을 소개합니다. 이 기법들도 뜨개 기법의 하나로 익혀두면 편리합니다.

메리야스 자수 작게 원 포인트 무늬를 만들 때 메리야스뜨기의 코에 맞춰 자수를 놓는 방법입니다.

○ 가로 수놓기

01 자수를 놓을 코의 1단 아래 코의 안쪽에서 바늘을 넣어 겉쪽으로 빼낸다.

02 자수를 놓을 코의 1단 위의 코를 뜬다.

03 1에서 바늘을 빼낸 위치에 바늘을 넣고, 1코 왼쪽 코로 빼낸다.

04 자수를 놓을 코의 1단 위의 코를 뜬다.

05 3에서 바늘을 빼낸 위치에 바늘을 넣고, 1코 왼쪽 코로 빼낸다. 같은 방법으로 오른쪽에서 왼쪽으로 수놓아간다.

○ 세로 수놓기

01 자수를 놓을 코의 1단 아래 코의 안쪽에서 바늘을 넣어 겉쪽으로 빼낸다.

02 자수를 놓을 코의 1단 위의 코를 뜬다.

03 1에서 바늘을 빼낸 위치에 바늘을 넣고, 바로 위의 단으로 빼낸다.

04 자수를 놓을 코의 1단 위의 코를 뜬다.

05 3에서 바늘을 빼낸 위치에 바늘을 넣고, 바로 위의 단으로 빼낸다. 같은 방법으로 아래쪽에서 위쪽으로 수놓아간다.

○ 위쪽 사선 수놓기

01 자수를 놓을 코의 1단 아래 코의 안쪽에서 바늘을 넣어 겉쪽으로 빼낸다.

02 자수를 놓을 코의 1단 위의 코를 뜬다.

03 1에서 바늘을 빼낸 위치에 바늘을 넣고, 왼쪽으로 1코·1단 위의 코로 빼낸다.

04 자수를 놓을 코의 1단 위의 코를 뜬다.

05 3에서 바늘을 빼낸 위치에 바늘을 넣고, 왼쪽으로 1코·1단 위의 코로 빼낸다. 같은 방법으로 왼쪽 위 방향으로 수놓아 간다.

○ 아래쪽 사선 수놓기

01 자수를 놓을 코의 1단 아래 코의 안쪽에서 바늘을 넣어 겉쪽으로 빼낸다.

02 자수를 놓을 코의 1단 위의 코를 뜬다.

03 1에서 바늘을 빼낸 위치에 바늘을 넣고, 왼쪽으로 1코·1단 아래의 코로 빼낸다.

04 자수를 놓을 코의 1단 위의 코를 뜬다.

05 3에서 바늘을 빼낸 위치에 바늘을 넣고, 왼쪽으로 1코·1단 아래의 코로 빼낸다. 같은 방법으로 왼쪽 아래 방향으로 수놓아 간다.

프린지 다는 방법

※ 알아보기 쉽도록 프린지용 실을 뜨개바탕의 실과 다른 색 실을 사용했습니다.

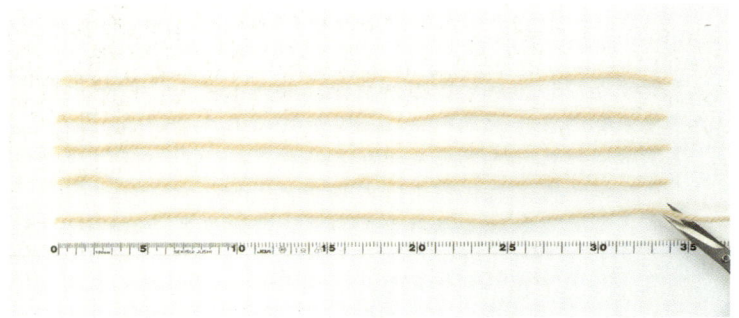

01 프린지(장식 술)용 실을 지정된 길이로 잘라 필요한 가닥수(한 뭉치에 필요한 실의 가닥 수×프린지 개수)를 준비한다.

02 자른 실을 한 뭉치 분량의 가닥수만큼 모아서 반으로 접는다.

03 프린지를 달 위치의 코에 뜨개바탕의 안쪽에서 코바늘을 넣어 겉쪽으로 빼낸다.

04 반으로 접은 프린지용 실을 한꺼번에 코바늘에 걸어 화살표처럼 안쪽으로 끌어낸다.

05 안쪽으로 끌어낸 고리 안으로 실 끝 쪽을 화살표처럼 넣는다.

06 화살표처럼 실 끝을 잡아당겨 조인다.

07 프린지가 한 군데 만들어졌다.

08 프린지를 모두 단 후, 실 끝을 지정된 길이로 가지런히 자른다.

지정된 길이

방울 만드는 방법

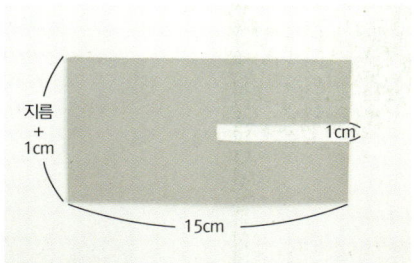

01 두꺼운 종이를 사진과 같은 모양으로 자른다.

02 두꺼운 종이의 왼쪽에 실을 지정된 횟수만큼 감는다.

03 지정된 횟수만큼 감은 모습. 실을 자른다.

※ 알아보기 쉽도록 다른 색 실을 사용했습니다.

04 감은 실을 두꺼운 종이의 오른쪽으로 옮긴다.

05 방울과 같은 실을 40~50cm 길이로 잘라 2가닥을 준비하여 두꺼운 종이의 틈 사이에 넣어 두 번 감고, 세게 잡아당겨 조인 다음 두 번 묶는다.

06 감은 실을 두꺼운 종이에서 빼낸다.

실이 약한 경우에는 방울과 같은 실이 아닌, 튼튼한 다른 실로 묶어줍니다.

07 감은 실의 고리 부분을 위아래 모두 가위로 자른다.

08 지정된 지름이 될 때까지 둥근 공 모양이 되도록 실 끝을 잘라 정리한다. 이때 가운데를 묶은 실은 자르지 않도록 주의한다.

09 방울이 완성되었다. 가운데를 묶은 실을 사용하여 모자의 정수리 등에 달아준다.

실 2가닥으로 만들 때

실 2가닥을 모아서 위와 같은 방법으로 두꺼운 종이에 지정된 횟수만큼 감아서 방울을 만듭니다. 실 3가닥 이상으로 만들 때도 같은 방법으로 만듭니다.

태슬 만드는 방법

※ 알아보기 쉽도록 다른 색 실을 사용했습니다.

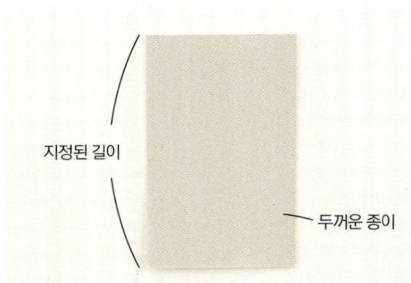

01 두꺼운 종이를 지정된 길이로 자른다.

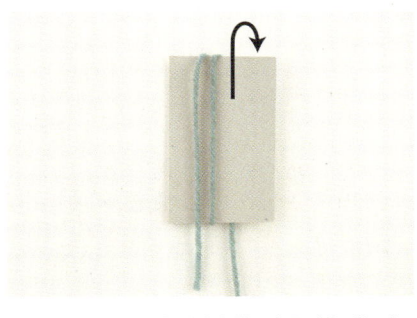

02 두꺼운 종이에 지정된 횟수만큼 실을 감는다.

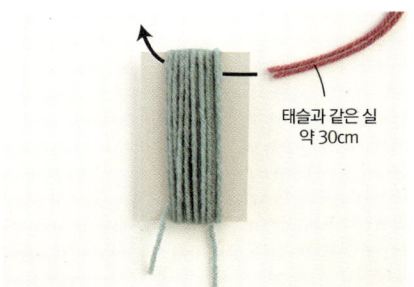

03 지정된 횟수만큼 감은 후 실을 자른다. 태슬과 같은 실을 30cm 정도 길이로 잘라 2가닥을 준비하여 감은 실과 두꺼운 종이 사이로 넣어 위쪽에서 두 번 묶는다.

04 단단히 두 번 묶는다.

05 감은 실을 두꺼운 종이에서 빼낸다.

06 태슬과 같은 실을 30cm 정도 길이로 잘라 2가닥을 준비하여 위쪽에서부터 지정된 길이만큼 남겨두고, 2~3번 감아 세게 잡아당겨 조인 다음 두 번 묶는다.

07 감은 실의 아래쪽 고리 부분을 가위로 자른다.

08 6에서 묶은 실도 한데 모아 지정된 길이로 실 끝을 잘라 정리한다. 이때 위쪽의 묶은 실은 자르지 않도록 주의한다.

09 태슬이 완성되었다. 위쪽을 묶은 실을 사용하여 뜨개바탕 등에 달아준다.

PART 5
작품 만들기

기본을 익혔다면 작품을 떠보세요. 실제로 작품을 떠보면 대바늘 손뜨개를 완전히 익힐 수 있습니다.
기본 기법으로 뜰 수 있는 작품을 소개합니다.
지금까지 소개한 뜨개 방법과 PART6의 뜨개 기호를 보면서 떠보세요.

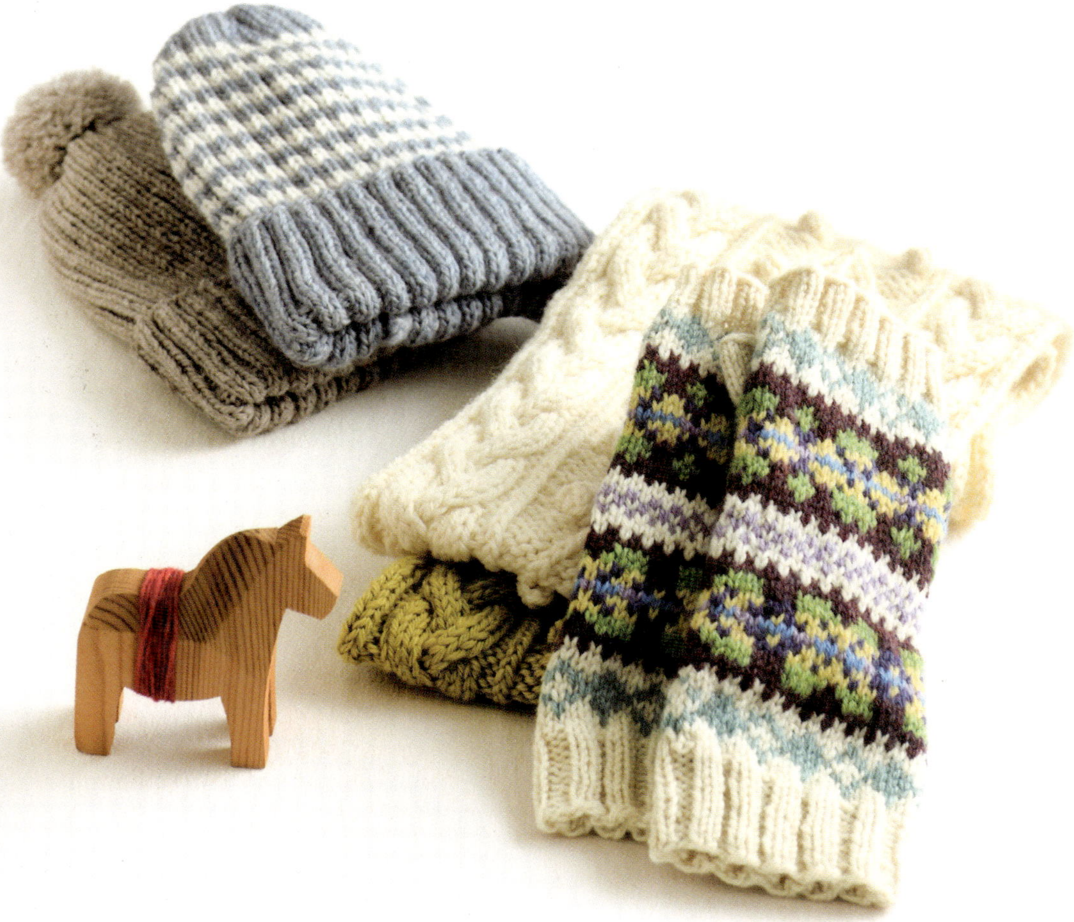

가터뜨기 넥 워머。

일자로 떠서 가장자리를 꿰매 잇는 가터뜨기 넥 워머입니다.
기본적인 겉뜨기와 안뜨기의 기호가 번갈아가며 나오는 뜨개바탕은
겉뜨기로만 뜨면 되기 때문에 초보자도 뜨기 쉬운 디자인입니다.

뜨는 방법
126쪽

디자인 와다 미유키 | **사용한 실** 하마나카 소노모노 알파카 릴리

멍석뜨기 레그 워머.

1코 1단씩 겉뜨기와 안뜨기를 번갈아가며 뜬
멍석뜨기 레그 워머입니다. 2단씩 색을 바꿔
배색 줄무늬도 넣었습니다. 원형으로 계속 뜨고,
발을 넣는 부분은 신축성이 있는 1코 고무뜨기로 떴습니다.

뜨는 방법
127쪽

B.

디자인 기타하라 사야카 | 사용한실 하마나카 맨즈 클럽 마스터

C.

페어 아일 무늬 핸드 워머.

여덟 가지 색상을 사용한 섬세한 페어 아일 배색 무늬가 눈길을 사로잡는
핸드 워머입니다. 실 색상을 바꾸는 방법을 익힌 뒤에 떠보세요.
원형뜨기이기 때문에 계속 겉쪽을 보면서 무늬를 확인해가며 뜰 수 있습니다.

디자인 가제코보 | 사용한 실 하마나카아메리

나뭇잎 무늬 스톨。

어깨에 살포시 두르기만 해도 우아한 분위기를 연출할 수 있는
아름다운 나뭇잎 무늬가 돋보이는 커다란 스톨입니다.
나뭇잎 무늬는 걸기코, 안뜨기, 겉뜨기, 3코 모아뜨기,
2코 모아뜨기로 뜰 수 있기 때문에 의외로 간단합니다.
시작과 끝부분은 가터뜨기로 깔끔하게 마무리했습니다.

D.

뜨는 방법
130쪽

디자인 와다 미유키　|　**사용한 실** DARUMA 메리노 스타일 병태사

E-1.

E-2.

고무뜨기 모자。

2코씩 겉뜨기, 안뜨기를 반복해서 뜨는 2코 고무뜨기 모자입니다. 두툼하고 신축성이 있어서 쓰기 편하고 따뜻합니다. 원형으로 계속 뜨다가 정수리 부분에서 분산하여 코를 줄이고, 나머지 코를 조여 막기하여 모양을 만듭니다. E-1은 배색 줄무늬, E-2는 한 가지 색상으로 떠서 방울을 달아 만든 디자인입니다.

디자인 다카하시 사에 | **사용한 실** DARUMA 메리노 스타일 병태사

아란 무늬 목도리.

3줄 꽈배기와 구슬뜨기로 뜬 '생명의 나무'를 조합한 아란 무늬 목도리입니다.
일직선으로 계속 떠나가면서 하나하나 만들어지는 무늬를 즐겨보세요.
뜨는 재미를 느낄 수 있을 거예요. 중간에 색상 변화를 준 참신한 디자인!
한 가지 색으로 뜨거나 배색 줄무늬로 떠도 멋있습니다.

디자인 다카하시 모토코 | **사용한 실** DARUMA 메리노 스타일 극태사

G.

꽈배기 무늬 조끼。

가운데의 꽈배기 무늬가 돋보이는 심플한 기본 스타일의 라운드 넥 조끼입니다.
꽈배기 무늬와 꽈배기 무늬 사이에는 1코 교차뜨기를 넣었습니다.
고급스러운 알파카와 울 혼방 뜨개실을 사용하면 늘 새 옷처럼 즐길 수 있습니다.

뜨는 방법
132쪽

디자인 가마타 에미코 | **사용한 실** 하마나카 소노모노 알파카 울

H.

뜨는 방법
134쪽

건지 무늬 조끼。

겉뜨기와 안뜨기를 조합해서 뜨는 건지 무늬는 오래전부터 사랑받아온
전통적인 무늬 중 하나입니다. 아랫부분은 깔끔하게 메리야스뜨기로 뜨고,
윗부분에는 요크처럼 무늬를 넣어 조끼를 만들었습니다. 증감코 없이 사각형으로 2장을 떠서
이어주기만 하면 되기 때문에 초보자도 부담 없이 시도해 볼 수 있는 디자인입니다.

디자인 가제코보 | **사용한 실** 하마나카 아란 트위드

I.

북유럽풍 배색무늬 파우치。

원형에 열십자 모양의 배색무늬가 들어간 북유럽풍의 플랫 파우치입니다.
네 가지 색을 효과적으로 사용하여 배색했습니다.
원형으로 떠서 밑 부분을 메리야스 잇기를 하고, 입구에 지퍼를 달았습니다.
뜨기 쉽고 사용하기 편한 매력적인 디자인입니다.

뜨는 방법
125쪽

디자인 가마타 에미코 | 사용한 실 DARUMA 셔틀랜드 울

124쪽 I. 북유럽풍 배색무늬 파우치

실
DARUMA 셔틀랜드 울
아이보리(1) 10g
로즈핑크(4) 10g
민트(7) 10g
마린 블루(11) 10g

기타 재료
지퍼(16cm) 1개

바늘
대바늘 4개 세트 5호

게이지(사방 10cm)
배색무늬뜨기 21.5코 26.5단

완성 크기
세로 14.5cm, 가로 18.5cm

뜨는 방법
1. 일반적인 시작코를 만들고, 배색무늬뜨기(뜨개바탕 안쪽에 실을 걸치는 방법), 가터뜨기로 파우치를 원형으로 뜬다.
2. ☆와 ★을 맞대어 메리야스 잇기를 한다.
3. 지퍼를 단다.

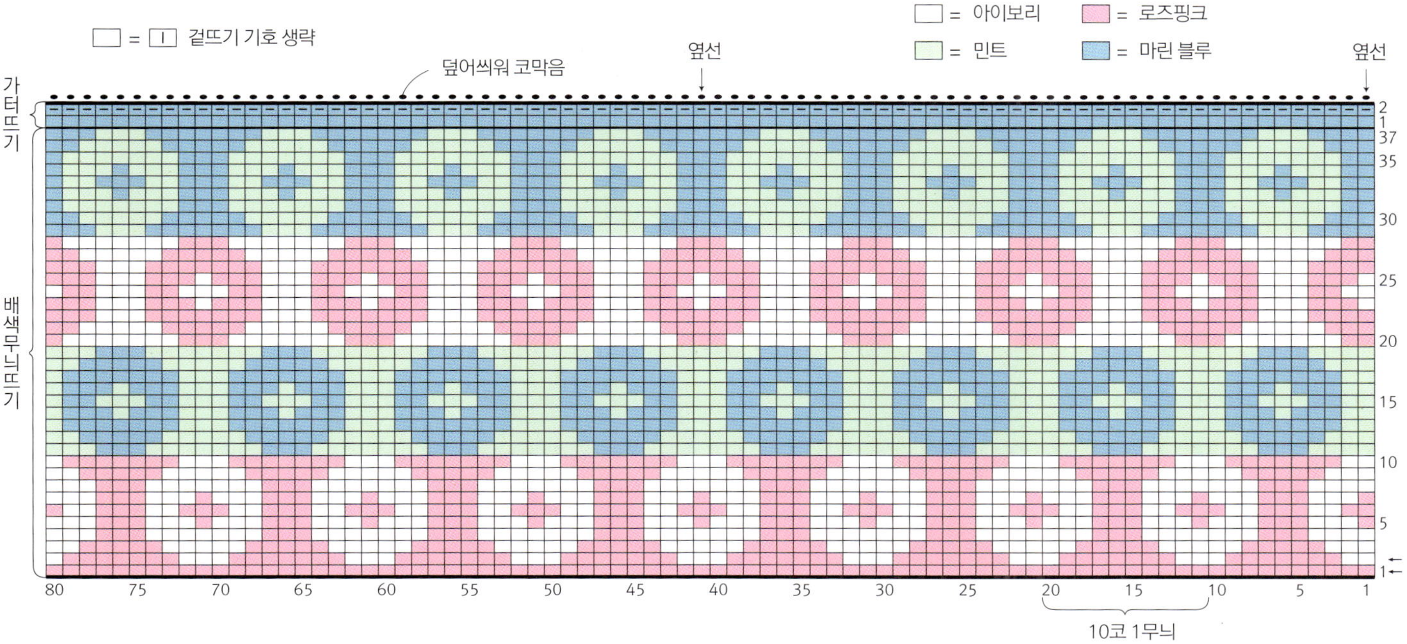

※ 배색은 뜨개 도안 참조

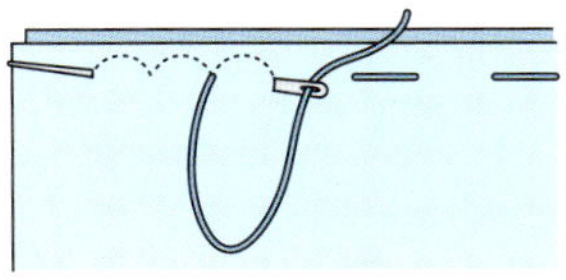

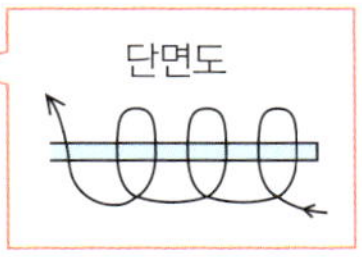

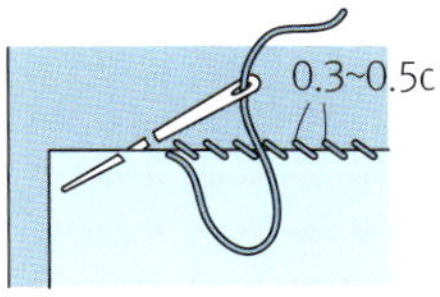

116쪽 A. 가터뜨기 넥 워머

실
하마나카 소노모노 알파카 릴리
베이지(112) 65g

바늘
한쪽 막힘 대바늘 2개 세트 10호

게이지(사방 10cm)
가터뜨기 17.5코 34단

완성 크기
둘레 62cm, 높이 19.5cm

뜨는 방법
1 일반적인 시작코를 만들고, 가터뜨기로 넥 워머를 뜬 다음 덮어씌워 코막음한다.
2 뜨개바탕의 끝과 끝을 떠서 꿰매기로 잇는다.

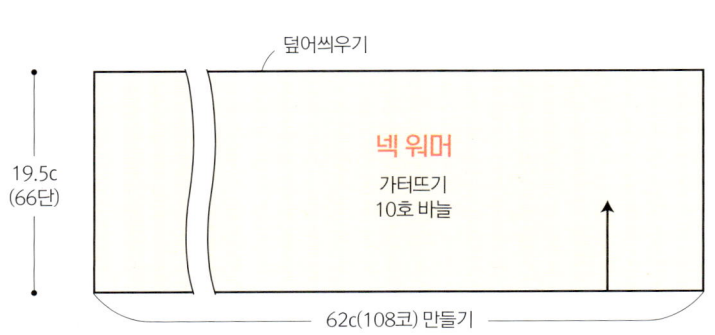

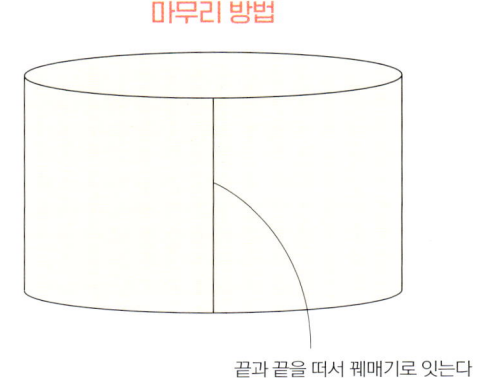

마무리 방법

끝과 끝을 떠서 꿰매기로 잇는다

넥 워머 뜨개 도안

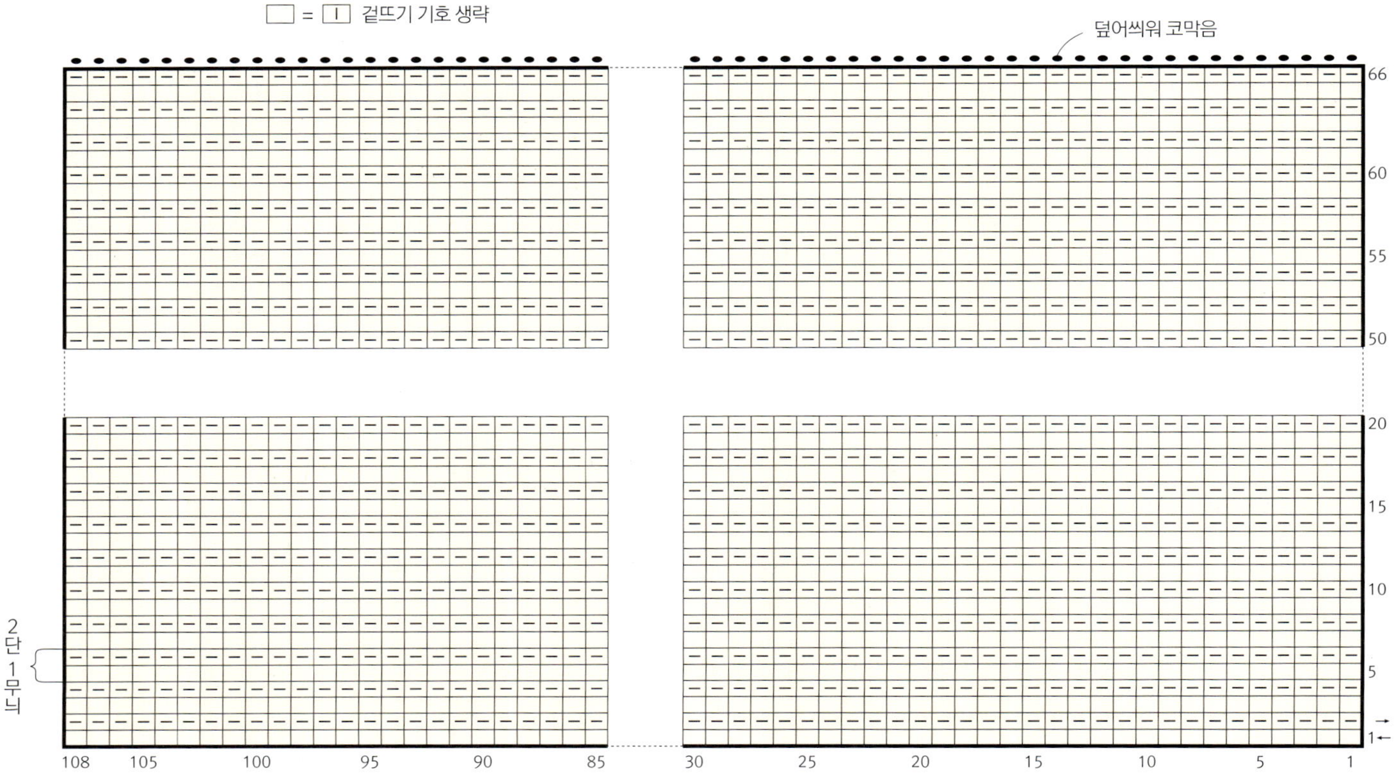

□ = | 겉뜨기 기호 생략

117쪽 B. 멍석뜨기 레그 워머

실
하마나카 맨즈 클럽 마스터
연한 베이지(27) 70g
녹색(65) 55g

바늘
대바늘 4개 세트 10호, 12호, 15호

게이지(사방 10cm)
무늬뜨기(10호 바늘) 13코 26단
무늬뜨기(12호 바늘) 12코 25단
무늬뜨기(15호 바늘) 11.5코 23.5단

완성 크기
길이 35cm

뜨는 방법
일반적인 시작코를 만들고 무늬뜨기, 1코 고무뜨기로 레그 워머를 원형으로 뜬 후 1코 고무뜨기 막기를 한다.

※ 배색은 뜨개 도안 참조

□ = | 겉뜨기 기호 생략
⚇ = 돌려 안뜨기로 코 늘리기
□ = 연한 베이지
□ = 녹색

레그 워머(2장)

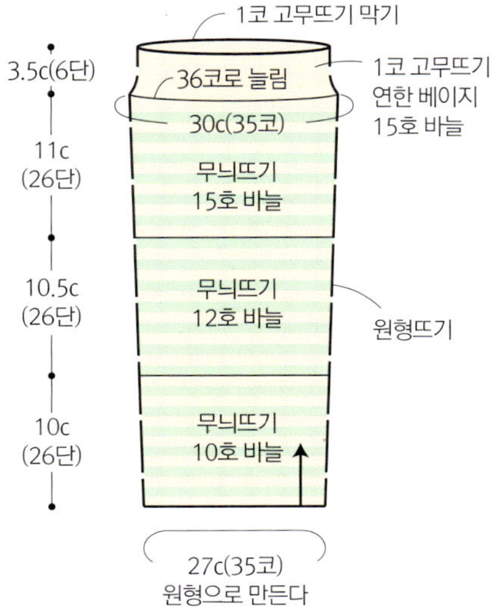

- 3.5c(6단) — 1코 고무뜨기 막기, 36코로 늘림, 1코 고무뜨기 연한 베이지 15호 바늘, 30c(35코)
- 11c(26단) — 무늬뜨기 15호 바늘
- 10.5c(26단) — 무늬뜨기 12호 바늘, 원형뜨기
- 10c(26단) — 무늬뜨기 10호 바늘
- 27c(35코) 원형으로 만든다

※ 무늬뜨기의 배색은 뜨개 도안 참조

레그 워머 뜨개 도안

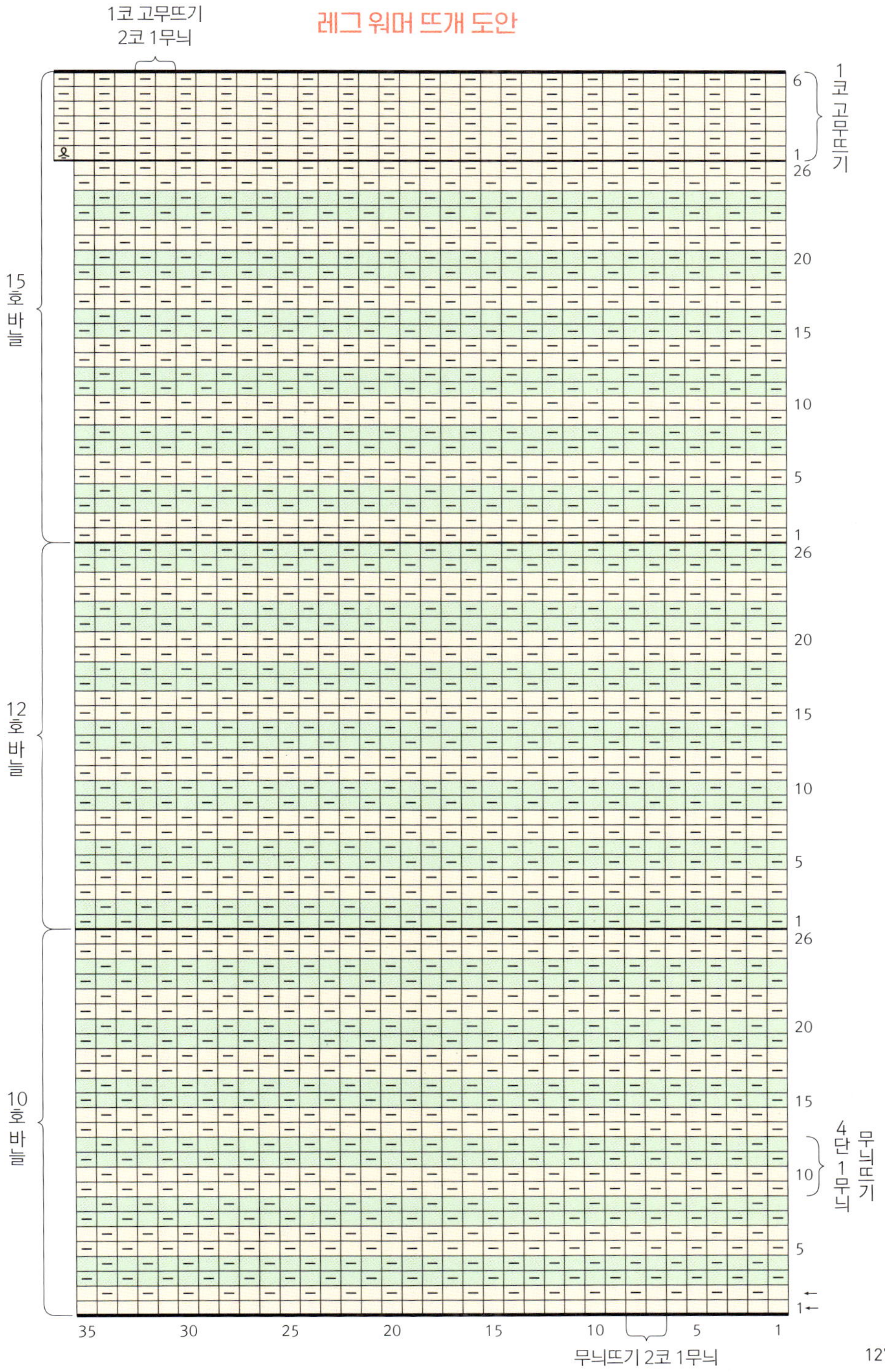

1코 고무뜨기 2코 1무늬

15호 바늘 / 12호 바늘 / 10호 바늘

무늬뜨기 2코 1무늬, 무늬뜨기 4단 1무늬

118쪽 C. 페어 아일 무늬 핸드 워머

실
하마나카 아메리
베이지(21) 25g
퍼플 헤더(44) 10g
그래스 그린(13) 5g
셀러돈(37) 5g
머스터드 옐로(3) 3g
퍼플(18) 3g
라벤더(43) 3g
버지니아 블루벨(46) 3g

바늘
대바늘 4개 세트 6호, 5호

게이지(사방 10cm)
배색무늬뜨기 24코 27단

완성 크기
손바닥 둘레 20cm

뜨는 방법
1. 일반적인 시작코를 만들고 2코 고무뜨기, 배색무늬뜨기(뜨개바탕 안쪽에 실을 걸치는 방법)로 본체를 원형으로 뜬 후 덮어씌워 코막음한다. 뜨는 도중에 엄지손가락 위치에서 별도의 실로 떠 넣는다.
2. 엄지손가락 위치에 떠 넣은 별도의 실을 풀어낸 다음 코를 줍고, 메리야스뜨기로 엄지손가락을 원형으로 뜬 후 덮어씌워 코막음한다.

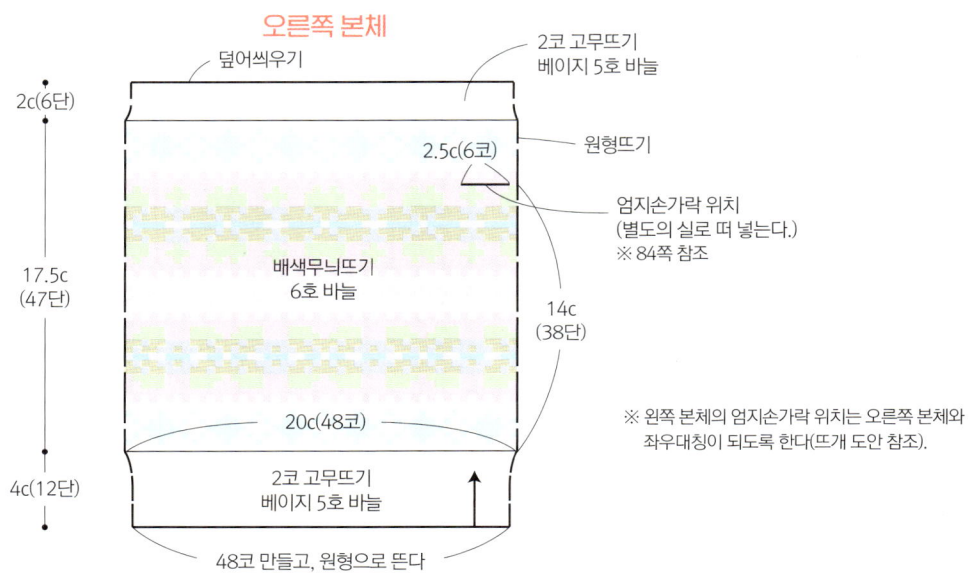

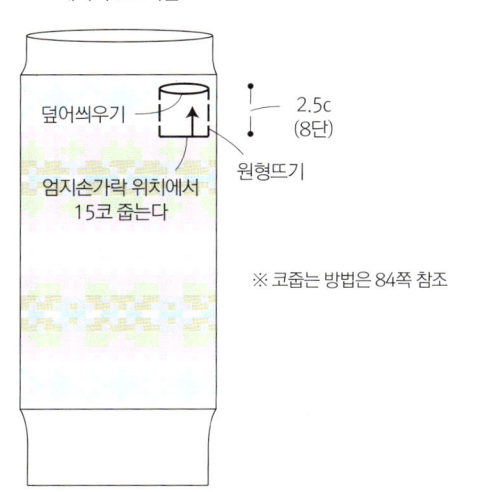

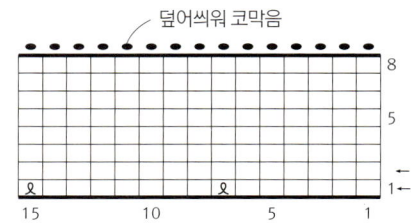

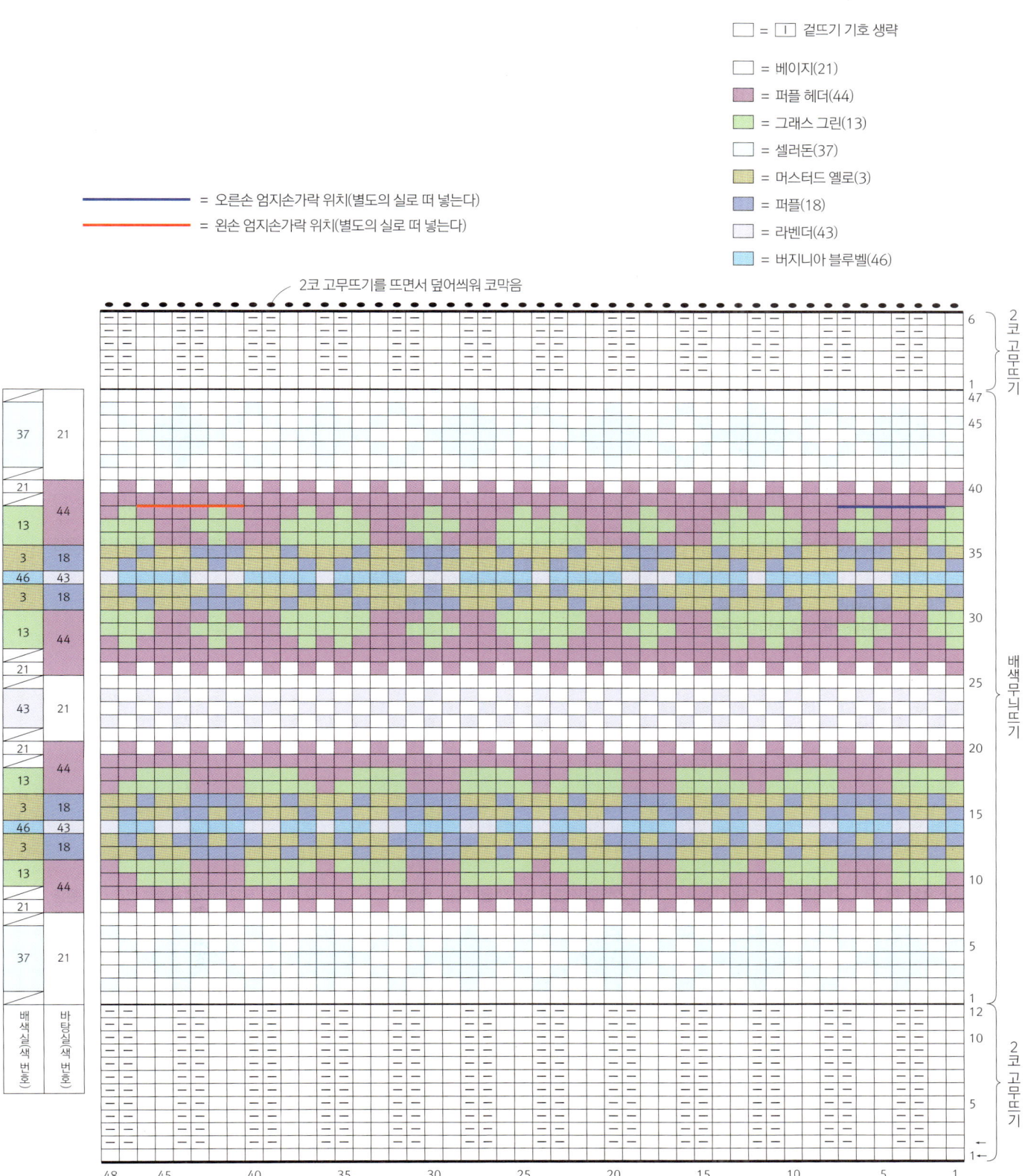

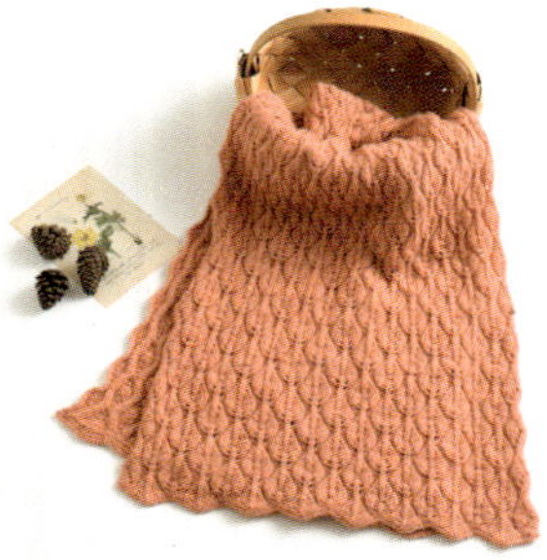

119쪽 **D. 나뭇잎 무늬 스톨**

실

DARUMA

메리노 스타일 병태사

산호색(23) 380g

바늘

한쪽 막힘 대바늘 2개 세트 6호

게이지(사방 10cm)

무늬뜨기 24.5코 29단

완성 크기

너비 48cm, 길이 152cm

뜨는 방법

일반적인 시작코를 만들고 가터뜨기, 무늬뜨기로 스톨을 뜬 후 덮어씌워 코막음한다.

스톨 뜨개 도안

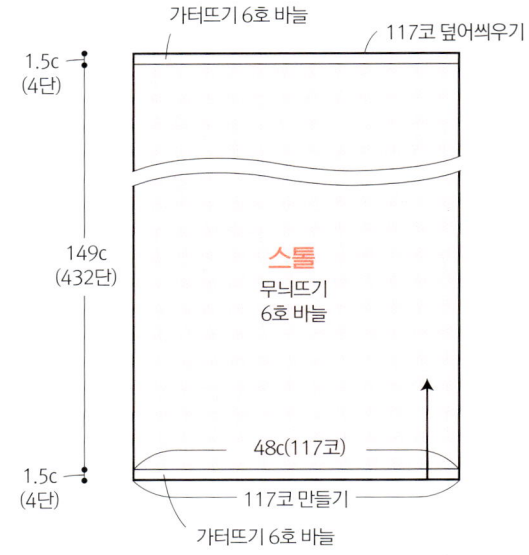

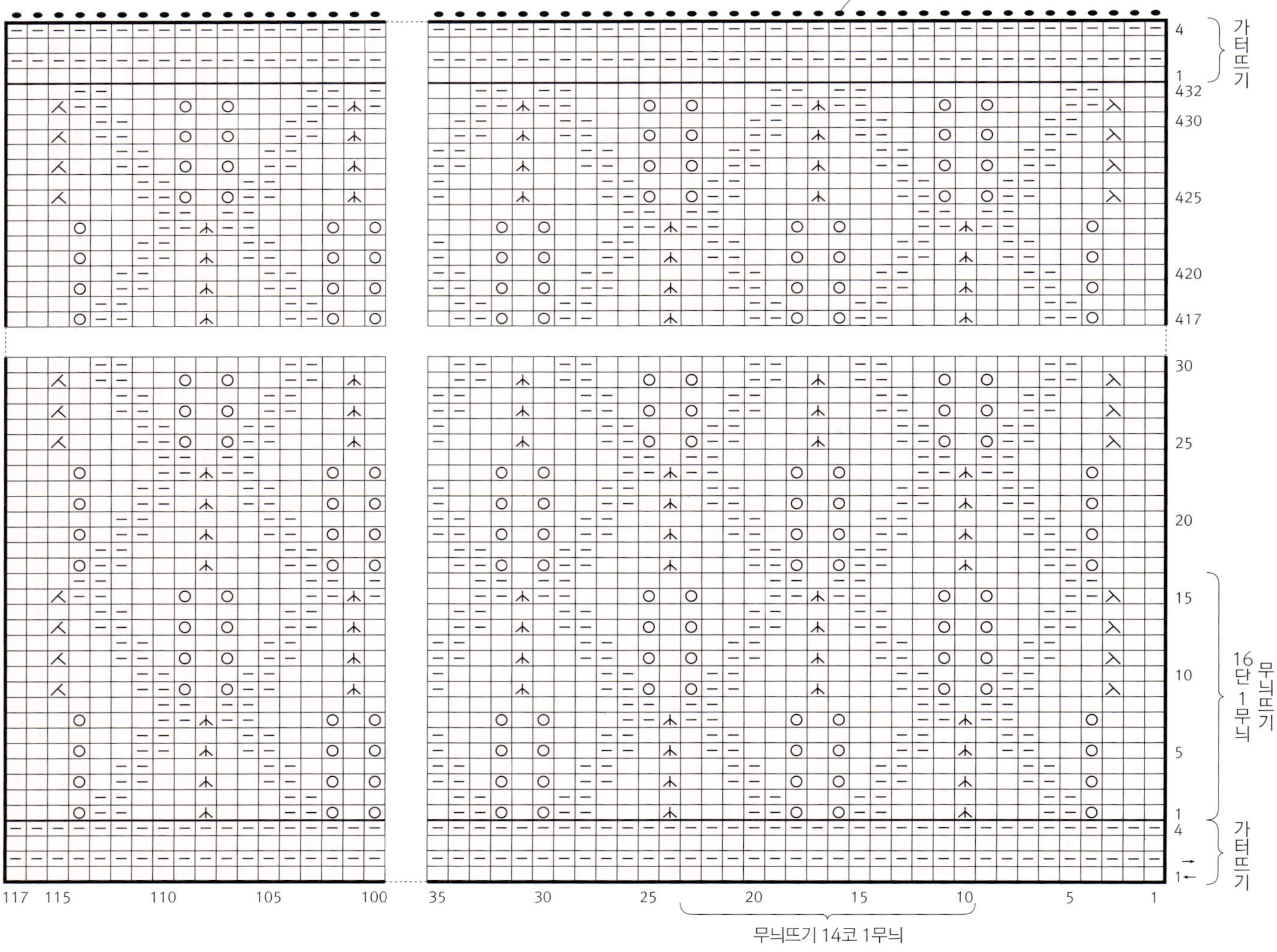

120쪽 **E-1. E-2. 고무뜨기 모자**

실

DARUMA

메리노 스타일 병태사

E-1 워터 블루(8) 60g

아이보리(1) 15g

E-2 코르크(4) 75g

바늘

대바늘 4개 세트 7호

게이지(사방 10cm)

2코 고무뜨기 28코 29단

완성 크기

머리 둘레 40cm

※ 뜨개바탕이 신축성이 있으므로 늘려서 쓸 수 있습니다.

뜨는 방법

1 일반적인 시작코를 만들고, 2코 고무뜨기로 모자를 원형으로 뜬 후 조여 막기를 한다.

2 E-2만 방울을 만들어 정수리에 단다.

E-2.
E-1.

□ = [|] 겉뜨기 기호 생략

E-1 배색

□ = 워터 블루

□ = 베이지

※ E-2는 한 가지 색으로 뜬다.

나머지 28코를
조여 막기
27c
(79단)
모자
2코 고무뜨기
7호 바늘
※ E-1의 배색은
뜨개 도안 참조
1-1-28-1
1-1-14-1
2-1-14-2
73-1-14-1
단 코 군데 회
분산 코줄임
원형뜨기
40c(112코) 만들고,
원형으로 뜬다

마무리 방법

E-2만 정수리에 방울을 단다.
(지름 7c, 120회 감기)
6.5~7c
접어 겹친다

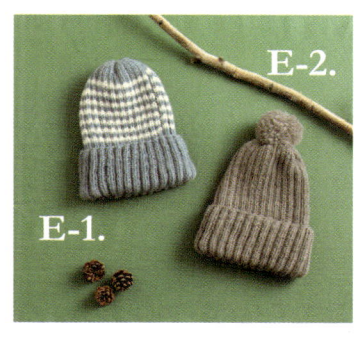

모자 뜨개 도안

※ 코 줄임은 ◎를 반복한다.
◎
이어서 뜬다
79
75
70
65
60
55
50
45
40
35
30
25
20
15
10
5
1
112
110
105
24
20
15
10
5
1
4코 1무늬

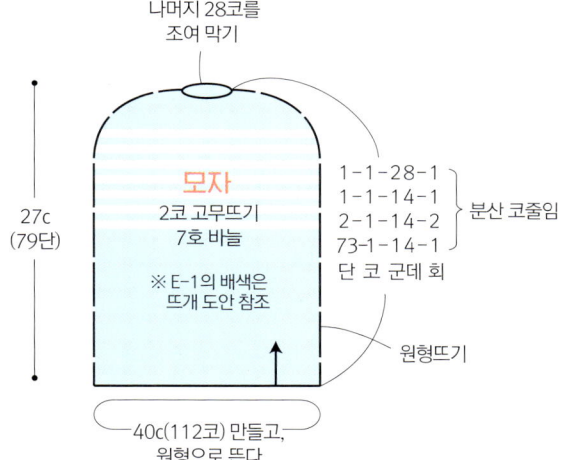

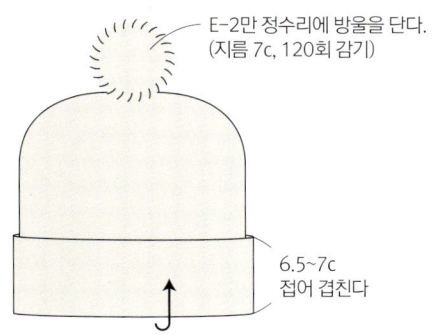

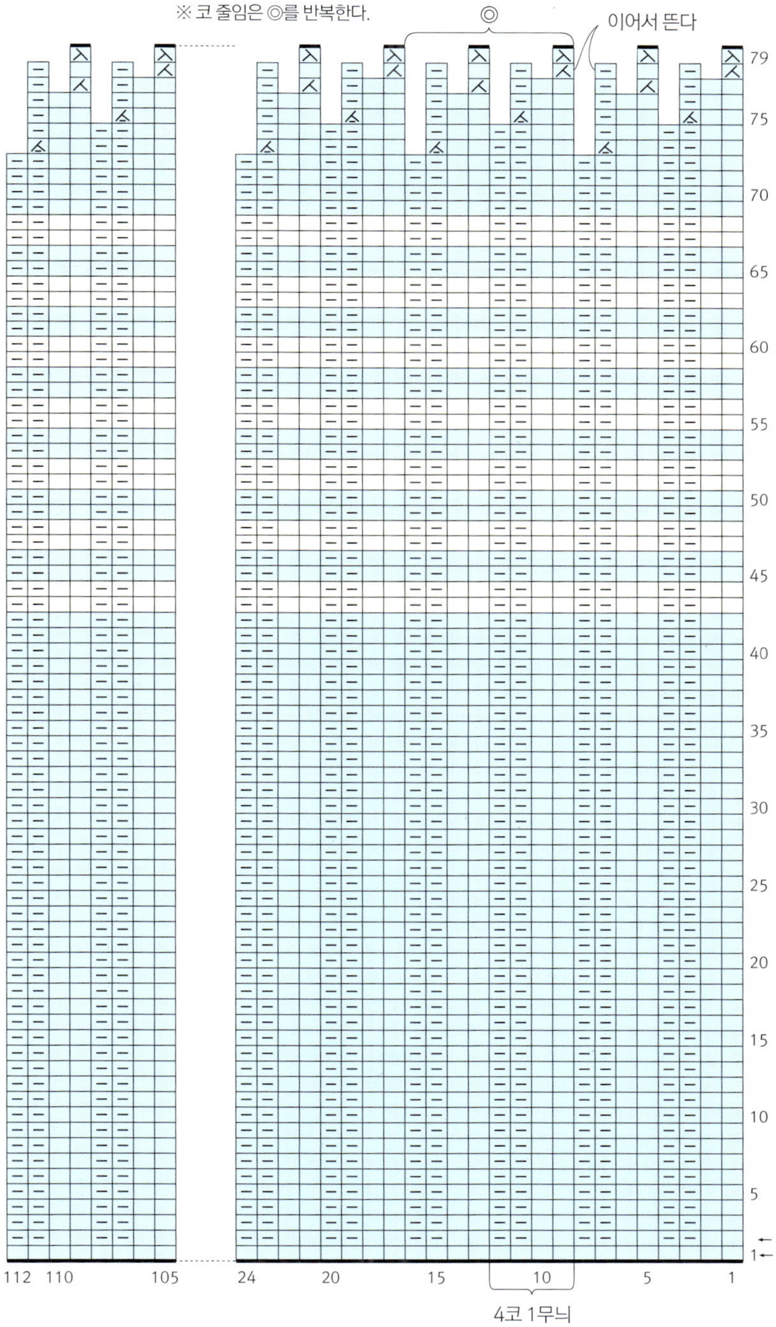

122쪽 G. 꽈배기 무늬 조끼

실
하마나카 소노모노 알파카 울
그레이(44) 365g

바늘
한쪽 막힘 대바늘 2개 세트 10호, 7호
대바늘 4개 세트 7호
꽈배기바늘
코바늘 8/0호(시작코, 어깨 이음용)

게이지(사방 10cm)
메리야스뜨기 17.5코 21.5단
무늬뜨기 24.5코 21.5단

완성 크기
가슴둘레 98cm, 총 어깨 너비 36cm, 총 길이 56cm

뜨는 방법
1 풀어내는 시작코를 만들고 메리야스뜨기, 무늬뜨기로 뒤판, 앞판을 뜬다.
2 사슬뜨기 시작코를 풀어낸 다음 코를 줍고, 1코 고무뜨기로 밑단을 뜬 후 1코 고무뜨기 막기를 한다.
3 어깨를 덮어씌워 잇기, 옆선을 떠서 꿰매기로 잇는다.
4 목둘레, 진동둘레를 각각 1코 고무뜨기로 원형으로 뜬 후 1코 고무뜨기 막기를 한다.

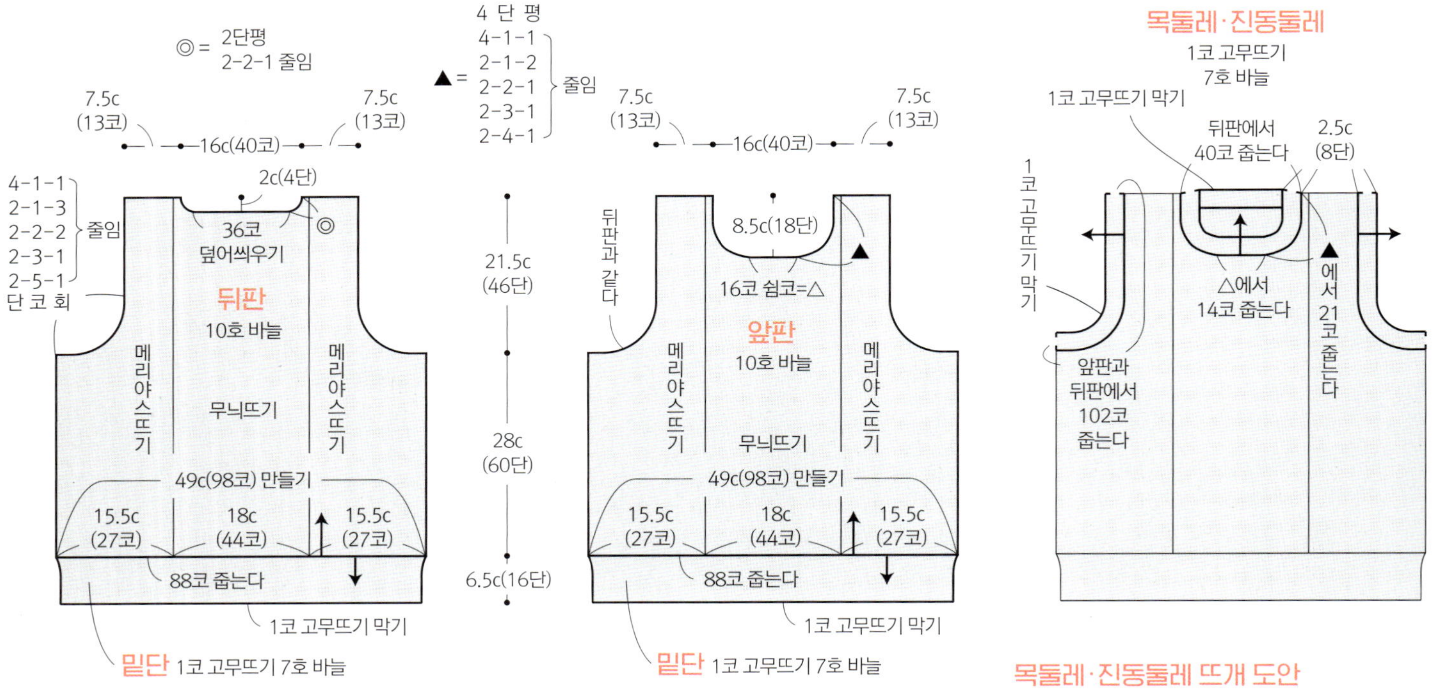

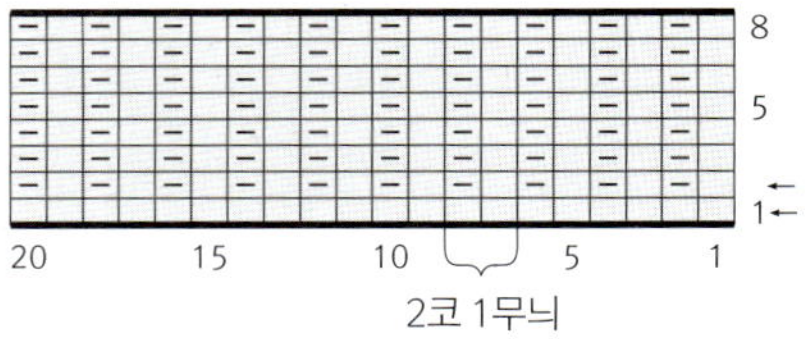

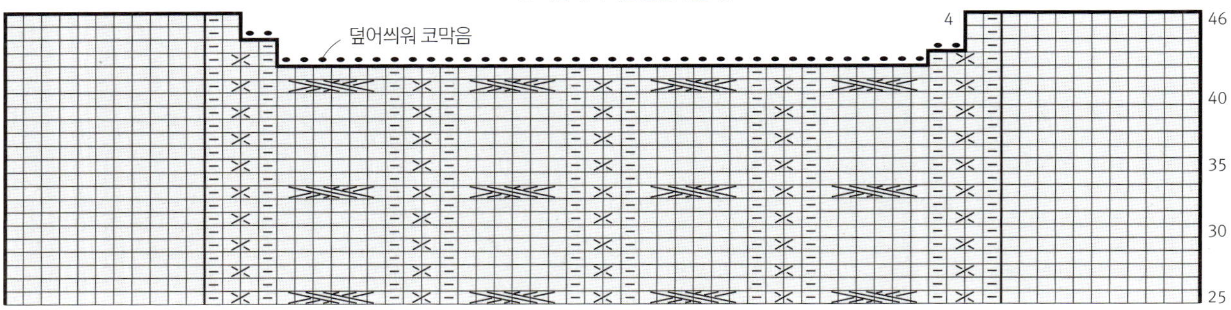

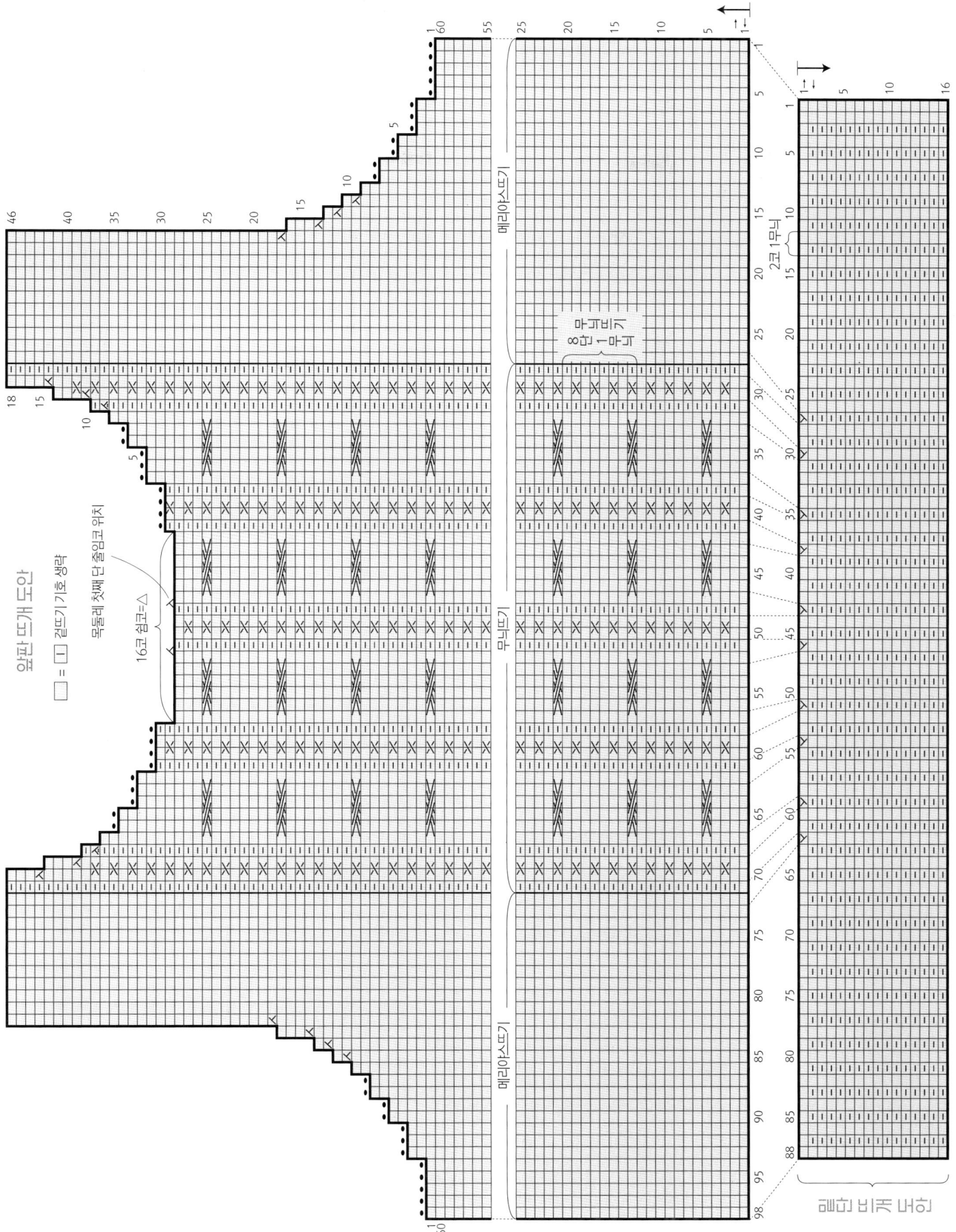

123쪽 H. 건지 무늬 조끼

실
하마나카 아란 트위드
진청색(16) 305g

바늘
한쪽 막힘 대바늘 2개 세트 8호, 7호
코바늘 8/0호(어깨 잇기, 덮어씌워 코막음용)

게이지(사방 10cm)
메리야스뜨기(사방 10cm) 17코 24.5단
무늬뜨기A 17코=10cm 19단=7cm
무늬뜨기B, D 17코=10cm 21단=8cm
무늬뜨기C 17코=10cm 20단=7cm

완성 크기
가슴둘레 112cm, 총 길이 54cm, 한쪽 어깨너비 28cm

뜨는 방법
1 일반적인 시작코를 만들고 1코 고무뜨기, 메리야스뜨기, 무늬뜨기(A~D), 가터뜨기로 뒤판, 앞판을 뜬다.
2 어깨를 빼뜨기 잇기로 잇고, 이어서 목둘레의 쉼코를 덮어씌워 코막음한다.
3 옆선을 떠서 꿰매기로 잇는다.

뒤판·앞판(각각 1장)
※ 지정 이외는 8호 바늘로 뜬다.

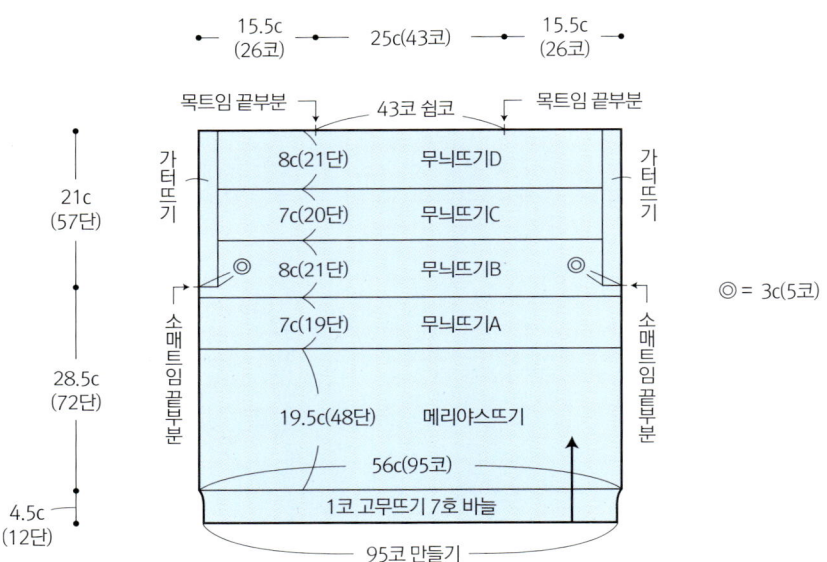

마무리 방법

어깨 잇기에 이어서 목트임 부분의 쉼코를 덮어씌워 코막음한다.

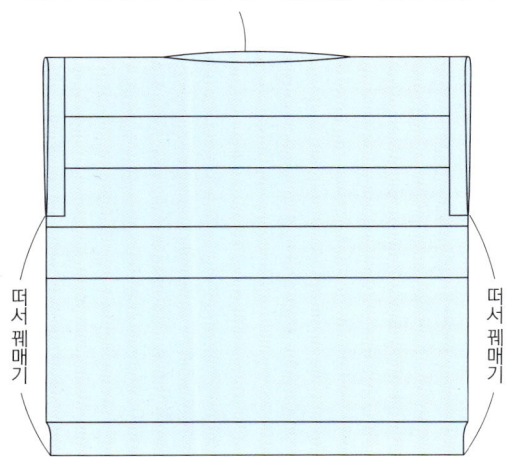

왼쪽 어깨의 빼뜨기 잇기에 이어서 뒤판 목트임 부분의 쉼코를 덮어씌워 코막음한다(뜨개바탕의 안쪽을 보며 코바늘로 덮어씌워 코막음한다).

오른쪽 어깨의 빼뜨기 잇기에 이어서 앞판 목트임 부분의 쉼코를 덮어씌워 코막음한다(뜨개바탕의 안쪽을 보며 코바늘로 덮어씌워 코막음한다).

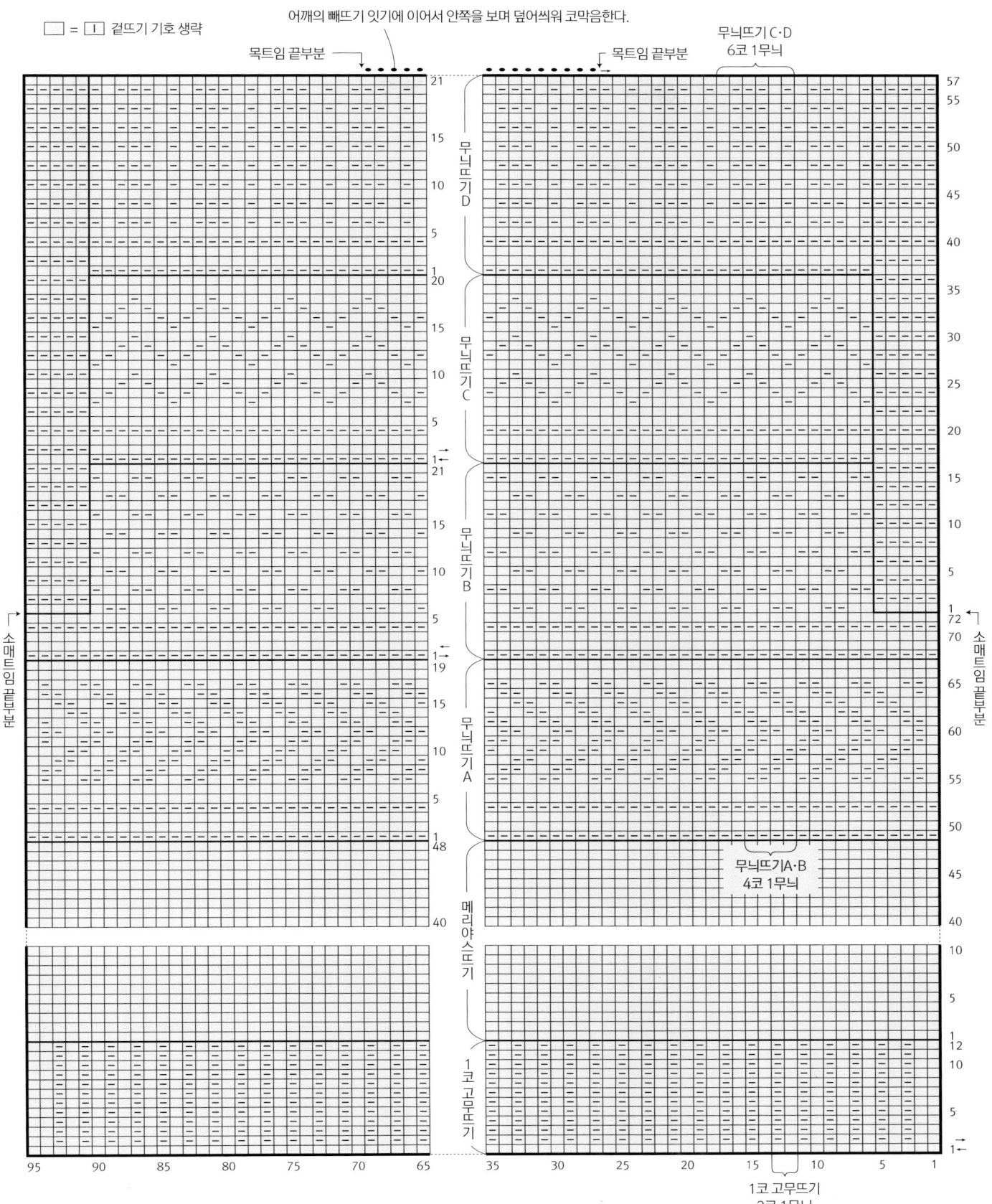

121쪽 F. 아란 무늬 목도리

실
DARUMA 메리노 스타일 극태사
아이보리(301) 145g
머스터드(311) 45g

바늘
한쪽 막힘 대바늘 2개 세트 10호
꽈배기바늘

게이지(사방 10cm)
무늬뜨기 47코=18cm 22.5단=10cm

완성 크기
너비 18cm, 길이 130cm

뜨는 방법
일반적인 시작코를 만들고, 무늬뜨기로 목도리를 뜬 후 덮어씌워 코막음한다.

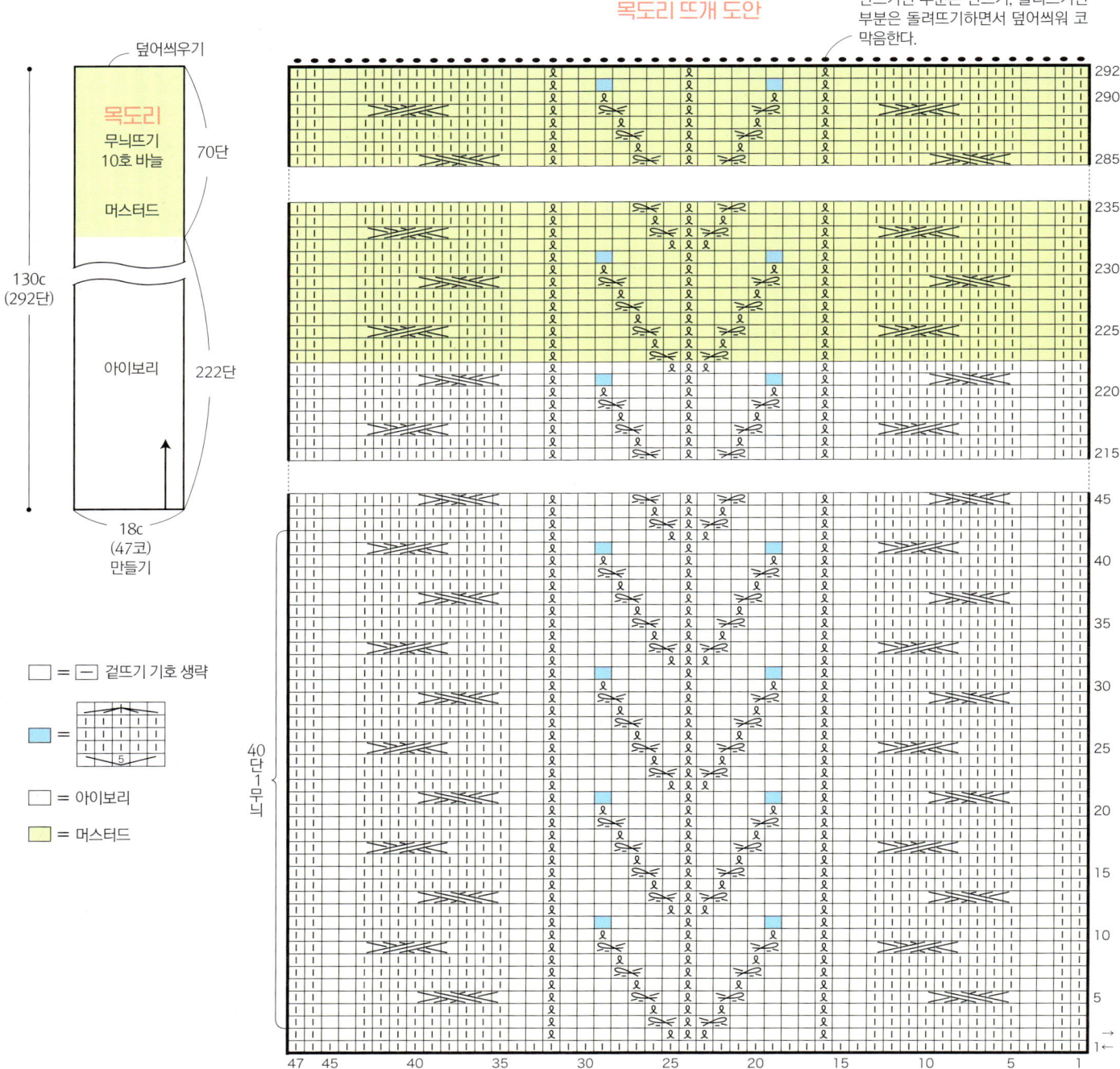

PART 6
뜨개 기호

자주 사용하는 뜨개 기호를 큰 일러스트와 함께 알기 쉽게 설명했습니다.
뜨개 도안은 여러 가지 뜨개 기호의 조합으로 구성되어 있으므로
뜨개 기호를 익혀두면 복잡한 뜨개 도안에도 도전해볼 수 있습니다.

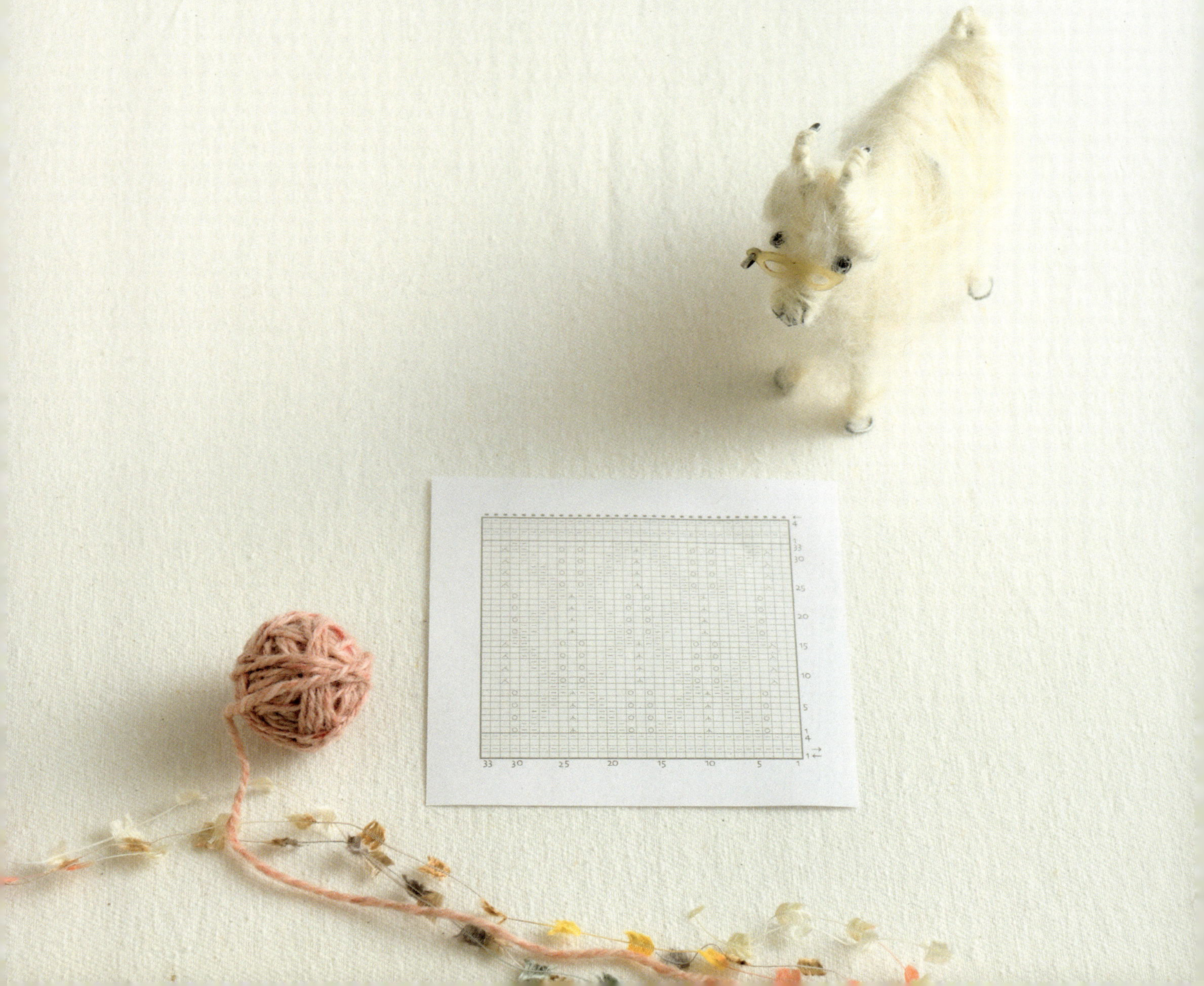

│ 겉뜨기

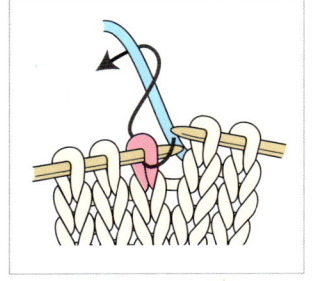

01 실을 뒤쪽에 두고, 오른쪽 바늘을 앞쪽에서 뒤쪽으로 넣어 화살표처럼 움직여서 실을 건다.

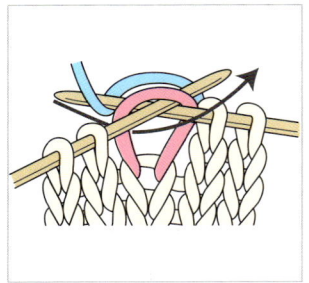

02 오른쪽 바늘에 건 실을 화살표처럼 끌어낸다.

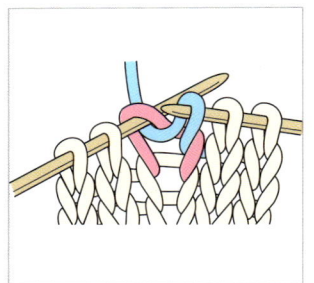

03 끌어낸 실로 새로운 코가 오른쪽 바늘에 만들어진다.

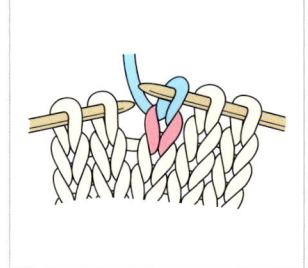

04 왼쪽 바늘에 걸려 있는 코를 바늘에서 빼낸다. 겉뜨기 완성.

─ 안뜨기

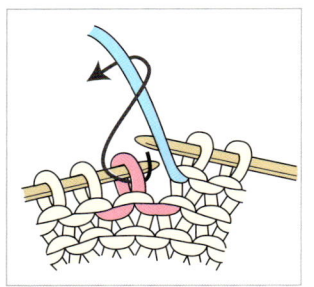

01 실을 앞쪽에 두고, 오른쪽 바늘을 뒤쪽에서 앞쪽으로 넣어 화살표처럼 움직여서 실을 건다.

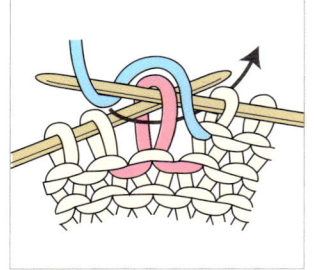

02 오른쪽 바늘에 건 실을 화살표처럼 끌어낸다.

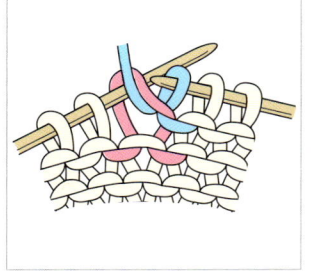

03 끌어낸 실로 새로운 코가 오른쪽 바늘에 만들어진다.

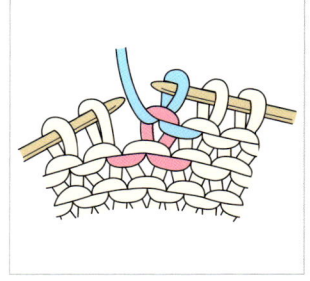

04 왼쪽 바늘에 걸려 있는 코를 바늘에서 빼낸다. 안뜨기 완성.

바늘을 넣는 코(앞 단의 코)를 분홍색, 지금 뜨고 있는 코를 하늘색으로 표시했습니다.
※ 예외의 경우도 있습니다.

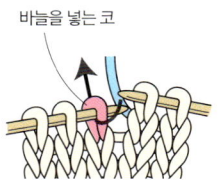
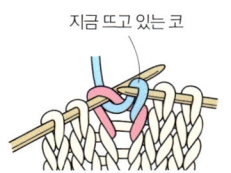
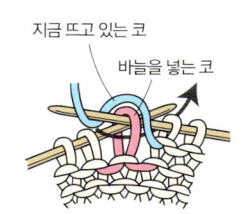

 ## 왼코 겹쳐 2코 모아뜨기 (왼코 겹치기)

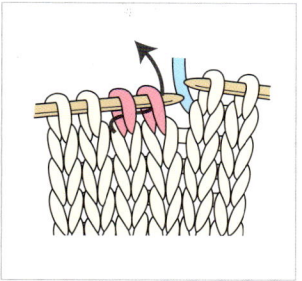
01 왼쪽 바늘의 2코에 오른쪽 바늘을 화살표처럼 왼쪽에서부터 한 번에 넣는다.

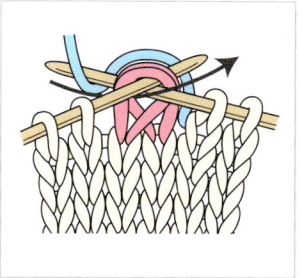
02 오른쪽 바늘에 실을 걸어 화살표처럼 끌어내어 2코를 한 번에 겉뜨기한다.

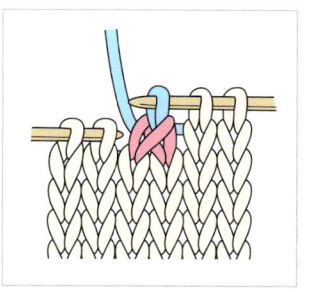
03 왼쪽 코가 위에 겹쳐진 왼코 겹쳐 2코 모아뜨기 완성.

 ## 왼코 겹쳐 2코 모아 안뜨기

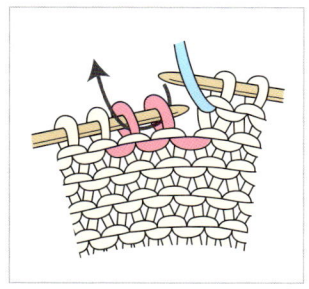
01 왼쪽 바늘의 2코에 오른쪽 바늘을 화살표처럼 한 번에 넣는다.

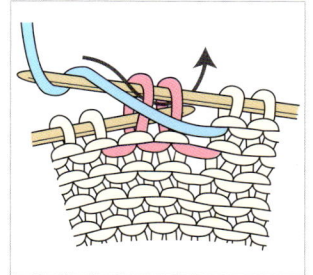
02 오른쪽 바늘에 실을 걸어 화살표처럼 끌어내어 2코를 한 번에 안뜨기한다.

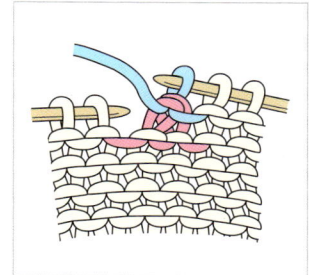
03 왼쪽 코가 위에 겹쳐진 왼코 겹쳐 2코 모아 안뜨기 완성.

실제로 무늬가 나타나는 위치

뜨개 도안의 기호대로 뜨면 실제로는 그 1단 아래에 기호의 무늬가 나타납니다. 단수를 셀 때 주의하세요.

왼코 겹쳐 2코 모아뜨기일 때

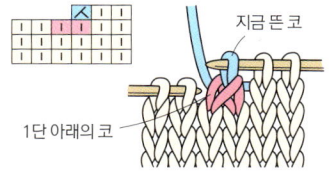

1단 아래 2코의 왼쪽 코가 위로 겹쳐진다.

돌려뜨기일 때

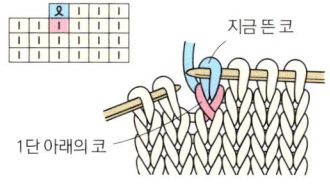

1단 아래의 코가 꼬인다.

왼코 위 2코 교차뜨기일 때

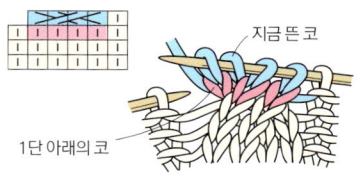

1단 아래의 2코와 2코가 왼쪽이 위로 겹쳐져 교차한다.

※ 단, 걸기코(148쪽), 3코 만들기(148쪽), 감아코(149쪽)는 예외로 실제로 뜬 단에서 코가 늘어납니다.

 오른코 겹쳐 2코 모아뜨기 (오른코 겹치기)

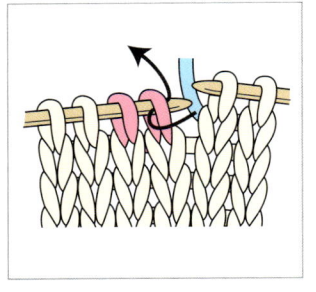

01 왼쪽 바늘의 첫째 코에 오른쪽 바늘을 화살표처럼 넣어 뜨지 않고 오른쪽 바늘로 옮긴다.

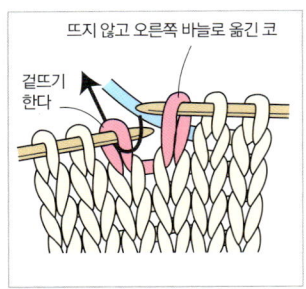

02 다음 코에 오른쪽 바늘을 화살표처럼 넣어 겉뜨기한다.

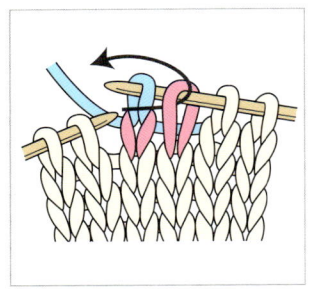

03 뜨지 않고 옮긴 첫째 코에 왼쪽 바늘을 넣어서 둘째 코에 덮어 씌워 바늘에서 빼낸다.

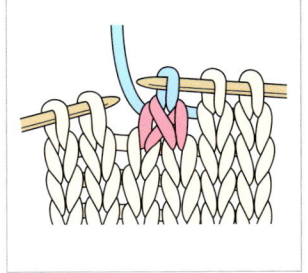

04 오른쪽 코가 위에 겹쳐진 오른코 겹쳐 2코 모아뜨기 완성.

 오른코 겹쳐 2코 모아 안뜨기

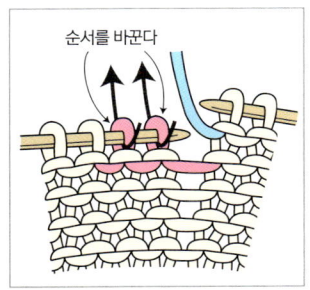

01 왼쪽 바늘의 첫째 코와 둘째 코의 순서를 바꾼다. 오른쪽 바늘을 화살표처럼 각각 앞쪽에서 넣어 뜨지 않고 오른쪽 바늘로 옮긴다.

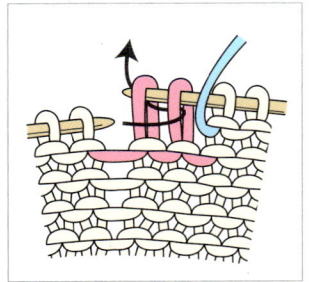

02 뜨지 않고 옮긴 2코에 왼쪽 바늘을 화살표처럼 오른쪽에서부터 넣어 왼쪽 바늘로 다시 옮긴다.

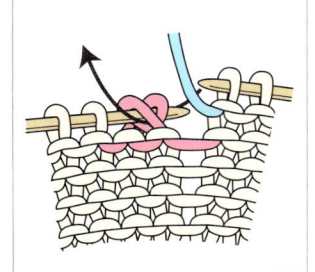

03 첫째 코와 둘째 코의 순서가 바뀌었다. 오른쪽 바늘을 화살표처럼 넣어 2코를 한 번에 안뜨기한다.

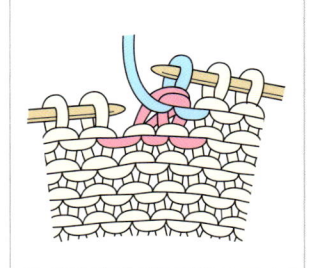

04 오른쪽 코가 위에 겹쳐진 오른코 겹쳐 2코 모아 안뜨기 완성.

 ## 왼코 겹쳐 3코 모아뜨기 (왼코 중심 3코 모아뜨기)

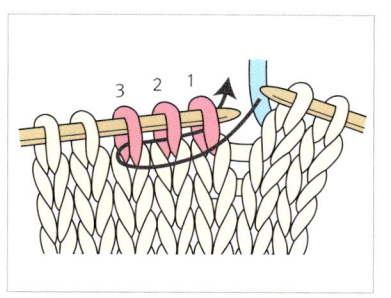

01 1·2·3의 코에 오른쪽 바늘을 화살표처럼 왼쪽에서부터 한 번에 넣는다.

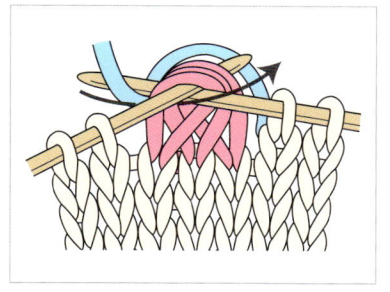

02 오른쪽 바늘에 실을 걸어 화살표처럼 끌어내어 3코를 한 번에 겉뜨기한다.

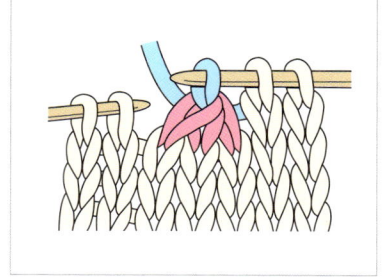

03 왼쪽 코가 위에 겹쳐진 왼코 겹쳐 3코 모아뜨기 완성.

 ## 왼코 겹쳐 3코 모아 안뜨기

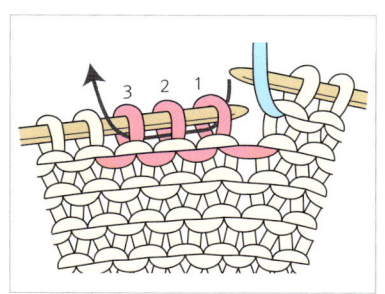

01 1·2·3의 코에 오른쪽 바늘을 화살표처럼 한 번에 넣는다.

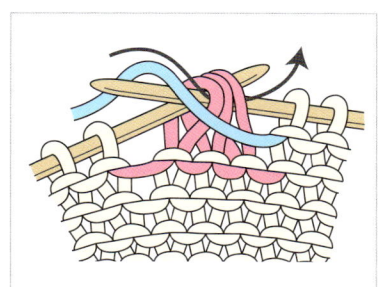

02 오른쪽 바늘에 실을 걸어 화살표처럼 끌어내어 3코를 한 번에 안뜨기한다.

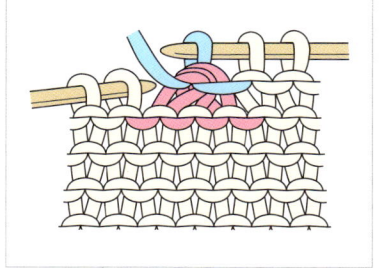

03 왼쪽 코가 위에 겹쳐진 왼코 겹쳐 3코 모아 안뜨기 완성.

 ## 오른코 겹쳐 3코 모아뜨기 (오른코 중심 3코 모아뜨기)

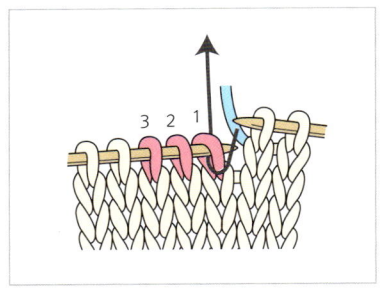

01 1의 코에 오른쪽 바늘을 화살표처럼 넣어 뜨지 않고 오른쪽 바늘로 옮긴다.

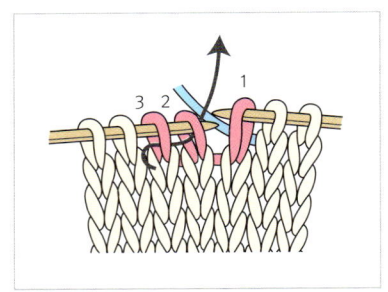

02 2와 3의 코에 오른쪽 바늘을 화살표처럼 넣어 왼코 겹쳐 2코 모아뜨기한다.

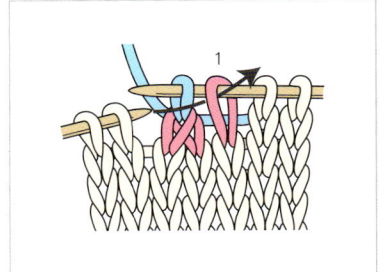

03 뜨지 않고 옮긴 1의 코에 왼쪽 바늘을 화살표처럼 넣는다.

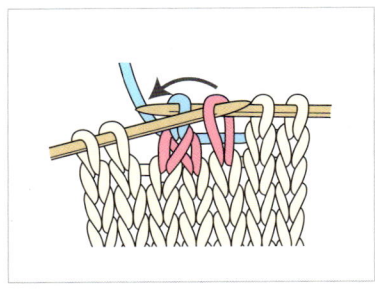

04 왼코 겹쳐 2코 모아뜨기로 뜬 코에 1의 코를 화살표처럼 덮어씌운다.

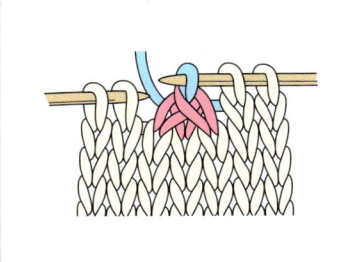

05 오른쪽 코가 맨 위에 겹쳐진 오른코 겹쳐 3코 모아뜨기 완성.

 ## 오른코 겹쳐 3코 모아 안뜨기

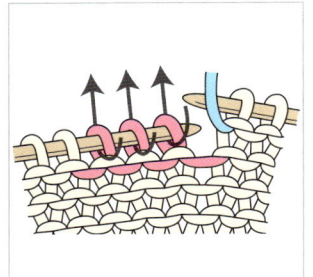

01 오른쪽 바늘을 화살표처럼 각각 앞에서 넣어 뜨지 않고 오른쪽 바늘로 옮긴다.

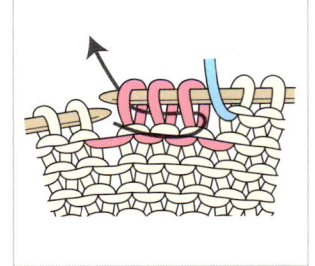

02 뜨지 않고 옮긴 3코에 왼쪽 바늘을 화살표처럼 오른쪽에서부터 넣어 왼쪽 바늘로 다시 옮긴다.

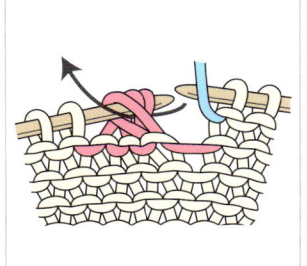

03 오른쪽 바늘을 화살표처럼 넣어 3코를 한 번에 안뜨기한다.

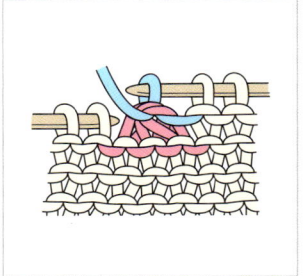

04 오른쪽 코가 위에 겹쳐진 오른코 겹쳐 3코 모아 안뜨기 완성.

 ## 중심 3코 모아뜨기

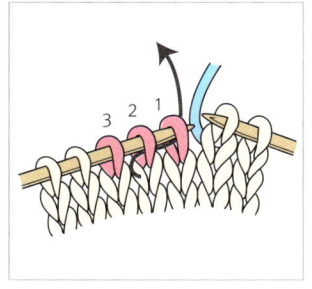 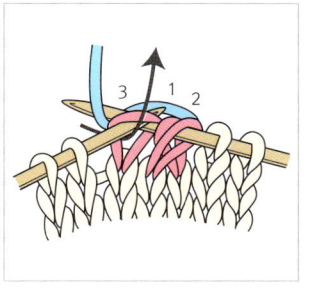 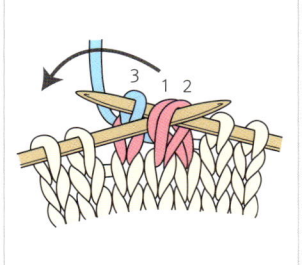 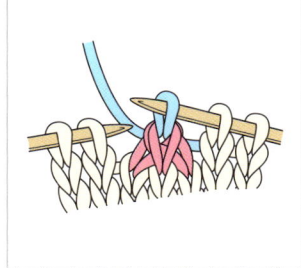

01 2와 1의 코에 오른쪽 바늘을 화살표처럼 넣어 뜨지 않고 오른쪽 바늘로 옮긴다.

02 3의 코에 오른쪽 바늘을 넣어 겉뜨기한다.

03 뜨지 않고 옮긴 1과 2의 코에 왼쪽 바늘을 넣어 3의 코에 화살표처럼 덮어씌운다.

04 가운데 코가 위에 겹쳐진 중심 3코 모아뜨기 완성.

 ## 중심 3코 모아 안뜨기

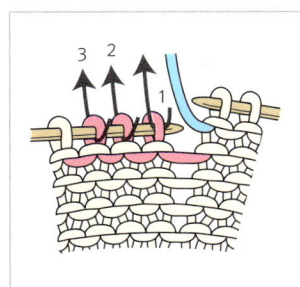 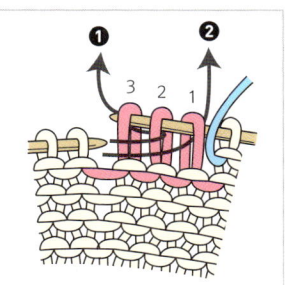

01 1~3의 코에 각각 오른쪽 바늘을 화살표처럼 넣어 뜨지 않고 오른쪽 바늘로 옮긴다.
※ 1의 코만 바늘을 넣는 방향이 다르므로 주의한다.

02 2와 3의 코에 왼쪽 바늘을 화살표 ❶처럼 넣어 코를 다시 옮긴다. 이어서 1의 코에 왼쪽 바늘을 화살표 ❷처럼 넣어 코를 다시 옮긴다.

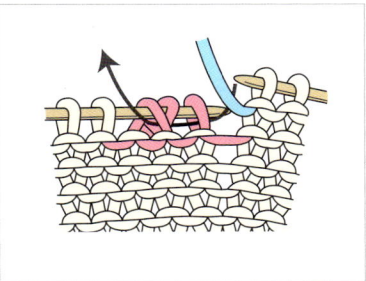 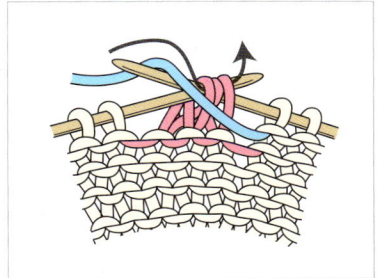 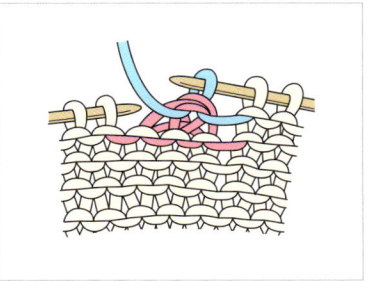

03 2와 3의 코의 순서가 바뀌어 왼쪽 바늘에는 1, 3, 2의 순서로 코가 다시 옮겨져 있다. 오른쪽 바늘을 화살표처럼 3코에 한 번에 넣는다.

04 오른쪽 바늘에 실을 걸어 화살표처럼 끌어내어 3코를 한 번에 안뜨기한다.

05 가운데 코가 위에 겹쳐진 중심 3코 모아 안뜨기 완성.

 ## 왼코 늘려뜨기

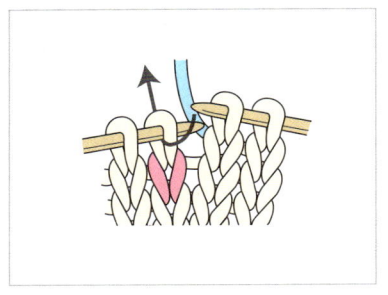

01 겉뜨기한다.

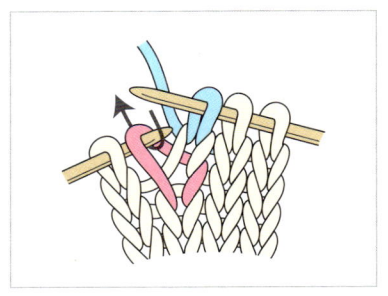

02 왼쪽 바늘로 1에서 뜬 코의 2단 아래의 코를 끌어올리고, 오른쪽 바늘을 화살표 처럼 넣어 겉뜨기한다.

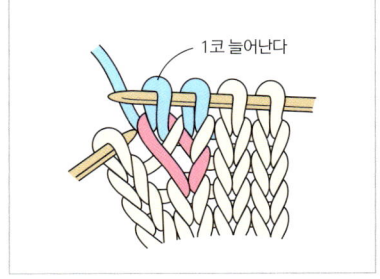

03 왼코 늘려뜨기 완성. 왼쪽으로 1코 늘어 난 모습.

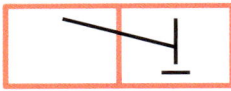 ## 왼코 늘려 안뜨기

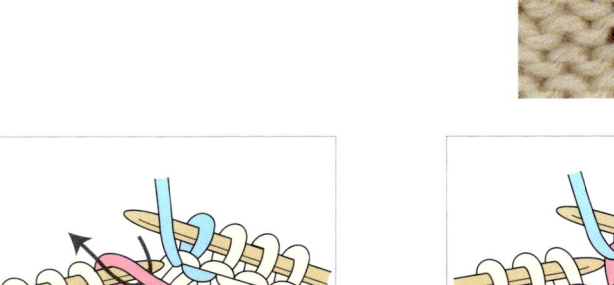

01 안뜨기를 1코 뜬다. 이어서 왼쪽 바늘로 지금 뜬 코의 2단 아래의 코를 끌어올린다.

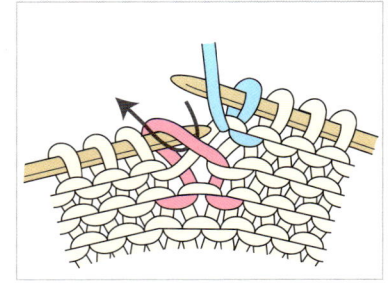

02 끌어올린 코에 오른쪽 바늘을 화살표처 럼 넣어 안뜨기한다.

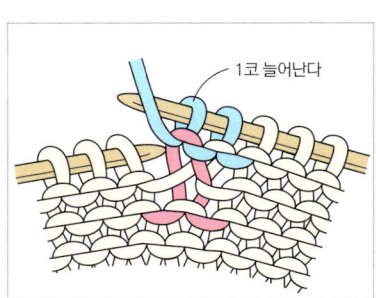

03 왼코 늘려 안뜨기 완성. 왼쪽으로 1코 늘 어난 모습.

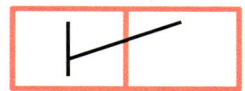 ## 오른코 늘려뜨기

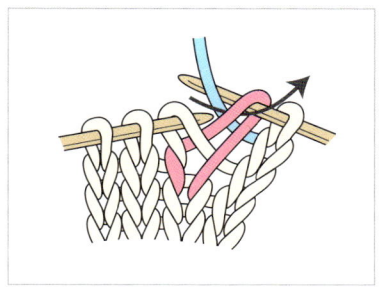

01 오른쪽 바늘로 왼쪽 바늘 코의 1단 아래의 코를 끌어올려 겉뜨기한다.

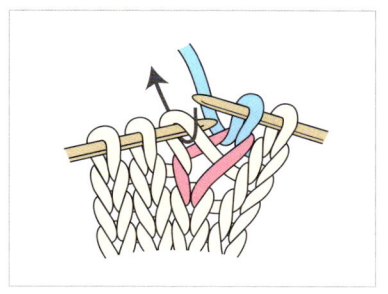

02 겉뜨기한 모습. 이어서 왼쪽 바늘의 코를 겉뜨기한다.

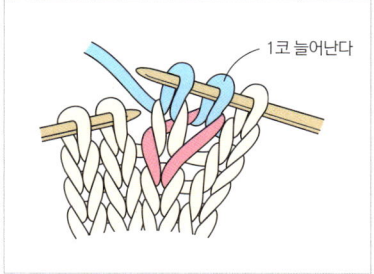

03 오른코 늘려뜨기 완성. 오른쪽으로 1코 늘어난 모습.

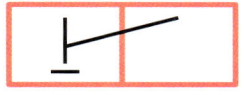 ## 오른코 늘려 안뜨기

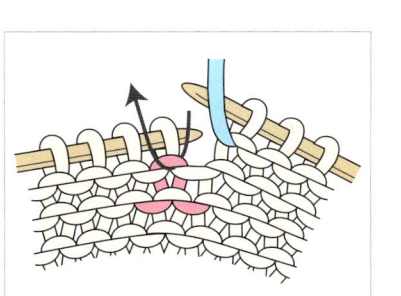

01 오른쪽 바늘로 왼쪽 바늘 코의 1단 아래의 코를 끌어올려 안뜨기한다.

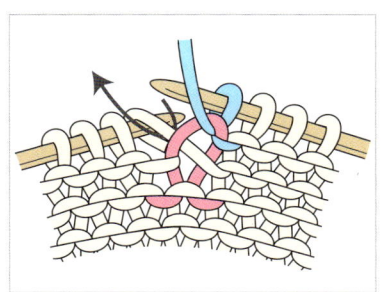

02 안뜨기한 모습. 이어서 왼쪽 바늘의 코를 안뜨기한다.

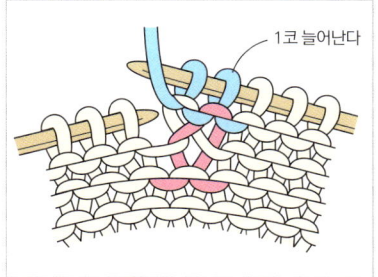

03 오른코 늘려 안뜨기 완성. 오른쪽으로 1코 늘어난 모습.

 ## 돌려뜨기(꼬아뜨기)

'돌려뜨기'와 '돌려뜨기로 코 늘리기'는 같은 기호로 표시합니다. 뜨개 도안에서 코가 늘어나면 '돌려뜨기로 코 늘리기', 코가 늘어나지 않으면 '돌려뜨기'입니다(안뜨기도 동일).

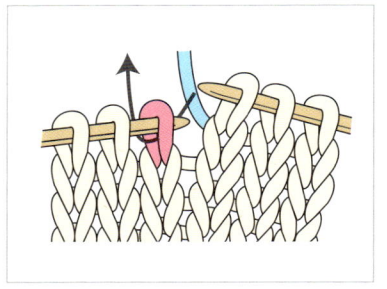

01 오른쪽 바늘을 왼쪽 코의 뒤쪽에서 화살표처럼 넣는다.

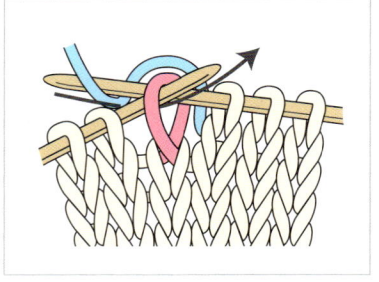

02 오른쪽 바늘에 실을 걸어 화살표처럼 끌어내어 겉뜨기한다.

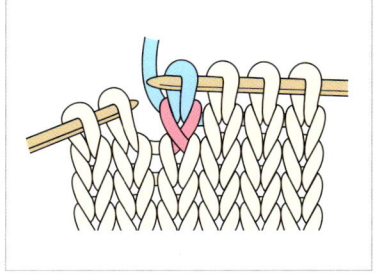

03 겉뜨기한 모습. 돌려뜨기 완성. 앞 단의 코가 꼬였다.

 ## 돌려 안뜨기

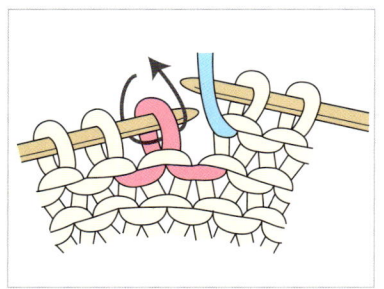

01 실을 앞쪽에 놓고, 오른쪽 바늘을 왼쪽 바늘 코의 뒤쪽에서 화살표처럼 넣는다.

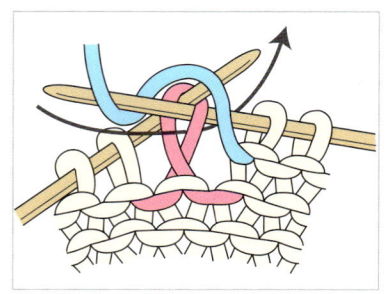

02 오른쪽 바늘에 실을 걸어 화살표처럼 끌어내어 안뜨기한다.

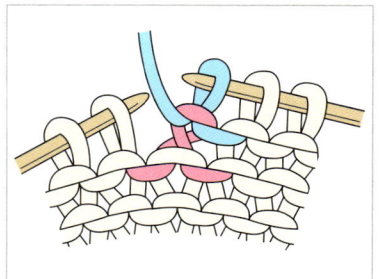

03 안뜨기한 모습. 돌려 안뜨기 완성. 앞 단의 코가 꼬였다.

돌려뜨기로 코 늘리기

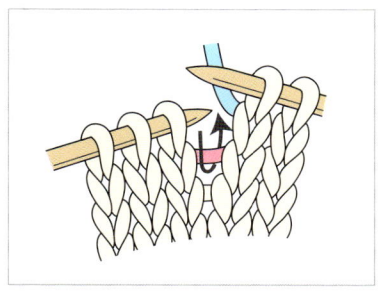

01 앞 단의 코와 코 사이에 가로로 걸쳐진 실을 왼쪽 바늘로 화살표처럼 끌어올린다.

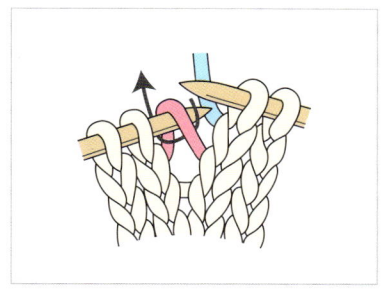

02 끌어올린 실이 꼬이도록 오른쪽 바늘을 화살표처럼 넣어 겉뜨기한다.

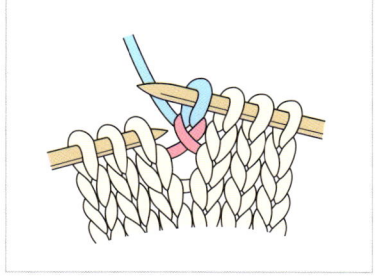

03 돌려뜨기로 코 늘리기 완성. 코와 코 사이에서 1코 늘어났다.

 돌려 안뜨기로 코 늘리기

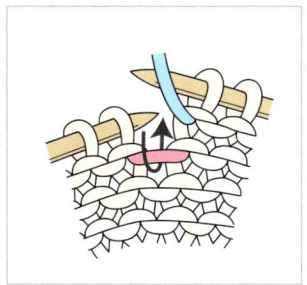

01 앞 단의 코와 코 사이에 가로로 걸쳐진 실을 왼쪽 바늘로 화살 표처럼 끌어올린다.

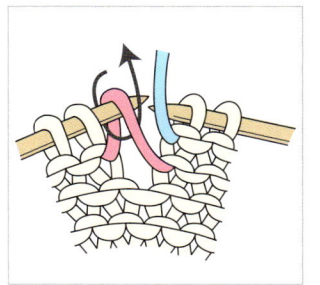

02 끌어올린 실이 꼬이도록 오른쪽 바늘을 화살표처럼 넣는다.

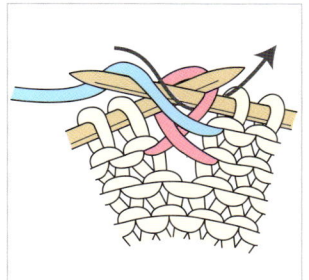

03 오른쪽 바늘에 실을 걸어 화살표 처럼 끌어내어 안뜨기한다.

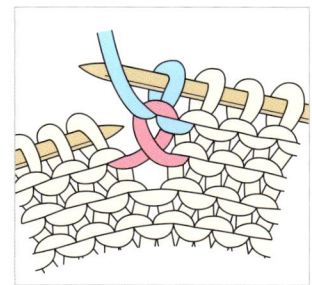

04 돌려 안뜨기로 코 늘리기 완성. 코와 코 사이에서 1코 늘어났다.

옷의 옆선이나 소매 옆선 등 양쪽에서 좌우대칭으로 코를 늘릴 경우, 좌우에서 코를 꼬는 방향은 반대가 됩니다(60쪽, 61쪽 참조).

겉뜨기일 때

왼쪽 끝   오른쪽 끝

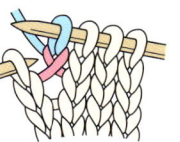

안뜨기일 때

왼쪽 끝   오른쪽 끝

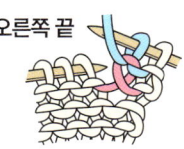

◯ 걸기코 (바늘비우기)

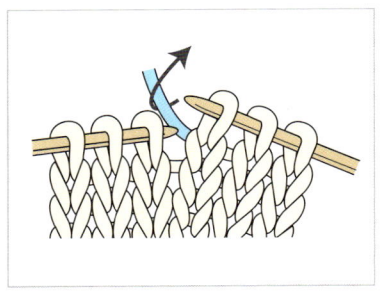

01 오른쪽 바늘로 실을 뒤쪽에서 화살표처럼 건다.

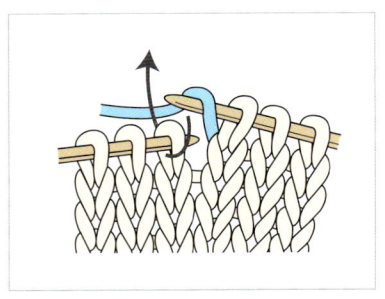

02 실을 오른쪽 바늘에 걸친 상태로 다음 코를 뜬다.

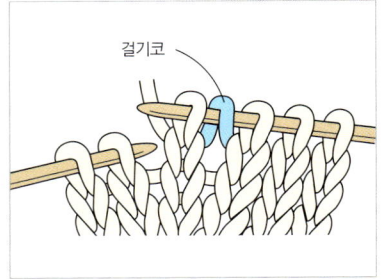

03 다음 코를 뜬 모습. 코와 코 사이의 바늘에 걸쳐진 실이 걸기코이다.

3코 만들기

※   =

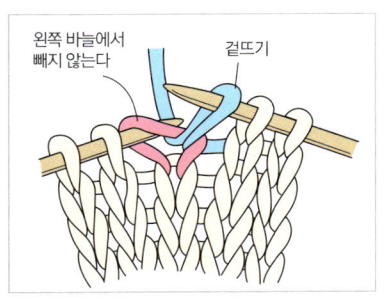

01 겉뜨기를 1코 뜬다. 이 때 왼쪽 바늘에서 코를 빼지 않는다.

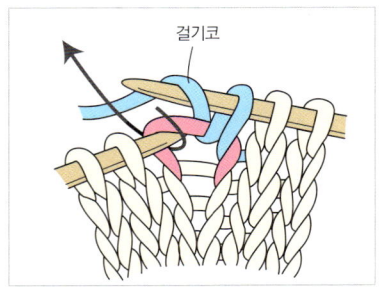

02 걸기코를 만들고, 1과 같은 코에 한 번 더 오른쪽 바늘을 넣어 겉뜨기한다.

03 왼쪽 바늘에서 코를 빼낸다. 3코 만들기 완성. 1코가 3코로 늘어난다.

 # 감아코

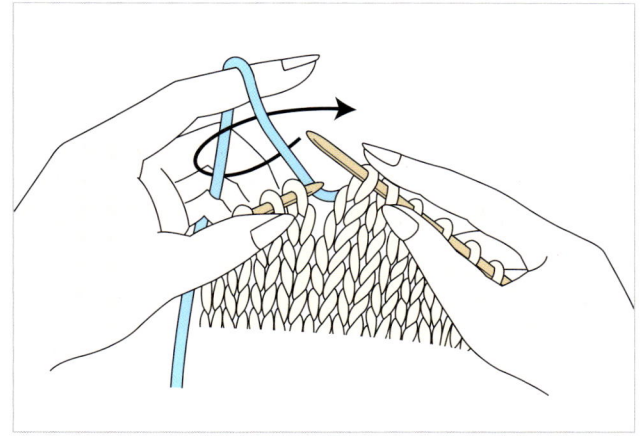

01 오른쪽 바늘로 왼손가락에 걸린 실을 화살표처럼 감아 손가락에서 실을 빼낸 후 잡아당겨 조인다.

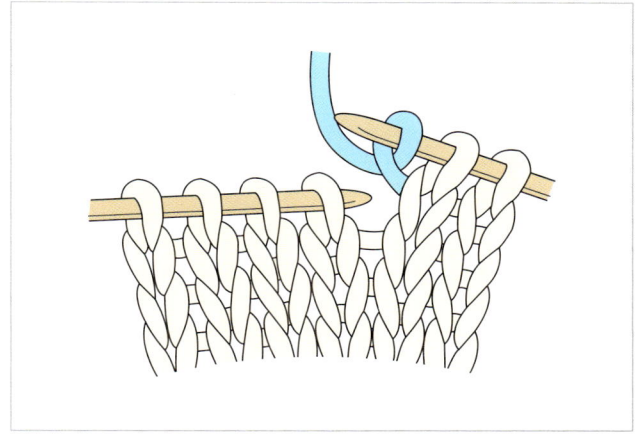

02 감아코 완성. 오른쪽 바늘에 감긴 실이 코가 된다. 1코 늘어난다.

감아코 응용

뜨개바탕의 끝에서 2코 이상 코를 늘릴 경우는 단이 끝나는 쪽에서 감아코를 반복합니다(65쪽 참조).

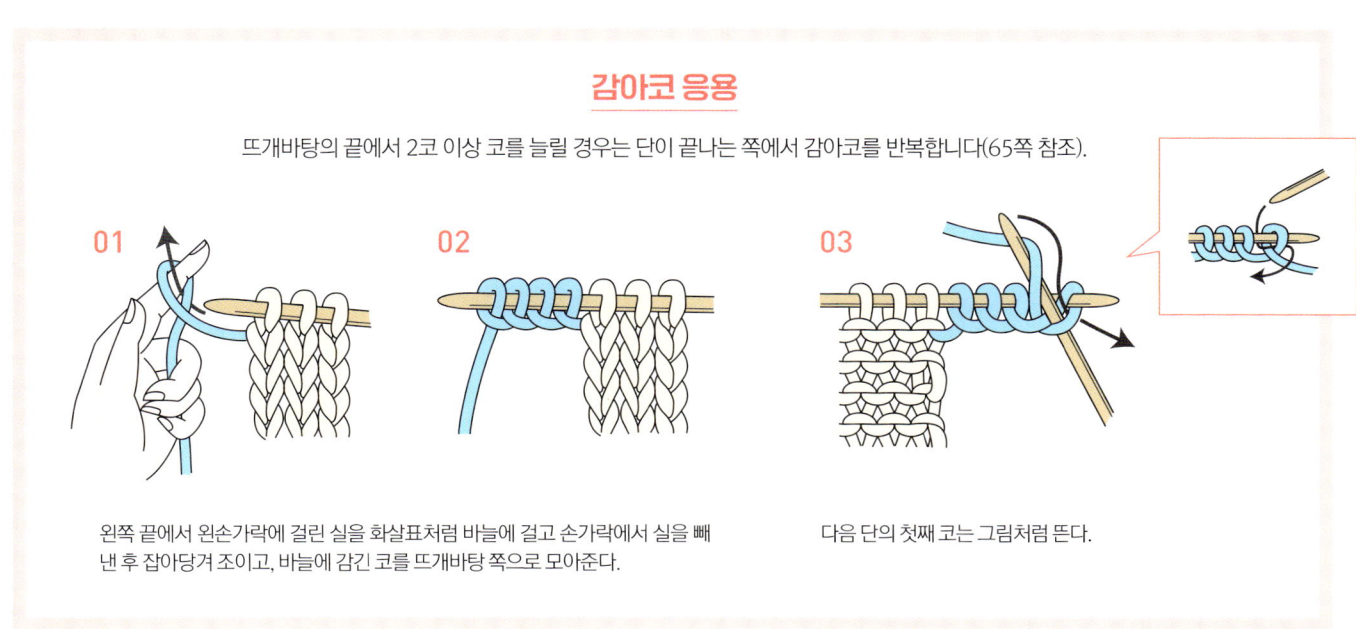

왼쪽 끝에서 왼손가락에 걸린 실을 화살표처럼 바늘에 걸고 손가락에서 실을 빼낸 후 잡아당겨 조이고, 바늘에 감긴 코를 뜨개바탕 쪽으로 모아준다.

다음 단의 첫째 코는 그림처럼 뜬다.

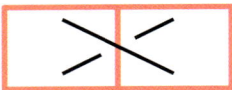 ## 오른코 교차뜨기

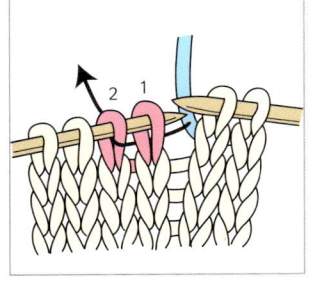
01 화살표처럼 1의 코 뒤쪽에서 2의 코에 바늘을 넣는다.

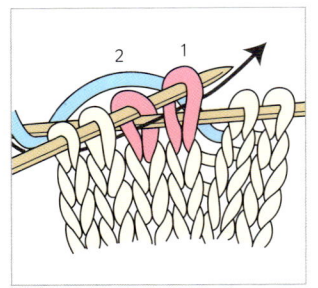
02 바늘을 넣은 2의 코를 겉뜨기한다.

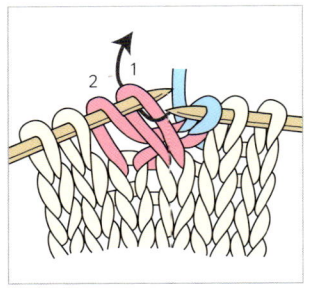
03 1의 코를 겉뜨기한다.

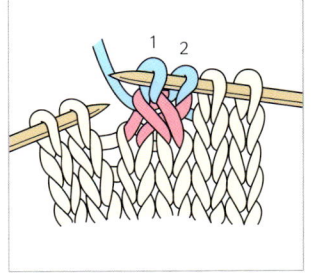
04 왼쪽 바늘에서 2코를 빼낸다. 오른코 교차뜨기 완성.

> 여기에서는 꽈배기바늘을 사용하지 않는 방법으로 설명하지만, 뜨기 어려울 경우는 꽈배기바늘을 사용하도록 하세요(149쪽 참조).

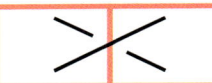 ## 왼코 교차뜨기

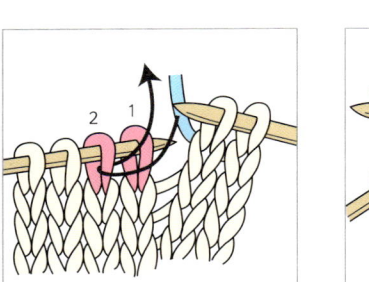
01 1의 코를 건너뛰고, 2의 코에 화살표처럼 앞쪽에서 바늘을 넣는다.

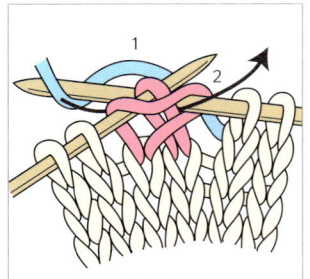
02 바늘을 넣은 2의 코를 겉뜨기한다.

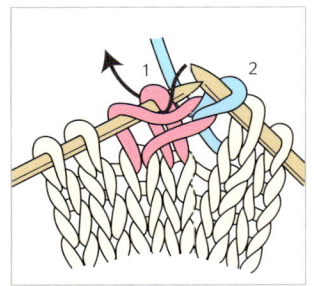
03 1의 코를 겉뜨기한다.

04 왼쪽 바늘에서 2코를 빼낸다. 왼코 교차뜨기 완성.

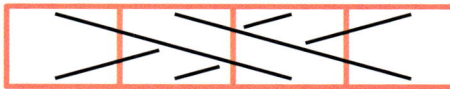 ## 오른코 위 2코 교차뜨기

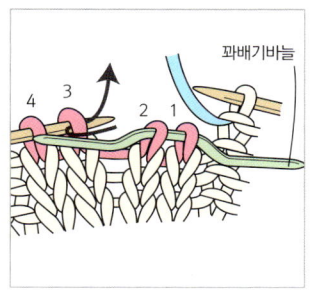
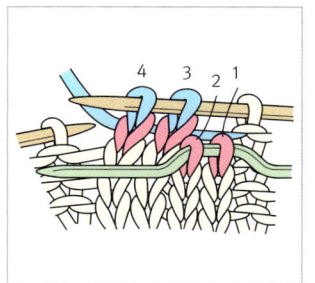
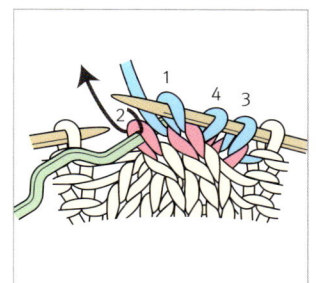

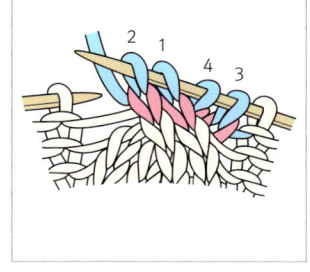

01 1과 2의 코를 꽈배기바늘에 걸어 뜨개바탕의 앞쪽에 쉬어둔다.

02 3과 4의 코를 겉뜨기한다.

03 꽈배기바늘에 쉬어둔 코를 1, 2의 순서로 겉뜨기한다.

04 오른코 위 2코 교차뜨기 완성.

꽈배기바늘에 코가 걸려 있는 상태로 뜨기 불편할 경우는 왼쪽 바늘에 코를 다시 옮긴 다음 뜨도록 하세요.

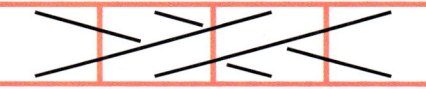 ## 왼코 위 2코 교차뜨기

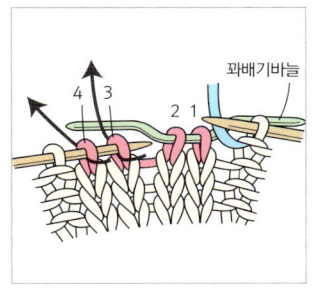
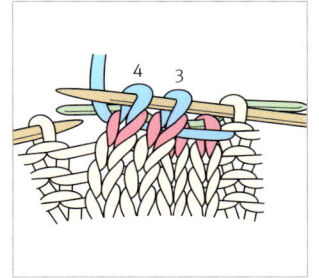
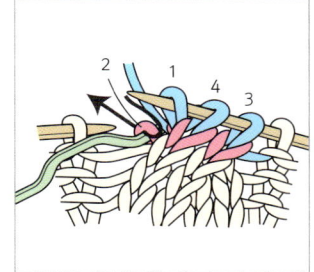

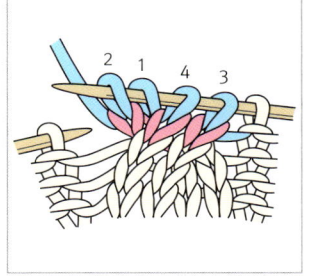

01 1과 2의 코를 꽈배기바늘에 걸어 뜨개바탕의 뒤쪽에 쉬어둔다.

02 3과 4의 코를 겉뜨기한다.

03 꽈배기바늘에 쉬어둔 코를 1, 2의 순서로 겉뜨기한다.

04 왼코 위 2코 교차뜨기 완성.

교차뜨기 응용

교차뜨기에는 2코 이상의 코가 교차하는 것도 있습니다. 또한, 교차하는 콧수가 각각 다른 경우도 있습니다. 1코와 2코를 교차시키거나, 한쪽을 안뜨기 또는 감아코로 교차시키는 등 다양하게 응용할 수 있습니다. 기호 선의 위아래를 보면 그 기호가 나타내는 뜨개 방법을 알 수 있습니다.

예 ❶

1과 2의 코를 꽈배기바늘에 걸어 앞쪽에 쉬어두고, 먼저 3의 코를 안뜨기한다. 그 다음 쉬어둔 1, 2코를 순서대로 겉뜨기한다.

실선은 위쪽이 되는 코를 나타낸다
가로선은 안뜨기로 뜨는 것을 나타낸다

예 ❷

1의 코를 꽈배기바늘에 걸어 뒤쪽에 쉬어두고, 2의 코를 돌려뜨기한다. 그 다음 쉬어둔 1의 코를 안뜨기한다.

위쪽이 되는 코를 돌려뜨기로 뜬다
아래쪽이 되는 코를 안뜨기로 뜬다

 ## 왼코에 꿴 교차뜨기 (오른코 속 교차뜨기)

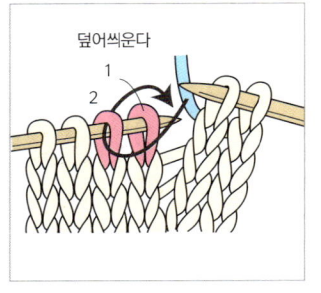
01 2의 코에 오른쪽 바늘을 화살표처럼 넣어 1의 코에 덮어씌운다.

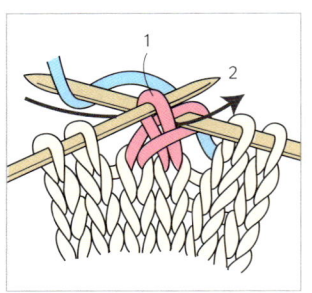
02 그대로 2의 코를 겉뜨기한다.

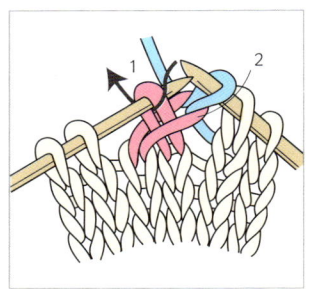
03 1의 코에 오른쪽 바늘을 화살표처럼 넣어 겉뜨기한다.

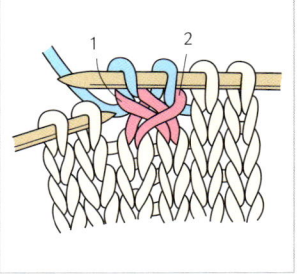
04 1의 코가 2의 코의 안쪽으로 통과한 왼코에 꿴 교차뜨기 완성.

 ## 오른코에 꿴 교차뜨기 (왼코 속 교차뜨기)

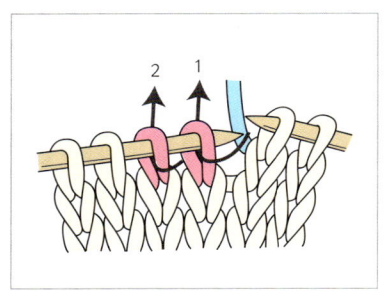
01 1과 2의 코를 화살표처럼 1코씩 뜨지 않고 오른쪽 바늘로 옮긴다.

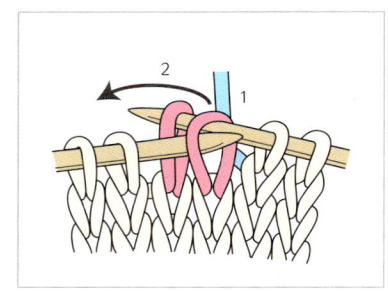
02 왼쪽 바늘로 1의 코를 2의 코에 덮어씌우고, 1, 2의 코를 왼쪽 바늘로 다시 옮긴다.

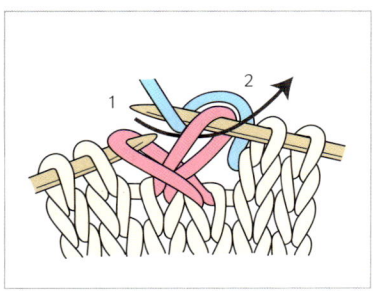
03 2의 코를 겉뜨기한다.

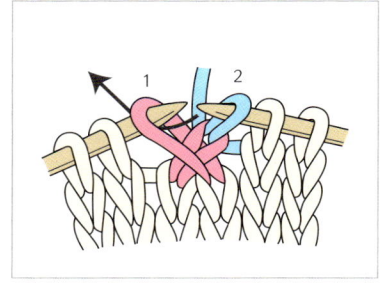
04 1의 코에 오른쪽 바늘을 화살표처럼 넣어 겉뜨기한다.

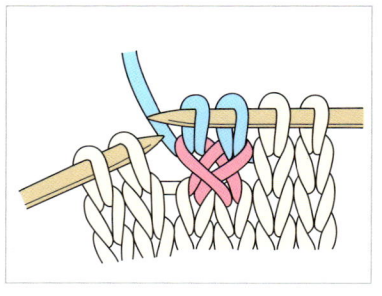
05 2의 코가 1의 코의 안쪽으로 통과한 오른코에 꿴 교차뜨기 완성.

 ## 왼코에 꿴 매듭뜨기 (3코일 때)

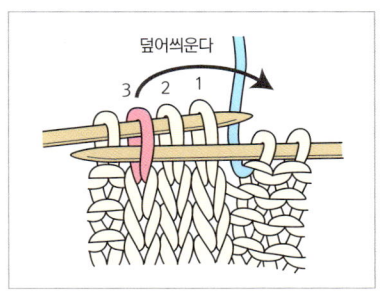

01 오른쪽 바늘을 3의 코에 넣어서 화살표처럼 1, 2의 코에 덮어씌워 바늘에서 빼낸다.

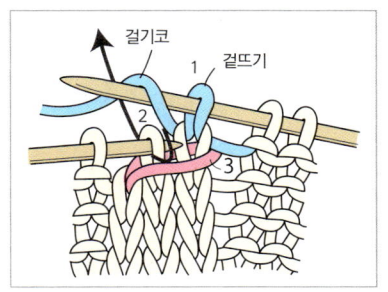

02 1의 코를 겉뜨기하고, 걸기코를 만든 다음 2의 코를 겉뜨기한다.

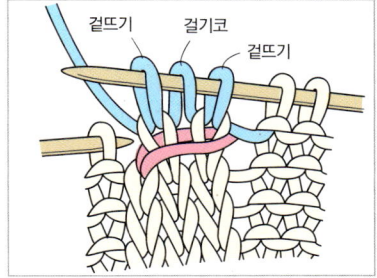

03 왼코에 꿴 매듭뜨기(3코일 때) 완성.

오른코에 꿴 매듭뜨기 (3코일 때)

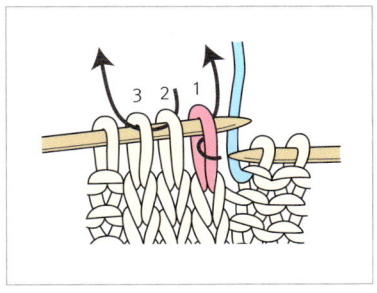

01 오른쪽 바늘을 겉뜨기하는 방법으로 1의 코에 화살표처럼 넣어 뜨지 않고 코를 옮긴다. 이어서 안뜨기하는 방법으로 2, 3의 코에 화살표처럼 바늘을 넣어 뜨지 않고 코를 옮긴다.

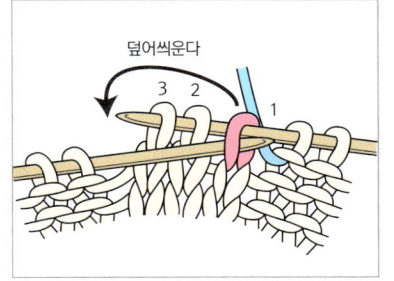

02 왼쪽 바늘을 1의 코에 넣어서 화살표처럼 2, 3의 코에 덮어씌워 바늘에서 빼낸다.

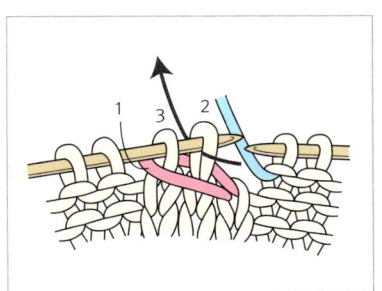

03 2, 3의 코를 왼쪽 바늘로 다시 옮기고, 2의 코를 겉뜨기한다.

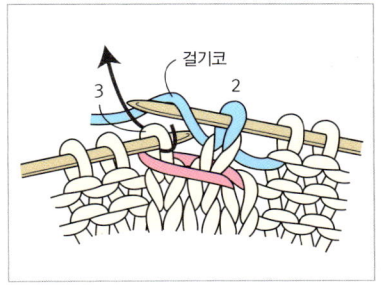

04 걸기코를 만들고, 3의 코를 겉뜨기한다.

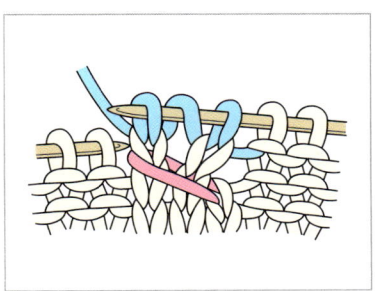

05 오른코에 꿴 매듭뜨기(3코일 때) 완성.

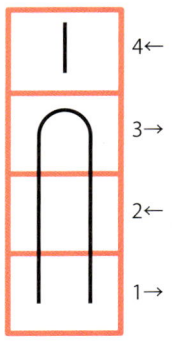

끌어올려뜨기

기호의 첫째 단은 뜨던 대로 뜨고, 둘째 단부터는 끌어올리면서 뜹니다.

※ 왕복뜨기로 뜨는 경우를 예로 설명합니다.

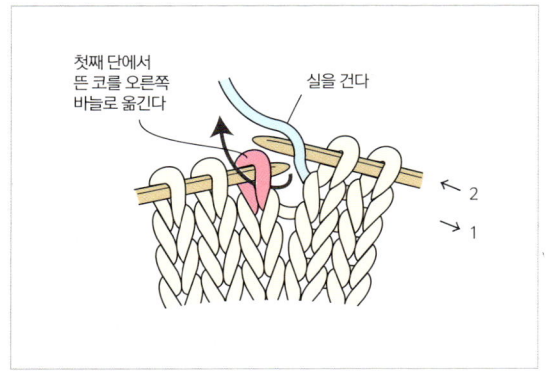

01 첫째 단은 안뜨기한다(겉쪽에서 보면 겉뜨기가 된다). 둘째 단은 오른쪽 바늘에 실을 건 다음 첫째 단의 코를 뜨지 않고 오른쪽 바늘로 옮긴다.

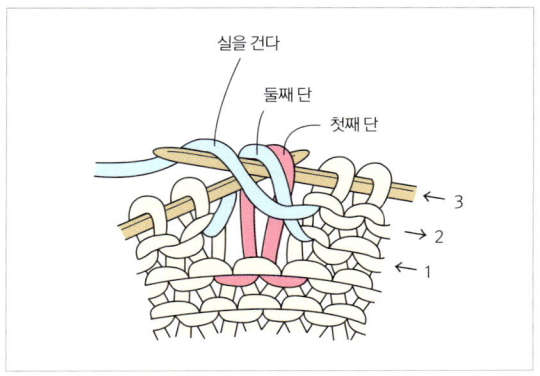

02 셋째 단은 첫째, 둘째 단의 실을 뜨지 않고 오른쪽 바늘로 옮긴 다음 오른쪽 바늘에 실을 건다.

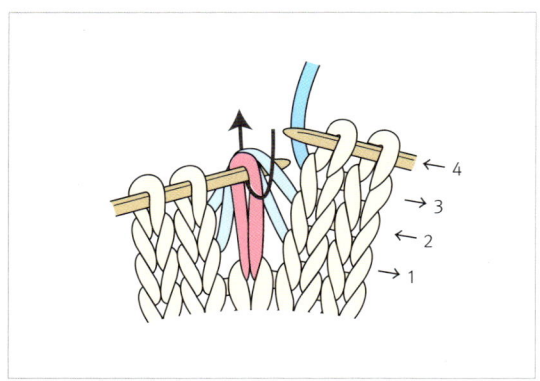

03 넷째 단은 왼쪽 바늘에 걸려 있는 첫째~셋째 단의 실에 오른쪽 바늘을 한 번에 넣어 겉뜨기한다.

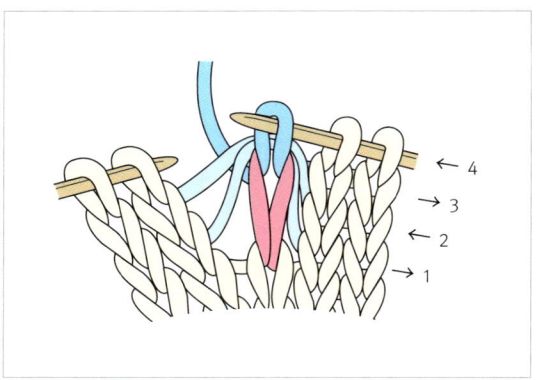

04 끌어올려뜨기 완성.

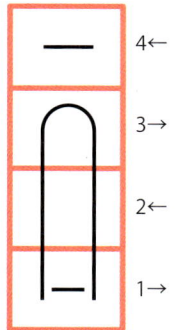

끌어올려 안뜨기

기호의 첫째 단은 뜨던 대로 뜨고, 둘째 단부터는 끌어올리면서 뜹니다.

※ 왕복뜨기로 뜨는 경우를 예로 설명합니다.

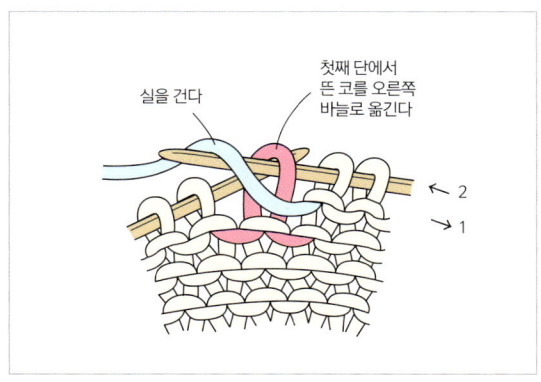

01 첫째 단은 겉뜨기한다(겉쪽에서 보면 안뜨기가 된다). 둘째 단은 첫째 단의 코를 뜨지 않고 오른쪽 바늘로 옮긴 다음 오른쪽 바늘에 실을 건다.

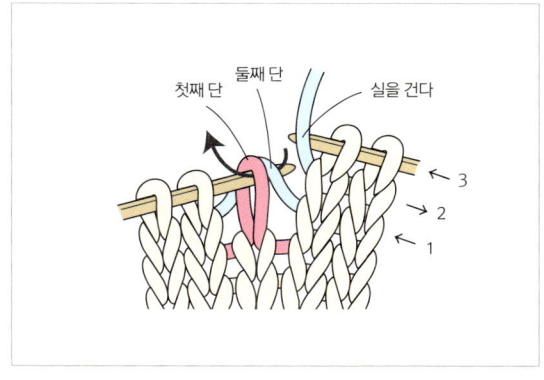

02 셋째 단은 오른쪽 바늘에 실을 건 다음 왼쪽 바늘에 걸려 있는 첫째, 둘째 단의 실을 뜨지 않고 오른쪽 바늘로 옮긴다.

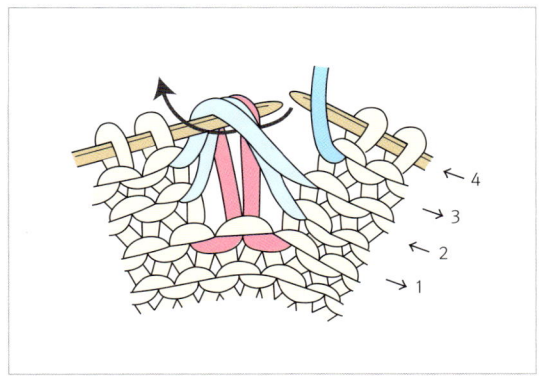

03 넷째 단은 왼쪽 바늘에 걸려 있는 첫째~셋째 단의 실에 오른쪽 바늘을 한 번에 넣어 안뜨기한다.

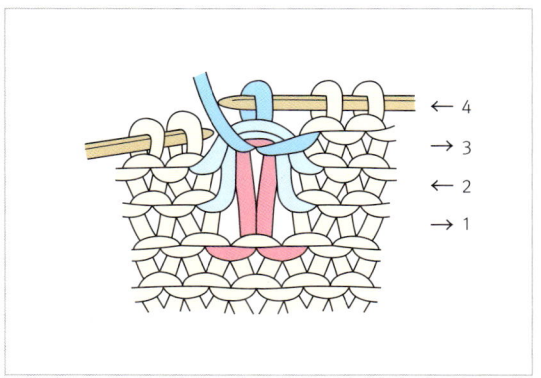

04 끌어올려 안뜨기 완성.

 걸러뜨기

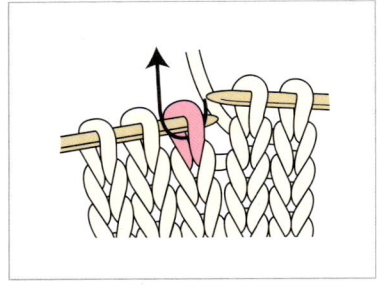
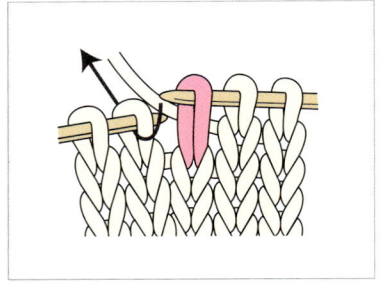
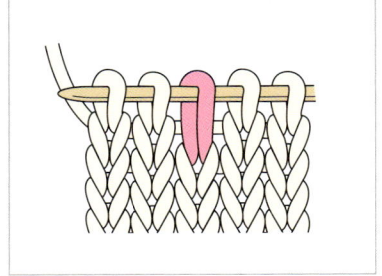

01 오른쪽 바늘을 화살표처럼 넣어 뜨지 않고 코를 옮긴다.

02 옮긴 코의 뒤쪽으로 실을 건네 다음 코를 뜬다.

03 걸러뜨기 완성. 옮긴 코의 뒤쪽에 실이 걸쳐져 있다.

 걸쳐뜨기

걸러뜨기와 걸쳐뜨기는 실을 걸치는 방법이 다릅니다. 실이 코의 뒤쪽에 걸쳐져 있는 것이 걸러뜨기, 앞쪽에 걸쳐져 있는 것이 걸쳐뜨기입니다.

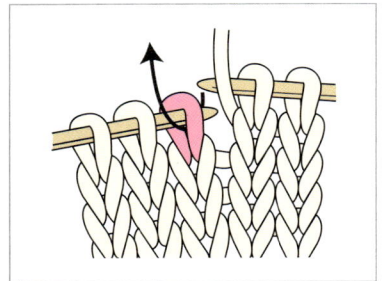
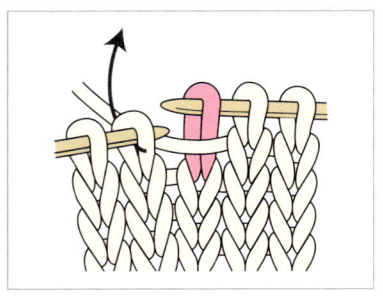
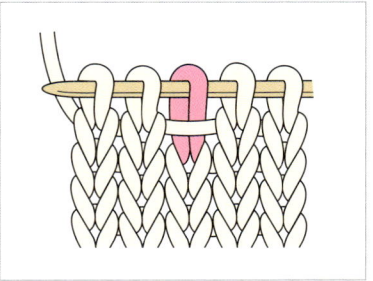

01 실을 앞쪽에 두고 오른쪽 바늘을 화살표처럼 넣어 뜨지 않고 코를 옮긴다.

02 옮긴 코의 앞쪽에서 뒤쪽으로 실을 빼내어 다음 코를 뜬다.

03 걸쳐뜨기 완성. 옮긴 코의 앞쪽에 실이 걸쳐져 있다.

 ## 드라이브뜨기 (3회 감기)

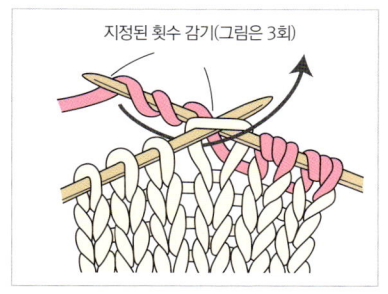

01 오른쪽 바늘을 왼쪽 바늘의 코에 겉뜨기 하는 방법으로 넣고, 바늘에 실을 지정된 횟수만큼 감아 겉뜨기한다(그림은 3회 감기일 때).

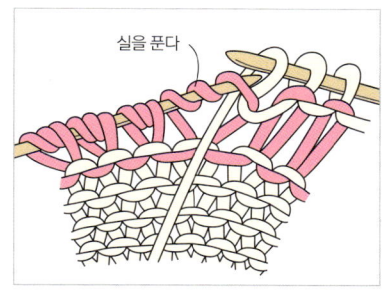

02 다음 단을 뜨면서 감긴 실을 푼다. 이 단을 다 뜨고 나서 바늘을 상하좌우로 움직여서 코를 정돈한다.

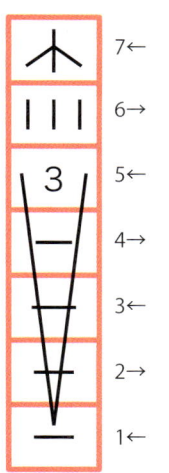 ## 4단 끌어올려 3코 구슬뜨기
(4단 끌어올려 중심 3코 모아뜨기)

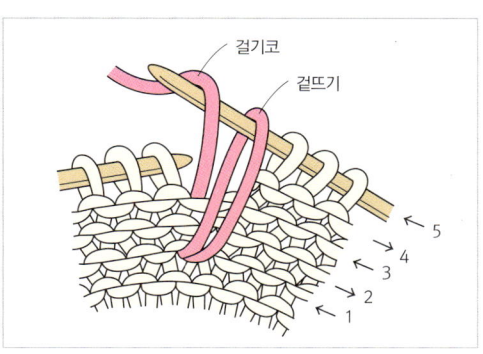

01 첫째~넷째 단은 안메리야스뜨기를 한다. 다섯째 단은 4단 아래(첫째 단)에 오른쪽 바늘을 넣어서 실을 길게 끌어올려 겉뜨기, 걸기코, 겉뜨기를 한다.

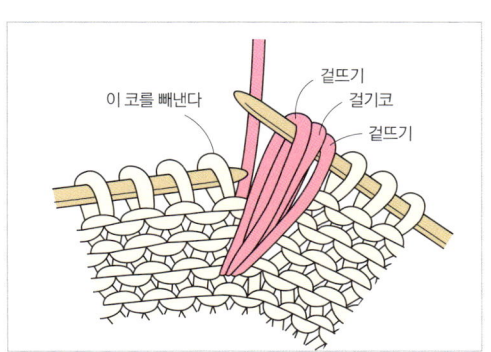

02 넷째 단의 코를 왼쪽 바늘에서 빼내고 첫째 단까지 푼다. 이어서 다음 코부터 안메리야스뜨기를 한다.

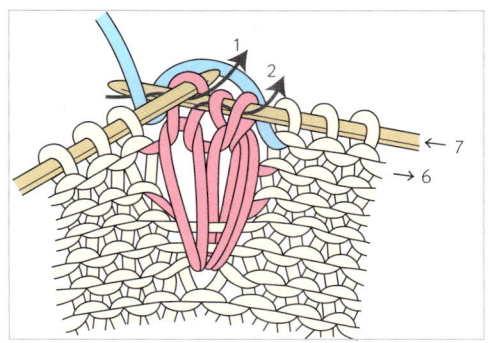

03 여섯째 단은 다섯째 단에서 만든 3코를 안뜨기로 뜨고(겉쪽에서 보면 겉뜨기가 된다), 일곱째 단은 이 3코를 중심 3코 모아뜨기(143쪽 참조)한다.

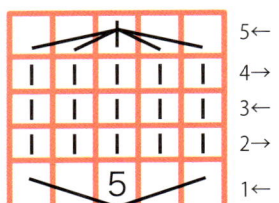

5코 5단 구슬뜨기

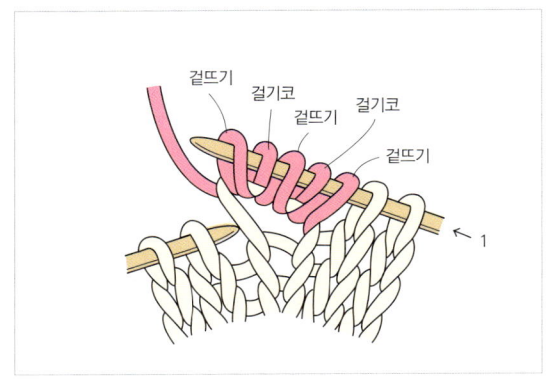

01 첫째 단은 앞 단의 1코에 겉뜨기와 걸기코를 번갈아가며 떠서 5코를 만든다.

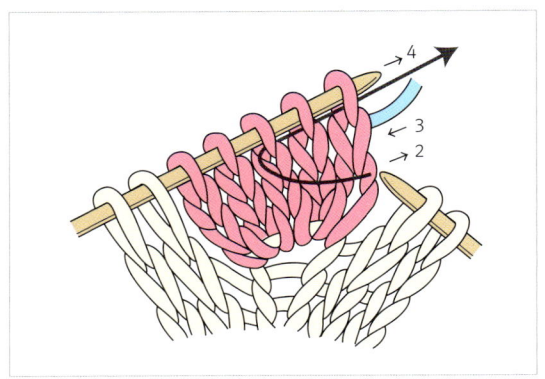

02 둘째~넷째 단은 늘린 5코만 왕복하며 메리야스뜨기한다. 다섯째 단은 오른쪽 3코에 오른쪽 바늘을 화살표처럼 넣어 뜨지 않고 코를 옮긴다.

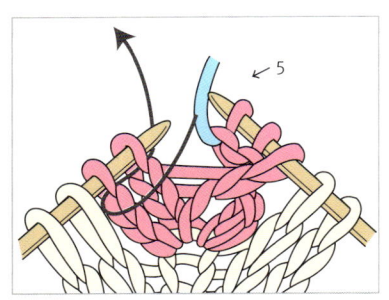

03 나머지 2코에 오른쪽 바늘을 화살표처럼 넣어 2코 모아뜨기한다.

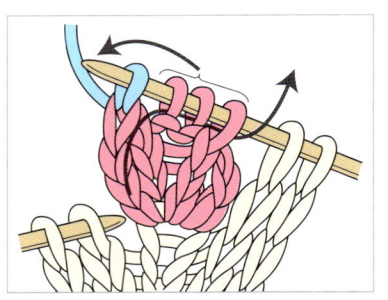

04 왼쪽 바늘을 뜨지 않고 옮긴 3코에 화살표처럼 넣어 2코 모아뜨기한 코에 덮어씌운다.

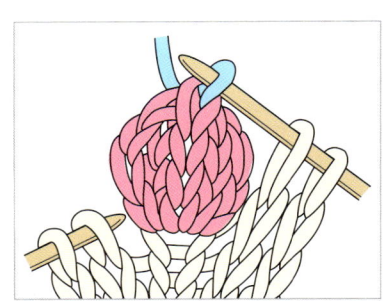

05 5코 5단 구슬뜨기 완성.

누구나 쉽게 따라 하는 대바늘 손뜨개
초판 1쇄 발행일 2020년 9월 24일
초판 2쇄 발행일 2022년 1월 20일

지은이 부티크사
옮긴이 방현희

발행인 박헌용, 윤호권
편집 정인경 **디자인** 양혜민
발행처 ㈜시공사 **주소** 서울시 성동구 상원1길 22, 6-8층(우편번호 04779)
대표전화 02-3486-6877 **팩스(주문)** 02-585-1755
홈페이지 www.sigongsa.com / www.sigongjunior.com

이 책의 출판권은 ㈜시공사에 있습니다. 저작권법에 의해
한국 내에서 보호받는 저작물이므로 무단 전재와 무단 복제를 금합니다.

ISBN 979-11-6579-216-9 13590

*시공사는 시공간을 넘는 무한한 콘텐츠 세상을 만듭니다.
*시공사는 더 나은 내일을 함께 만들 여러분의 소중한 의견을 기다립니다.
*미호는 아름답고 기분좋은 책을 만드는 ㈜시공사의 라이프스타일 브랜드입니다.
*잘못 만들어진 책은 구입하신 곳에서 바꾸어 드립니다.